大展好書 好書大展

大展好書　好書大展

心靈雅集
61

禪與人生

洪丕謨／主編

大展出版社有限公司
DAH-JAAN PUBLISHING CO., LTD.

目錄

禪和禪宗……姜玉珍……五
東土禪宗的發展和「南頓北漸」……姜玉珍……二五
慧能高舉禪宗革命大旗……姜玉珍……四五
禪門「五家七宗」……洪丕謨……六一
禪的機鋒和棒喝……羅偉國……八三
古代大禪師語錄……洪丕謨……一〇五
禪宗經典要覽……羅偉國……一三九
當今國內禪寺瞻禮……姜玉珍……一五九
禪與東方文明……羅偉國……一八九
禪與人生……羅偉國……二〇九
附一　新譯白話《壇經》……二三七
附二　《壇經》宗寶本原文……三二一

禪和禪宗

一

禪和禪宗，到底是一回事，還是兩回事？若是兩回事，它們之間又有什麼區別？簡要言之，禪是佛門中的一種修行方式，禪宗則是佛門中的一個派別。所以禪不等於禪宗，兩者不是一回事，而是兩回事。

爲此，對於初步接觸禪宗的人來說，千萬不可把禪和禪宗混爲一談。這裡我們且看禪和禪宗的各自內容。

禪是一種修習方式

禪是梵文Dhyāna（音譯禪那）的略稱，中文意譯為「靜慮」、「思維修」、「棄惡」等，它是佛教徒修持的一種方式，在佛教思想中具有特殊重要的意義。佛典認為，通過靜坐調心，心注一境的習禪，可以有效地抵禦內心紛雜的慾念和外界多端的誘惑，獲得安住儀式、行慈境界、消除煩惱、守護諸根。無食喜樂、遠離愛慾、修禪不空、擺脫魔羂，安住佛境、解脫成熟等「十大利益」。

由於習禪者必須按照一定的規定修持，認為一旦修到爐火純青的程度，就可入於佛境，從而產生某種特定的宗教幻覺。

佛門禪法五花八門，內容極其豐富，較有名的就有安般守意，四禪八定、面壁禪、通明禪，五停心觀、八背舍、八勝處、十六特勝等等，又有大乘、小乘禪法的不同，然而歸納起來，大致又不外乎世間禪、出世間禪、出世間上上禪「三禪」。

世間禪是生一切出世善法的根本，又有根本味禪、根本淨禪兩種。根本味禪包括四禪、四無量心觀、四空處定三種，合稱「十二門禪」。修四禪可以對治慾界散亂，修四量禪可以祈到大福，修四空禪可以免除色界的籠罩。根本淨禪有六妙門、十六特勝、通明禪三種。如果平時慧性多、定性少的人，可以修習六妙門禪法；平時定性多、慧性少的人，不妨選修十六特勝；平時慧定均等的人，則以修習通明禪更爲合適。

以上世間禪因爲不能解決超生出死的問題，因此就叫做「世間禪」，也就是「世中禪」，又稱「有漏（煩惱）禪」。世間禪非但爲佛教修習，社會各界人士修習的也爲數不少。出世間禪爲小乘佛教所獨有，有觀禪、練禪、熏禪、修禪四種。

觀禪，因爲在修持時觀照不淨之境而得名。又有九想、八背捨、八勝處、十一切處「四種」。

練禪，有調待之意，其禪爲九次第定。所謂九次第定，就是依次通練「四禪八定」後，最後進入「受想滅盡定」階段，從而滅盡一切意識感知而入於定境。

熏禪，意爲熏熟自在，其禪爲獅子奮迅三昧。彼中人士認爲，修習九次第定後，還只能從初禪起，沿著九個階段依次循序而進，未能從「受想滅盡定」的九個階段中逆向而出，而修習熏禪的目的，在於既能夠沿著九次第定循序而進，又能夠沿著九次第定逆次而出，猶如獅子進退，奮迅自如一樣。同時，又因爲修熏禪的人，極能除淨夾雜在禪裡的雜念，如同獅子奮迅，拂去塵土，所以有「獅子奮迅三昧」之稱。

修禪，即進而修治九次第定，使之更加精妙。比如獅子奮迅三昧，雖然能夠在九次第定裡獲進退裕如之妙，但卻依然有著次第順逆的分別，可是當你一旦進入修禪的修持，就能夠超越於自在出入進退裕如之上而更有進境了。

出世間禪認爲能夠參透生機，斷盡煩惱，在個人思想上完全解脫世間種種苦惱的束縛，所以才稱之爲「出世間禪」。

出世間上上禪，就是《菩薩地持經》所說的九種大禪。它們是：

①自性禪。這種禪不向外求，但觀心的實相，所以稱「自性禪」。②一切禪。修習這種禪法，能夠獲得自行化他一切功德，所以名「自性禪」。③難禪。這是一種深妙難修的禪，故獲此名。④一切門禪。因爲一切禪定都要由此門出入，因而得名。⑤善人禪。這是大善根衆生共修之禪，故有此稱。⑥一切行禪。大乘的一切行法，無不在此有所含攝，故有「一切」之稱。⑦除煩惱禪。此禪有滅除衆生苦惱之功，故名。⑧此世他世樂禪。修這種禪，能夠獲得此世他世之樂，故有此稱。⑨清淨淨禪。修禪者能斷盡惑業，得大菩提的淨報，故稱「清淨」。又由於入於寂滅之後，連「清淨」之相也不再存在，故而名爲「清淨淨禪」。

出世間上上禪屬於大乘佛教禪法，因爲其禪不但能夠斷盡世間生死、煩惱諸苦，並且還能破盡「無明」，終至成佛而盡度衆生於彼岸，所以稱之爲「出世間上上禪」。

以上三禪，其禪法的側重點各有不同：世間禪以觀息爲入手門徑，出世間禪以觀色（自身及客觀物質世界）爲主要手段，出世間上上禪以觀心爲著眼點。如世間禪中的六妙門，梵文Anapana（阿那波那），中文意譯爲「數息觀」，或「持息念」。因爲修持這種禪法進入眞理涅槃的過程，可以分爲數、隨、止、觀、還、淨六個階段、所以稱爲「六妙門」或「六妙法門」。

爲什麼稱「數」爲妙門呢?這是因爲整個數息的過程，就是忘卻煩惱、斷除雜念的過程。在這個過程中，修持者的思想，能夠從紛紛擾擾的雜念和煩惱中逐步解脫出來，所以數就成了「妙門」。

數是默數呼吸出入的次數，又有修數和證數的不同。

智者大師指出：「修數者，行者調和氣息（一呼一吸爲息），不澀不滑，安詳徐數，從一至十，攝心在數，不令馳散，是名修數。證數者，覺心任遠，從一至十，不加功力，心性息緣，覺息虛微，心相慚細，患數爲粗，意不欲數，爾時行者，應當放數修隨。」其法爲：

①修數

調和呼吸，使呼吸自然往來，綿綿若存，然後把心繫在默數呼吸上面，從一到十，反來復去地數。數時以一呼爲一個段落，一吸爲一個段落，也可以把一呼一吸併在一起作爲一個段落。有時爲了加強繫心呼吸，去除雜念的效果，還可以從十到一地反過來倒數。

②證數

修數歷時漸久，趨向純熟，這時從一到十，呼吸輕微，自然不亂，因爲到此已經用不著繫心默數，也能進入息心靜慮的境界，所以就可進入到下一階段的修習了。

又如以心觀色爲主要手段的世間禪中的「八背捨」，《釋禪波羅蜜次第法門》卷十解說：「背是潔淨五欲，離是心，故名背捨。」由於修習「八背捨」能夠獲得思想上的解脫而達游心自在之境，所以又名「八解脫」。「八解脫」爲：

①內有色想觀外色解脫

因爲人身有內身色想之貪，爲了消除這一貪著，可以從修習不淨觀入門。按照《瑜伽師地論》的說法，朽穢不淨有兩種，一種是「依內朽穢不淨」，另一種是「依外朽穢不淨」。何爲「依內朽穢不淨」？「謂內身中發毛爪齒，塵垢皮肉，骸骨筋脈，心膽肝肺，大腸小腸，生臟熟臟，肚胃脾腎，膿血熱痰，脂肪膏髓，腦膜涕唾，淚汗屎尿，如是等類，名爲依內朽穢不淨」。何謂「依外朽穢不淨」？「謂或青瘀，或復膿爛，或復變壞，或復膨脹，或復食噉，或復變赤，或復散壞，或骨或鎖，或復骨鎖，或屎所作，或唾所作，或淨所作，或血所塗，或膿所塗，或便穢處，如是等類，名爲依外朽穢不淨。」

修持者通過坐禪觀想種種不淨，努力排除心裡的各種貪慾，從而在思想上獲得對此色身貪戀的解脫。

這種解脫，依初禪而起，所要清除的是欲界之色。

②內無色想觀外色解脫

經過「內有色想觀外色解脫」的觀想，這時內身雖然已經不起色想之貪，然而為了鞏固這一不貪之想，使之更為堅定不移，所以還要再一次地外觀青淤穢濁等種種不淨。

這種解脫，緣初禪之色而依於二禪，和「內有色想觀外色解脫」一樣，都要從修習不淨觀開始。

③淨解脫身作證具足住

和前兩種不淨觀不同的是，到了這時，非但在定中不再作不淨之觀，並且還要進一步觀想光明清淨，妙寶可愛的地、水、風、火、青、黃、赤、白「八色」。由於這時觀想之力轉勝，已經能夠達到觀淨色而不貪的境地，從而證得此性已從身中解脫，所以名為「身作證」；又由於此時足以使心住於定中，獲圓滿具定之妙，所以名「具足住」。

這種解脫之法，依第四禪而起，屬於「淨觀」之法。

④空無邊處解脫

「空無邊處解脫」，又稱「虛空背捨」。其解脫之法，在於一心觀想虛空無邊無處，更無別的雜想，從而獲得解脫。

⑤識無邊處解脫

「識無邊處解脫」之法，完全以內識作心識無邊之想，因而獲得解脫。

⑥無所有處解脫

這種解脫之法，亦即「無所有處背捨」。由於這時觀取心識，均無所有，所以也獲解脫。

⑦非想非非想處解脫

習禪到此，心已泯然寂然，無所愛樂，故獲解脫。

以上「空無邊處解脫」、「識無邊處解脫」、「無所有處解脫」、「非想非非想處解脫」，都依「四無色定」而起，並且各在所得定中，觀苦空無常無我，從而生出厭心和棄捨之想，所以都名「解脫」，並且都獲解脫。

⑧滅受想定身作證具住

所謂「滅受想定」，就是滅盡「空無邊處定」、「識無邊處定」、「無所有處定」、「非想非非想處定」等「四無色定」的意思。這時所捨棄的，也依第四禪棄捨一切所依，故獲解脫。

接下來，我們不妨再看把著眼點落在觀心上的出世間上上禪，如自性禪。其禪法之妙，在於修習時反照自性，但覺我性佛性、自身佛身，渾然成為一體，眼前感到的只是一片光明宏闊，湛然寂然的混沌境界，而身外的一切景物，此時此刻，都已不復存在。

然而，上述「三禪」的劃分歸類，也不是絕對的。比如世間禪中的「四禪」，如若把它放進出世間禪，也未嘗不可，因爲出世間禪中的練禪，其禪爲九次第定，就是按次第從「四禪八定」修起，然後進入第九個階段，也就是最後的「受想滅盡定」階段。

此外，印度佛教禪法自從傳進中土後，受到中土文化的影響，早已發生很大的變化，比如綜合大、小乘禪法的「五停心觀」，以及不再拘泥於固定靜坐形式的念佛禪、實相禪等諸多大乘禪法就是。

「五停心觀」爲鳩摩羅什倡導。鳩摩羅什認爲，選取何種禪法，應該根據修持者的具體情況而定，比如貪慾重的應修「不淨觀」瞋恚重的應修「慈悲觀」，愚痴重的應修「因緣觀」，我見多的應修「界差別觀」，散亂心重的應修「數息觀」。近代精於唯識之學的正果法師，曾將「五停心觀」概括爲：

①不淨觀

即觀內外境界的不淨相，對治貪慾過患，而停止其心。

②慈悲觀

即於親品、怨品、中品有情，觀其可憐憫相，而修「與樂拔苦」的慈悲觀，對治瞋恚過患，而止息其瞋恚之心。

③因緣觀

即觀十二因緣，三世相續的道理，唯法唯事，唯因唯果，無我體我相，無作者受者，對治愚痴過患，而停止其心。

④界差別觀

即以觀心分析地、水、火、風、空、識六界，或十八界，對治平時的我慢過患，而停止其心。

⑤持息觀（數息觀）

即以意念持出息入息，使心息相依，計算息數，對治散亂過患，而停止其心。

念佛禪由念佛發展而來。東晉之時，名僧慧遠開創淨土念佛法門，後經東魏高僧曇鸞提倡，隋唐僧人道綽宏揚，唐初善導奠定，由於修淨土者只要一心稱念「南無阿彌陀佛」名號，就可往生西方淨土，方法簡便得不能再簡，所以不久便在社會上流行開來。

按照淨土宗的說法，口念是念，心念也是念，念時不拘形式，不計環境好壞，於一切處所，不管行住坐臥，都可念佛。由於專心念佛，一心放在念上，從而念念歸一，有利於驅散紛繁的思緒和剎那生滅，無窮無盡的雜念。所以，一旦念佛念到爐火純青的階段，往往也可達到虛空粉碎，心不著境的禪的境界。

念佛禪又有實相念、觀想念、持名念等法，其中以持名念爲基礎。持名念可又分爲默念，出聲念、金剛念、覺照念、觀想念、追頂念、禮拜念、記十念、十口氣念、定禪念、四威儀念、念不念皆念等十二種。

「默念」是口唇雖動，卻不發出聲響，但一定要在心裡從頭到尾，一字一句，淸淸楚楚，以達凝神靜慮，攝心歸靜之境。這是持名念中最爲簡單的方法，凡在不必用腦的一切場合，一切處所，都可修持。

「十口氣念」是念時口中微微出氣，一字一句，從上到下，毫不間斷地一口氣念完。不管念多少句，只要一氣念完就可。一口氣念完之後，然後吸氣再念，從頭到底，和上次一樣。如此連續十次，便大功告成。初學「十口氣念」一般只消五分鐘左右就可。此後時間長了，隨著肺活量的擴展增大，時間可延長到十分鐘。

禪宗——中土禪宗派別

當年，佛教由古印度傳進中國，只有禪而絕無禪宗。禪宗是印度佛教和中土文化結合的產物，是純粹中國佛教中的一個重要大派別。由於這一宗的參究方法，以覺悟衆生本有的佛性作爲宗旨，所以又稱「佛心宗」。

我國禪宗，相傳以達摩爲開山鼻祖，其後達摩傳慧可，慧可傳僧璨，僧璨傳道信，道信傳弘忍，弘忍以下，又分爲南北二宗，南宗以慧能爲首，北宗以神秀領班。此後慧能南宗，戰勝神秀北宗，成爲中國禪宗的正宗，在發展過程中，逐漸成爲影響最廣，流傳最遠的中國佛教宗派。

從嚴格意義上說，禪宗中國化的形成，應從六祖慧能開始。原因是達摩從南印度來到中土的時候，即我國南北朝時期，中國僅有以研究和修習禪法爲目的的佛教諸多學派，而分門別類的佛教宗派，則形成於隋唐時期；再之，從達摩初祖到五祖弘忍，還沒確立禪宗的根本宗旨。當時，達摩所傳爲面壁禪。

這種禪法，以「二入」、「四行」學說作爲骨幹。「二入」是「理入」和「行入」。「理入」是參禪面壁，在教理的啓示下，拂去眞如本性所蒙塵垢，從而捨妄歸眞，蕩滌一切差別之相，入於寂然清淨之境。「行入」即平時生活修行中「報怨行」、「隨緣行」、「無所求行」、「稱法行」的合稱。「二入」、「四行」，是達摩把佛教宗教理論的悟解，和大乘禪學的實踐彼此結合的產物。從根本上說，達摩所傳的這種修習方法，屬於禪而並非禪宗宗旨，其和禪宗明心見性，見性成佛，反對枯坐習禪等基本思想，在本質上有極大的差異。

又如在達摩把禪法傳給慧可，慧可再傳僧璨的這一歷史時期，由於其禪受到北方以實踐爲根本的禪學的激烈抵制，所以並沒有什麼大的發展，以後直到四祖道信、五祖弘忍，達摩禪才得到初步拓展。即使這時，道信的禪學，也是一依《楞伽經》以心法爲宗，二依《文殊般若經》的一行三昧。後來，弘忍繼承道信禪學，方才有所展開。

據《楞伽師資記》說，弘忍平常總是喜歡蕭然靜坐，不出文記，只是口說玄理，默授與人。至此雖然禪宗的根本思想尙未確立，然而他的這些做法，卻爲佛門創立禪宗，提供了相當的啓示。又由於弘忍慧眼識英雄，將衣鉢傳給主張「頓悟」說的慧能，從而才有可能使不識一字的慧能，成爲禪宗的實際開創者。

慧能的禪宗思想經過弟子神會等人不遺餘力的宏揚，影響不斷擴大，在擊敗神秀北宗以後，禪宗進入繁花似錦、百家爭勝的發展階段。慧能門下青原行思、南岳懷讓兩系發展尤爲突出。青原行思系下形成曹洞宗、雲門宗、法眼宗三家；南岳懷讓系下形成潙仰、臨濟兩宗，是爲五家禪。後來，臨濟宗又分出兩派，一爲黃龍派，一爲楊岐派，合稱「五家七宗」。至此，禪宗才確立了完整的形象，具備了全部的特徵，不僅在國內風行一時，而且遠傳日本、朝鮮等國。

禪宗的宗旨，在於單刀直入，直指心性本覺，佛性本有。這就是說，每個人一生下來都有佛性，一旦徹底悟此心性，就能即刻成佛。當年達摩「理入」和「行入」學說，雖然基本指明了入道的途徑，但其基本方法，仍以坐禪求得佛性，所以可視之爲禪和禪宗的混沌階段。

後來，慧能以心性本覺，佛性本有學說，主張明心見性，見性成佛，同時拋棄達摩祖師面壁而坐，以求了悟心性的模式，強調不立文字，頓悟成佛，方才正式確立禪宗中國化的進程。從慧能禪看，它否認坐禪的功德，反對坐禪，斷言坐禪不能成佛，眞是振聾發聵。現在我們且把慧能禪宗的基本思想，梳理如下：

①心生本覺、佛性本有

慧能認爲，人的本性原本清淨無塵，每個人都天生具有菩提般若的智慧，只是因爲被刹那生滅，浮雲般的妄念遮蔽，所以不能自悟此性。修持者倘能明白這個道理，時時生起般若觀照，一旦妄念俱滅，便能頓見本心佛性，立時可以成佛。

一天，馬祖道一對衆人說：「你們諸人，各信自心是佛，此心即是佛心。達摩大師從南天竺來到中華，就是爲了傳上乘一心之法，讓你們開悟。」又引《楞伽經》，印證衆生心地說：

「《楞伽經》以佛語心爲宗，無門爲法門。求法的人應無所求，心外無別佛，佛外無別心。不取善，不捨惡，淨穢兩邊都不依靠。所以三界唯心，森羅萬象，一法之所印。凡所見色，皆是見心，心不自有，因色故有。若了此意，皆可隨時著衣吃飯，長養聖胎，任運適時，更有何意？」

馬祖道一開示衆人的一番話，清楚地闡述了佛法本有，心外無佛的思想。此外，六祖慧能風幡的故事，也很說明問題。

慧能接過五祖弘忍衣鉢隱遁南方後，一天，他來到廣州法性寺，當時印宗大法師正在開講《涅槃經》。

忽然莊裡的旗子被風吹得飄搖起來，聽衆中有兩個小比丘見此，便各發議論，爭了起來。

「是風動。」一個說。

「是幡動。」另一個不服。

兩人爭執不休，互不相讓。

一旁慧能口吐妙語：「不是幡動，不是風動，是人心自動。」

衆比丘聽他如此一說，竟都無言以對，衷心嘆服於慧能的神駿。

對於風動還是幡動，雖然是個簡單問題，但慧能的妙語卻充滿禪的法味：「心生則種種法生，心滅則種種法滅。」心即是佛，明心見性，即入佛境。

②頓悟成佛

慧能開創的禪宗的最大特色，就是把過去通過坐禪修行的整個程序，全都歸結到「頓悟」一環。慧能說：「一切萬法，盡在自身中。何不從於自心，頓現眞如本性。」「今學道者頓悟菩提，命自本性頓悟」，「一念若悟，即衆生是佛。」「自性迷，佛即衆生；自性悟，衆生即佛」。

所謂「頓悟」，指不須積累，無須準備，不拘於外在的形式和功夫，突然間達到佛的境界。當年五祖弘忍在挑選接班人時，讓衆弟子各呈一偈，以觀道根深淺。上座神秀的偈子是：

身是菩提樹，心如明鏡台。
時時勤拂拭，莫使惹塵埃。

慧能聽後，搖頭說：「並未悟道。」便自作一偈：

菩提本無樹，明鏡亦非台。
本來無一物，何處惹塵埃。

慧能以「本來無一物，何處惹塵埃」的頓悟說，斷然否定了神秀「時時勤拂拭，莫使惹塵埃」的漸悟說。後來，慧能又曾以身說法道：「我於忍和尚處，一聞言下大悟，頓見眞如本性。」說明自己走的就是頓悟成佛之路。他還說：「若悟無生頓法，且西方只在刹那；不悟頓教大乘，念佛往生路遙，如何得達？」指出「頓悟」才是成佛的唯一途徑。

由此可見，禪宗的頓悟，主要以心的迷悟爲關鍵，強調的是「心生一切法生，心滅一切法滅」，宇宙萬物全繫一心的觀念。因此，慧能所創禪法，不承認修行中一般的認識和思維，排斥概念、推理、論證、判斷等一系列正常的理性思維活動，不爲名相文句所限，不起分別之心，不爲去煩惱而生煩惱，不必求證菩提，也不必論說「教、行、證」，唯一的法門，就是直覺自心佛性。

回憶當初靈山法會，釋迦牟尼世尊應邀開示大衆，但沒有出一句話。只見世尊手裡拈著一枝妙淨蓮花，出示給大衆看。

大衆對這一舉動茫惑不解，座前一片寂靜。

此時，站在釋迦牟尼身邊的長老摩訶迦葉，忽有所悟，獨個兒破顏微笑。

世尊見迦葉領會精神，堪任大任，即當衆宣布：「我有正法眼藏，涅槃妙心，實相無相，微妙法門，不立文字，教外別傳，總持任持，凡夫成佛，第一義諦。今方付囑摩訶迦葉。」

由於摩訶迦葉又把「正法眼藏」傳給阿難，輾轉傳至達摩，已經二十八祖，所以後世禪宗將迦葉尊爲西天第一代祖師。

「世尊拈花，迦葉微笑」的要妙，在於「一拈花，一微笑，將一切經教玄妙奇妙義都推向無何有之鄉」；在於「心心相印」，「印印相契」。所謂「心印者，達摩西來，不立文字，單傳心印，直接人心，見性成佛」。這樣，不立文字，教外別傳，以心相印，就成了禪宗的傳法世系。

正因爲如此，慧能的禪宗便反對達摩以來的傳統坐禪形式，同時對「禪」作了重新解釋：「此法門中，何名坐禪？此法門中，一切無礙，外於一切境界上念不起爲坐，見本性不亂爲禪。何名爲禪定？外離相曰禪，內不亂曰定。」這樣的禪，即便坐也是禪，立也是禪，行也是禪，臥也是禪，吃飯也是禪，拉屎也是禪，砍柴也是禪，掃地也是禪，任運自在，關鍵在於你是否直覺了內心的眞如佛性。

曾經有人問大珠：「和尚修道，還用功嗎？」

「用功啊！」大珠回答。

「怎麼用功？」

「飢來吃飯，睏來睡覺。」

「這和平常人不是一樣嗎？你和他們有何不同？」那人驚疑地問。

大珠解釋：「他們吃飯時不好好吃飯，百種思索；睡覺時不好好睡覺，千般計較。所以表面上看好像一樣，其實大不一樣。」

既然成佛只在一念之中，所以不僅坐禪失去了它的實際意義，就是讀經、念佛、拜佛也都成了毫無意義的多此一舉。爲此，禪門中人可以呵佛罵祖，可以撕毀佛經，燒佛取暖，也可以喝酒吃肉，不守清規，正如近代名人楊度（一八七四～一九三一）所說：「我即是佛。」倒是深得禪宗義理。

綜上所述，我們不難看到，由慧能創立的禪宗，和禪屬於兩種不同的概念；禪是一種佛門修持方式，通過心注一境，正常思慮的坐禪，使自己的精神，全神貫注地集中到被規定的對象上，並且按照一定程序，循序而進，最終達到並進入一種極樂的宗教幻覺。禪宗則是佛教宗派，並且是中國化了的佛教。禪宗提倡的佛性本有，即心即佛，教外別傳的頓悟法門，從根本上說，是反對傳統禪定模式的。

（姜玉珍）

東土禪宗的發展和「南頓北漸」

東土禪宗，從嚴格意義上說，從唐代慧能的一偈：「菩提本無樹，明鏡亦非台。本來無一物，何處惹塵埃」，因其徹悟的精神境界，深得弘忍讚許而獲衣鉢，方才肇開其端。然而在傳統上，卻把菩提達摩尊爲禪宗初祖，因此六祖慧能和菩提達摩初祖之間，就有了法統的繼承關係；同時，由慧能實際開創的禪宗，雖然在禪法上和弘忍以前的歷代祖師，有著很大的差別，可是在佛性本有，明心見性等思想上，卻又有著一定的相承。由此研究慧能東土禪宗的開創和發展，不能不從初祖菩提達摩說起。

初祖菩提達摩

菩提達摩（？～公元五三六年），南印度婆羅門種姓香至王的第三個兒子，原名菩提拉多。當年釋迦牟尼世尊把正法眼藏傳給摩訶迦葉，摩訶迦葉傳給阿難，輾轉傳到菩提達摩，已經是第二十八祖。南朝梁朝普通年間（公元五二〇～五二六年），菩提達摩坐船來到南海（今廣東省廣州市），受到廣州刺史蕭昂的虔誠迎候。

當時，南朝梁武帝因為篤信佛法，聽說菩提達摩來到東土，趕快遣使迎請達摩來到建康（今江蘇省南京市），請教佛法。

然而由於問答下來，話不投契，機緣不合，遂使達摩一葦飄零，渡江北上，來到北魏境內，去到洛陽、嵩山一帶游化，傳授禪法。後來，達摩登少室山，在五乳峰洞裡面壁九年，參悟佛法，所以《景德傳燈錄》說：菩提達摩「寓止於嵩山少林寺，面壁而坐，終日默然。人莫測之，謂之壁觀婆羅門」。

公元五三六年，達摩去世。關於達摩最後的日子，充滿神秘色彩，有人說他被毒死了，又有人說，北魏宋雲在出使西域歸國途中，在葱嶺巧遇達摩提著一隻鞋子，當時宋雲曾問：「何處去？」達摩對曰：「去西天。」這說明後來達摩獨自一個人走過沙漠，回印度了。雖然以上說法，莫衷一是，不過卻都認為達摩活到很老，壽命超過一百五十歲。

菩提達摩在北魏傳授的，主要是以《楞伽經》為依據的大乘禪法，後人稱為「楞伽禪」，又稱「達摩禪」。

「達摩禪」的具體情況，《續高僧傳．菩提達摩傳》說：「如是安心，謂壁觀也；如是發行，謂四法也。如是順物，教護譏嫌，如是方便，教合不著。」歸納起來，大致有「理入」和「行入」兩個要點。

「理入」是以「理」為觀想內容的壁觀之法，以意念為主；「行入」是為配合「理入」而對於平時生活的修行要求，以實踐為主。「行入」又分四點，也稱「四行」，名稱為報怨行、隨緣行、無所求行、稱法行。「理入」和「行入」兩者之中，當以理入壁觀法門為其中心。壁觀並非一定要面對牆壁而觀，它喻指人心好比牆壁，中直不移。關於理入的內容，道宣《續高僧傳》說：

「藉教悟宗，深信含生同一眞性。客塵障故。全捨僞歸眞，凝住壁觀，無自無他，凡聖等一，堅住不移，不隨他教，與道冥符，寂然無為。」

菩提達摩根據《楞伽經》如來藏佛性思想，認為一切衆生本就具有眞如佛性，只要安心凝神壁觀，停止對身外世界的認識，去除心頭的客塵遮蔽，然後便可由定發慧，從而證得內心本有的眞如佛性，最後入於佛境。

菩提達摩佛性本有，明心見性，直指人心的大乘禪法，因爲它以究悟佛心爲參禪的目的，否認客觀世界事物，包括個人存在的眞實性，所以後世佛教徒以「教外別傳，不立文字，終日面壁，作壁上觀」作爲達摩禪的標誌。

後來，達摩把自己的禪法傳給弟子慧可，遂使慧可成爲禪宗二祖。

二祖慧可

禪宗二祖慧可（公元四八七－五九三年），俗姓姬，初名神光，虎牢（今河南洛陽東）人。慧可在出家前，曾經博覽群書，尤精玄理，後來偶然一覽佛書，頓時爲之讚嘆傾倒，便在洛陽龍門香山皈依寶靜，出家爲僧，「遍學大小乘義」。

北魏正光（公元五二〇－五二五年）年間，慧可經人指點，前去嵩山師從菩提達摩。據《寶林傳》、《傳法寶記》、《景德傳燈錄》等書記載，慧可初去嵩山少林寺向菩提達摩求法時，雖然晨夕參淸，精勤不懈，可卻不聞教誨。慧可不禁心想：「過去一些偉大的求法者，沒有不經過撕肝裂膽的考驗。」

終於，在一個冬天晚上，慧可鵠立雪中，一動不動，紛飛的大雪，竟然沒過了他的雙膝。這回，果眞引起了達摩的注意，問他終夜立於雪中，究竟爲求何事？當達摩得知慧可爲求法而立雪時，就告訴他說，求法的人應該以身爲身，不以命爲命。慧可爲示自己求法決心，竟拔出利刃奮力砍斷自己左臂，呈給達摩。達摩見狀，讚嘆他斷臂求法的至誠精神，於是給他取名慧可，傳給了他「安心」之法。

幾年以後，達摩要回印度去了。臨去之前，達摩召來衆弟子，讓他們各自談談悟道的體會。

道副說：「以我之見，我們不該執著文字，也不該捨棄文字，因爲文字乃求道工具。」

「你僅得到我的皮毛。」達摩淡淡地說。

名叫總持的女尼接著說：「我的心得體會是，如慶喜之見阿閦佛國，一見便不再見。」

「你得到的僅是我的皮肉。」達摩並不稱讚。

接著是德育不慌不忙地說：「四大皆空，五蘊非有，依我所見，依我之見，大千世界，並無一法可得。」

「你得到了我的骨。」達摩面上有了微笑。

最後輪到慧可，只見他從座上站了起來，一言不發，朝達摩深深地施了個大禮，然後重新回到座位，一動不動。

達摩見此，肯定地說：「你得到了我的佛法精髓，我可以毫無遺憾地回去了。」於是，菩提達摩授給慧可傳法袈裟，並把四卷《楞伽經》交給他，臨行吩咐道：「這是如來心地法門，要讓大家從此開示悟入。」

自達摩傳授衣鉢以後，慧可雖然韜光晦跡，隱居在黃河一帶好幾年，可卻隨時隨地，都爲前來問道的大衆開示佛法，傳播心要。

天平初年（公元五三四年），慧可來到東魏都城鄴地（今河北臨漳），宏闡達摩禪法達三十九年之久。由於他的學說不能爲時人理解接受，遭到好多人的鄙視，甚至被視爲「魔語」，並受到其他僧徒的一再迫害。《續高僧傳》曾載慧可「遭賊斫臂，以法禦心，不覺痛苦。火燒斫處，血斷帛裹。乞食如故，曾不告人」，在一定程度上反映了慧可傳道的困境。

北齊天保三年（公元五五二年），慧可把法傳給弟子僧璨。慧可死後，隋文帝諡爲「正宗普覺大師」，唐德宗賜諡「大祖禪師」。

慧可著名的弟子除了僧璨，還有僧那。

慧可的禪學思想傳自達摩，尤其是達摩傳給他的四卷《楞伽經》。他嚴格按照達摩的指示，堅持以《楞伽經》相傳。當年達摩認爲，天下衆生具有同一眞性，因爲客塵遮覆的緣故，入於迷途，爲此只要捨僞歸眞，便能進入凡聖等一之境。後來慧可繼承這一思想，同時接受達摩修禪重視念慧不在語言，「忘言忘念，無得正觀」的思想，加以整理提倡。由於慧可的宏闡，遂使好多學禪衆生，受到較大影響。

儘管慧可在弘闡達摩禪中，盡心竭力，盡了最大的努力，但由於達摩屬於大乘空宗「玄旨幽賾」，「理性難通」的禪法，故而在他傳法時期，尙屬達摩禪初播階段的困頓時期。

後來，慧可把衣鉢傳給弟子僧璨，遂使僧璨成爲禪宗三祖。

三祖僧璨

僧璨（公元?～六〇六年），不知何方人氏。當時，二祖慧可繼承衣鉢，弘闡達摩禪時，僧璨還是一個居士。一次，僧璨慕名拜謁慧可禪師，同時請教：「我爲風疾所苦，大概前世有罪，請大師爲我懺悔。」

「把罪拿來，我爲你懺悔。」慧可說。

「我找了半天，可就是找不到。」僧璨無可奈何。

於是慧可又說：「我替你懺悔完畢，請皈依佛、法、僧吧！」

僧璨說：「我知道什麼叫僧，但不知佛、法是什麼？」「心是佛，心是法。佛和法並沒有什麼差別。」慧可開示說。「哦，原來罪也一樣，不在內，不在外，也不在中間。它在心中，它同佛、法本就沒有二樣！」僧璨受到啓發，立時恍然大悟。

慧可發現他悟性頗高，很器重他，便說：「看來你是佛門的瑰寶，就爲你取名僧璨吧！」結果，慧可度他爲僧，接納他爲弟子，最後並將衣鉢傳給了他。

作爲慧可的衣鉢繼承人，僧璨依然以《楞伽經》爲宗，他和老師慧可一樣，對《楞伽經》採取了自由解釋的態度，不拘文字，專附玄理。《楞伽師資記》說他「口說玄理，不出文字」，「蕭然靜坐」，可見三祖僧璨的禪法，依然嚴格地局限在達摩禪的樊籬之中；加之，由於當時客觀條件的制約，所以其禪法依然局限在師徒傳授之間，徒衆不多，影響不大。

四祖道信

道信（公元五八〇年～六五一年）俗姓司馬，河內（治所在今河南沁陽）人。道信從小仰慕佛家空門，當年他拜謁三祖僧璨爲師時，還是個少年。

道信見到三祖僧璨，第一句話就問：「什麼心才算是佛心？」

三祖反詰：「你現在的心是什麼心？」

「我現在無心。」道信想了想說。

「連你都無心，佛怎麼會有心呢？」三祖開導。

「請師父指示一條解脫的法門。」道信對三祖的話不甚了了，繼續請求。

「難道有誰綁住了你？」三祖問道。

「沒有啊。」道信回答。

既然沒人綁住你，那你就已經解脫了。爲什麼還要另求解脫法門呢？」三祖進一步開導。

道信一聽，恍然大悟，就拜僧璨爲師，後得僧璨法衣。隋煬帝大業（公元六〇五～六一八年）年間，道信到吉州（治所在今江西吉安）傳法，後又移到蘄州黃梅（今湖北黃梅西北）破頭山（雙峰山）傳法三十多年，追隨在他左右習禪的人，竟多達五百餘人，一時聲譽較之慧可、僧璨，大有蒸蒸日上之勢。

唐太宗貞觀年間，朝廷遣使迎他入宮，道信以年老體衰爲由，拒絕入宮。太宗皇帝見此，再次派使者去請，並且用刀威脅，可是道信依舊故我，堅辭不往。

後來，道信傳衣授法給弟子弘忍。

唐高宗永徽二年（公元六五一年），道信自知世壽將終，告門人說：「一切諸法，悉皆解脫，汝等各自護念，流化未來。」說罷逝去。後唐代宗賜號「大醫禪師」。

道信的禪法，依然以持奉《楞伽經》爲主，強調「佛語心第一」，並把經中原義爲「樞要」、「中心」的「心」，解釋成爲「人心」，意圖在於讓信徒們安心修習，專心於內心的修持。同時，道信還把「念心」解作「念佛」，把當時流行的念佛法門，也容納到自己的禪學中來，由此進而提出「一行三昧」之說。

《文殊般若經》謂：「法界一相，系緣法界，是名一行三昧。」「一行」就是「一相」，具體指法界（眞如、實相）一相；「三昧」意爲「三摩地」，也就是「定」。一相是三昧的境界。

學者修習「一行三昧」，要以法界作爲觀想的對象，並在坐禪時專心一佛，稱念名字，需得念念相續，便於念中見到一切佛。這是唯心念佛和實相念佛的結合。通過唯心念佛，從而獲知「離心別無佛」的道理；通過實相念佛，可以證得法界實相，「一切諸佛法身與衆生身，平等無二」的無差別境界。

由此可見，道信的「一行三昧」學說，使《楞伽經》的如來藏佛性思想和《文殊經若經》的般若學說，彼此溝通；與此同時，他又受般若學說啓發，進一步把達摩禪的「安心」法門，修改爲「亦不提心，亦不看心」，提出「直任運」的修禪方法。「直任運」就是任運自然，這是一種比較自由放達的習禪方法。雖然，這在《楞伽經》中也可找到出處，但是過去並未受到達摩禪的重視。

道信對達摩禪的發展，大大地增強了對禪僧大衆的吸引力。他逐步以自由活潑的坐禪形式，改變了達摩禪的枯坐形式；再之，道信授法規模之盛，也一改過去達摩禪只師徒間少數人師承的做法。後來，道信的禪學精華，盡爲弟子弘忍所得。

五祖弘忍

弘忍（公元六〇二～六七五年），俗姓周，蘄州黃梅（今屬湖北省）人。七歲那年，小弘忍便隨四祖道信出家，十三歲正式剃度爲僧。據說當年道信去黃梅縣，看到一個骨相奇特的小兒，禁不住問：「你姓什麼？」

小兒回答：「我姓的不是普通的姓。」

「到底是什麼姓？」四祖追問。

「是佛性。」小兒說。

「難道你沒有姓嗎？」四祖又問。

「性空，所以沒有姓。」小兒口出妙言。

四祖道信非常欣賞小兒的靈性，因此帶他出家。這孩子就是後來的弘忍大師。

唐高宗永徽二年（公元六五一年），道信傳衣法給弘忍，是爲禪宗第五代祖師。

道信當年曾在黃梅雙峰山弘法，一住就是三十多年。其時，弘忍不離道信左右，盡得道信禪學思想的精華。後來，弘忍住在雙峰山東面的馮茂山，聚徒講習，門徒甚衆，繼承和宏闡道信禪學。他的禪學被時人稱爲「東山法門」。

弘忍的禪學思想傳自道信。道信的禪學思想，據《楞伽師資記》說，有兩個要點，一是依《楞伽經》以心法爲宗；一是依《文殊般若經》所說一行三昧。可見，東山法門的禪學思想，早由道信奠定了基礎，所以，它實際包括了道信和弘忍兩代禪師的禪法。

東山法門的建立，將以《楞伽經》爲所依經典的達摩禪，大大地向前推進了一步。原則上，弘忍仍以《楞伽經》爲基本經典，他曾說：「我與神秀論《楞伽經》，玄理通快，必有利益。」但從他開始禪宗傳道，則改用《金剛般若經》，顯示了向《金剛般若經》的逐步轉軌，爲我國禪宗的眞正創立，提供了理論根據。

東山法門的建立，還改變了過去苦行的頭陀行狀做法。從初祖達摩、二祖慧可，及至三祖僧璨，其門徒均爲一衣一鉢，隨緣而住，沒有聚徒定居一處的規則，所以師徒傳承，規模極小，影響不大。

到了道信、弘忍時期，禪風大變。道信於黃梅雙峰山弘法三十多年，聚集徒衆五百多人，弘忍繼之。在馮茂山四十多年，「接引道俗，四方龍象皈依奔湊」，徒眾達七百多人。這些禪眾定居一處，過著自給自足的集體生活。

弘忍的著作，世傳僅有《最上乘論》（或《修心要論》）一卷，但據一般說法，這書其實是他弟子的集記，反映了東山法門的禪學思想，從中亦可窺知弘忍的思想。如「但了然守眞心，妄念雲盡」，「譬如磨鏡，塵盡自然見性」的「守心第一」思想。此外《楞伽師資記》、《宗鏡錄》等書中，對於弘忍的法語和傳法記實如「口說玄理，不出文字」，「蕭然靜坐」等，也有零星的記述。

弘忍一生門徒眾多，著名的有神秀、智詵、惠藏、玄約、志安、法如、慧能、慧明、印宗等二十五人。這些弟子後來各處一方，遂使東山法門，播於全國。

慧能的「南頓」和神秀的「北漸」

弘忍門下二十五個著名弟子中，盛傳禪法，並創禪宗南宗、北宗，使之影響深遠的，首推慧能和神秀。

神秀（公元六〇六～七〇六年）俗姓李，陳留尉氏（今河南省尉氏縣）人。出家前博覽經史。二十歲那年，神秀在洛陽天宮寺受其足戒，潛心佛學。後來，神秀聽說弘忍東山法門的盛名，便在五十歲時，到蘄州黃梅雙峰山東山寺參謁弘忍求法，並從事打柴汲水等雜役，長達六年之久。後來，神秀得到弘忍器重，稱他「懸解圓照第一」，認爲「東山之法，盡在秀矣」，命爲上座，並任教授師。

弘忍晚年自知不久於世，爲付衣法，命弟子各作一偈呈來，神秀上座作偈：

身是菩提樹，心如明鏡台。
時時勤拂拭，莫使惹塵埃。

弘忍看了，覺得他對禪的參究已達到很高的境界，但並沒有徹底了悟，所以未將衣法付他。弘忍圓寂後，神秀擇地江陵當陽山玉泉寺傳法，不久四方僧俗聞風而至，聲譽雀起。由於神秀在北方繼續弘傳以循序漸進爲修行特色的禪法，和南方以頓悟爲根本的禪法相對，故神秀的禪學，世稱爲禪宗「北宗」；若以其禪法的主要特徵命名，則爲「北漸」。當年，神秀曾深得女皇武則天敬重，被迎到洛陽，厚加禮待，其時他高壽九十多歲。

神秀的嗣法弟子有十九人，其中以普寂、義福爲最享盛名。

慧能（公元六三八～七一三年），俗姓盧，原籍范陽（今北京大興）人，生於南海新興（今屬廣東省）。慧能三歲喪父，長大後靠賣柴養母糊口。一次，慧能聽到有人念《金剛般若經》，頗有感悟，當得知其經受於黃梅弘忍禪師處時，便萌發了尋師求法之志。唐龍朔元年（公元六六一年），慧能赴黃梅投於弘忍門下，在碓房舂米。

當時五祖弘忍準備托付衣法，讓衆弟子各作一偈呈驗。上座神秀「身是菩提樹，心如明鏡台。時時勤拂拭，莫使惹塵埃」一偈，一時傳誦全寺，衆人皆以為五祖弘忍的衣法，非神秀莫屬。慧能在碓房聽到衆僧傳誦此偈，認為還沒契合佛的本性，於是乎目不識丁的他，便在神秀作偈基礎上，改動了幾個字，請人代書壁上：

菩提本無樹，明鏡亦非台。
本來無一物，何處惹塵埃。

衆僧見偈，無不驚異，弘忍很是讚許，便密授衣法。

因為懼怕爭奪法衣，慧能遵命遁回嶺南暫隱，混跡市廛十六年。其後於公元六七六年，在南海法性寺遇印宗法師，得以落髮。第二年，慧能回到韶州（今廣東韶關）曹溪寶林寺，大力弘揚「直指人心，見性成佛」的頓悟法門。因於其禪法與北方神秀弘揚的以漸悟法門相對，所以人稱禪宗南宗。若以其禪法的特徵命名，則為「南頓」。慧能的南宗，實爲後來禪宗的代詞，由此，慧能實爲禪宗的眞正創始人。

神秀的北宗「漸悟」法門，和慧能的南宗「頓悟」法門，究竟有何區別呢？

神秀的「身是菩提樹，心如明鏡台，時時勤拂拭，莫使惹塵埃」偈語，可謂道破北宗漸悟法門的實質。神秀北宗認爲，「衆生本有覺性，如鏡有明性；煩惱覆之不見，如鏡有塵。若依師言教，息滅妄念，念盡則心性覺悟，無所不知，如磨拂昏塵，塵盡則鏡體明淨，無所不照」。佛性本有，只是被妄念，煩惱遮蔽，所以要不斷地時時拂拭，不斷修習，成佛才有可能。

故神秀在《觀心論》中主張：「唯觀心一法，總攝萬行，最爲省要。」既然世界萬物唯心所生，所以最爲省要的法門，便是以坐禪觀心來對治妄念、煩惱，達到「了心」、「無心」的境地，從而進入佛境。後來，神秀又在《大乘無生方便門》中，提出「淨心」、「離念」、「看心」，主張「一念淨心，頓超佛地」。

《大通禪師碑》，神秀「其開法大略，則專念以息想，極力以攝心。其人也，品均凡聖；其到也，行至前後。趣定之前，萬緣盡閉；發慧之後，一切皆如。特奉《楞伽》，遞爲心要。」這又從一個側面，反映了神秀禪仍以《楞伽經》爲理論根基。他的禪法，以「攝心」、「息心」爲徵，注重循序漸進，是一種強調漸修的禪學。

不難看到，禪宗的北宗漸悟法門，忠實地繼承了道信、弘忍東山法門的衣鉢。弘忍曾感嘆地說：「東山法門，盡在秀(神秀)矣。」據說，武則天當年曾問神秀，你所傳的禪法，出自何家宗旨？神秀明白無誤地坦然回答，他稟受的禪法，是蘄州「東山法門」。爲此神秀北宗「漸悟」法門，顯得規範，入於程式化，屬於較爲保守的禪宗派別。

和神秀「漸悟」截然相反的，是六祖慧能的「頓悟」說。所謂「頓悟」，意思是說，修持者無須任何形式，無須長期修習，只要突然頓悟自己本身的佛性，就能立時成佛。「迷來經累劫，悟則刹那間」，「前念迷即凡，後念悟即佛」，「一念愚即般若絕，一念智般若生」。這就是說，慧能認爲成佛，僅在「一念」的刹那之間，迷就是衆生，悟就是佛陀。

當年，慧能曾聲稱自己就是通過頓悟達於佛道：「我於忍和尚處，一聞言下大悟，頓見眞如本性。」再之，他還甚至進而提出，要把「頓悟」作爲成佛的唯一途徑。

那麼，怎樣才能「頓悟」呢？「心生一切法生，心滅一切法滅」。慧能主張的「頓悟」說，主要在一心上下功夫，以心的迷悟爲頓悟的關鍵。爲此，他不承認一般意義上的認識，排斥一切有關概念、判斷、推論和論證等理性思維，而是以對自心本有佛性的直覺，替代各種有意識的社會認識。「菩提本無樹，明鏡亦非台，佛性常清淨，何處惹塵埃」。

慧能的這首詩偈，正是他容不得「見理」、「明理」，直覺自心佛性的寫照。心性本淨，佛性天生，因此學佛者不必經過繁複的形式和手段，只要頓時悟徹，就可直接進入佛的境界。它和神秀認爲的佛性人皆具有，由於客塵所遮，因此必須時時拂拭，進行修習，才能成佛的看法截然對立。

由於慧能的禪宗，主張把修習的整個過程，全都歸結到「頓悟」一個環節，所以力排神秀北宗所承傳統形式的坐禪。「一切萬法，盡在自身中，何不從於自心，頓現眞如本性」？由此，他對「坐禪」，還賦予了面目全新解釋，說：「此法門中，何名坐禪？此法門中，一切無礙，對於一切境界上念不起爲坐，見本性不亂爲禪。何名爲禪定？外離相曰禪，內不亂曰定。」這種禪法，不拘於外在的繁複形式，可以在坐、臥、行、住、砍柴、挑水、吃飯、拉屎之時，任運自如地都可進行，關鍵全在「單刀直入，直了見性」的頓悟上。

然而神秀的「漸悟」和慧能的「頓悟」之間，仍有一些相同之處，比如彼此都根據如來藏佛性學識，認爲佛性本有，但卻被每個人都有的煩惱、慾念、無明所遮蔽，由此若要成佛，就得借助修行以去除這些煩惱、慾念和無明，藉此以達最後覺悟成佛。

從修行方式看，儘管神秀主張漸悟，慧能主張頓悟。事實上，神秀的漸悟卻並不反對頓悟，只是他把頓悟作爲修行的一個環節，加以認識：比如學佛學禪，必須在長期修習，循序漸進，逐步積累的基礎上，從而以達豁然覺悟的佛境。而慧能的頓悟，則強調了成佛的境界，突出了頓悟的可行性和必要性，從而為佛教修行，開創了一個前所未有、具有中土特色，活潑且又生動的新局面。

綜上所述，從達摩初祖來華傳播大乘佛法，至弘忍五代法裔相傳。這段時期，主要以四卷本《楞伽經》相傳。其中，雖說道信和弘忍建立「東山法門」，將達摩禪大大地推進了一步，並且已顯露出向《金剛經》逐漸轉移的傾向，但事實上，卻還並沒有能夠建立起禪宗的宗派組織，同時也還沒有正式把「禪宗」，定為自己宗派的名稱。它依然作為一種禪學派別流傳。及至神秀，他雖沒能稟受五祖弘忍衣法，但卻忠實地繼承了道信和弘忍的做法。

因此，我們可以將達摩至弘忍，同時也包括神秀在內，以《楞伽經》相傳的一班禪師，稱之為「楞伽師」。將五祖弘忍以前五代衣鉢相傳的時期，稱之為楞伽師承時期。這是我國禪宗的預備階段。

禪宗的實際開創者是六祖慧能。雖說他和達摩禪有著法統上的繼承關係，在思想上也有某些繼承的軌跡，但是，我國禪宗所承「頓悟成佛」的根本思想，卻是由他奠定下來的。慧能「頓悟成佛」的禪宗思想，開創中國佛教史上的新紀元。這是佛教中國化的體現，它為廣大佛教徒，指出了一條簡捷方便，快速的成佛道路。它在否認傳統坐禪形式的同時，又極大地擴大了禪的範圍，深受道俗廣大信衆的歡迎。而這一切，恰恰正是禪宗日後在中國這塊土地上迅速發展的根本原因。

（姜玉珍）

慧能高舉禪宗革命大旗

中國佛教傳統說法，都把菩提達摩作爲禪宗的初祖，事實上，從達摩初祖直到弘忍五祖，至多只能算是禪宗的預備階段。嚴格意義上說，眞正創立禪宗，並賦予它與達摩以原則上不同內容的，正是高舉禪宗革命大旗的慧能大師。

慧能從小失去父親，此後移居南海，靠賣柴養活自己和母親。唐高宗咸亨初年（公元六七〇年），他把母親安頓定當，隻身北行，開始了尋求佛法的生涯。當他來到韶州曹溪，有個名叫無盡藏的尼姑，拿著《涅槃經》向他問字。慧能目不識丁，就開解道：「諸佛妙理，非關文字。」無盡藏聞言大驚。消息傳了開去，鄉里耆老聞言都說：「這是一個有道之人，宜請供養。」慧能由此受到當地佛教界的敬重，被請去寶林寺居住。

在寶林寺住不多久，慧能又離寺來到樂昌西石窟，跟智遠禪師學禪。智遠勸他何不徑去蘄州黃梅，投拜禪法高明的弘忍，可以學得更深更透。

慧能依言，跋山涉水，終於在咸亨三年，來到黃梅東山，投拜在弘忍門下。這時慧能已經三十多歲了。

當時弘忍問他：「居士何方人？來這裡找我，欲求何物？」

慧能答道：「弟子是嶺南人，新州百姓，現在遠來這裡參拜師父，不求何物，唯求作佛。」

弘忍聞言打趣：「你是嶺南人，又是獦獠，如何堪作佛？」

「獦獠」是當時中原對嶺南土人的稱呼。慧能聽弘忍如此提問，即便答道：「人有南北，但佛性沒有南北。和尚佛性和獦獠佛法，並沒有什麼不同。和尚能夠成佛，弟子當也能夠成佛。」

弘忍聽他這麼一說，認爲此人識見不同一般，便安排他在碓房裡劈柴舂米，和衆僧一起勞動，這樣一做就是八個月。

不久，弘忍因年事已高，有意在七百個弟子中挑選接班人，慧能以「菩提本無樹，明鏡亦非台，本來無一物，何處惹塵埃。」一偈，得到五祖讚許。五祖於半夜把慧能喚到堂裡，爲他講解了《金剛經》，接著又秘密傳他法衣說：「汝爲六代祖，衣鉢爲信稟，代代相傳；法以心傳心，當今自悟。」隨之，弘忍又親自把慧能送到九江驛，讓他隱跡南下，並吩咐在一段時間裡，勿弘此法，做個普通的老百姓以避禍。

第二天，五祖對弟子們說：「我的衣鉢已經南傳，能者得之。」

「能者得之」，不就是慧能得到了嗎？衆弟子省悟後立刻躁動起來。

「南蠻之人也能得到衣鉢？」

「這個目不識丁的舂米漢，能當六祖？」

於是大家一起去追。

在大庾嶺，慧能終於被一個叫惠明的和尚追上了。論武力，慧能不是惠明的對手。

於是，六祖將衣鉢放在近處一塊大石頭上，對惠明說：「衣鉢表示信仰，不可力爭。如果你想要的話，就拿去吧！」

惠明想拿，但怎麼也拿不動。開始猶豫不決，繼而漸生敬畏，終而全身顫慄，直說：「我是爲法而來，不是爲衣鉢而來，請和尚爲我開導。」

慧能這才指撥說：「你先拋卻一切外緣，斷絕所有思慮，我便給你說法。」

惠明點頭，慧能開導：「不思善，不思惡，什麼是你本來面目？」

惠明聞言目瞪口呆，央求道：「請再授給我一些秘密。」

慧能又點撥說：「如果你能返觀自己，道就在你心中。」

惠明頓時大悟，恭敬地對慧能施禮說：「謝謝你的指點，我現在心裡明白多了。」

慧能南下回到廣東，隱跡在四會、懷集一帶。十多年後，一次慧能來到廣州法性寺，這時印宗法師正在開講《涅槃經》，聽衆裡有二僧因爲看到風吹幡動，便展開了有趣的辯論。一個說是：「這是風動，不是幡動。」另一個堅持認爲：「這是幡動，不是風動。」慧能見他們各執一辭，爭得起勁，禁不住在旁插嘴：「不是風動，不是幡動，是你們的心在動。」二僧和邊上衆僧聽了慧能的話，一時大爲驚詫。

印宗法師得知此事，即把慧能請到上席，問他深義，慧能回答得言詞簡切，深入禪的個中三昧。見此情景，印宗好像忽有所悟，禁不住問：「我早就聽說黃梅衣法南來，莫非就是你嗎？」慧能見印宗問到這個地步，想想自己已經在市廛裡隱跡了十年，弘法的時機現在恐已成熟，於是當下出示弘忍所傳衣鉢。印宗見此，歡喜讚嘆，就在法性寺菩提樹下召集僧衆，爲慧能剃髮出家；不久，又讓名僧智光禪師爲他授具足戒。

這樣過了兩月，慧能開始在法性寺菩提樹下，爲衆僧開講禪法，說般若波羅蜜法。後來，慧能辭別法性寺衆僧，回到韶州曹溪寶林寺弘法。那時，韶州刺史韋璩景仰慧能道風，親自入山請慧能到城裡大梵寺爲信徒說法，一時信徒雲集，盛況空前。當時所講內容，由門人法海記錄整理，就是後世所傳《法寶壇經》的原型。

慧能在曹溪寶林寺說法達三十多年。神龍元年（公元七〇五年），唐中宗在慧安、神秀的推薦下，特地派內侍薛簡前往曹溪召他入京。慧能對薛簡說：「敝僧因爲久住山林，年邁風疾，所以不能進京。」薛簡沒法，只好請他就地說法，然後把說法記錄帶回京城，稟報皇上。

唐中宗雖然未能把慧能召進京城，可是看到薛簡帶回說法記錄，也覺高興，於是賜給慧能摩納袈裟一領，絹五百匹，作爲供養；同時，又把寶林寺改爲中興寺，下令韶州刺史重加修葺，以示榮寵。此外，還把慧能的新州舊居，改建爲國恩寺。

唐睿宗延和元年（公元七一二年），慧能回到新州舊居，也就是國恩寺小住，並讓門人起造報恩塔。第二年，慧能因病圓寂於國恩寺，世壽七十六歲。那時，曹溪寶林寺的弟子聽說老師圓寂，紛紛風餐露宿，趕來新州，把慧能的遺體迎了回去。後經裹香泥和塗漆等特殊處理，慧能的遺體一直被保存到現在，歷千年而不壞。古代的寶林寺，就是現在的南華寺。至今人們來到曹溪南華禪寺，還可瞻仰到慧能的眞身，這眞是件了不起的事。

佛教，自傳入中國，經過漢魏兩晉南北朝的譯經介紹、傳播，一時廣爲流傳，出現了不少以某種佛經作爲研究、信奉對象的佛學流派。其時，雖然他們也以某「宗」號稱，比如「成識宗」、「地論宗」等，但實際上，卻並沒有「宗」之實，和後來隋唐時期形成的佛學宗派，並不相同。爲此，慧能以前的禪宗同樣如此。從達摩初祖到弘忍五祖，其中雖有發展，但由於受到當時客觀條件的限制，除了寺院經濟、傳教區域，授徒模式均不成熟外，即從其內容看，因它沒有頓悟思想，也不否認坐禪形式，所以本質上說，它仍然是印度禪宗的翻版。此後及至六祖慧能，掀舉禪宗革命大旗，以個人獨到的思維方式和修持方式，終於創立了和南北朝禪學大相徑庭的禪宗。

慧能的禪宗基本思想，主要體現在以下幾個方面：

①定慧爲本

慧能在《壇經》中說：「我此法門，以定慧爲本。第一勿迷言定慧別。定慧體一不二。即定是慧體，即慧是定用。即慧之時定在慧，即定之時慧在定。」慧能把禪定和般若智慧，看成爲是同一事物的兩個方面，雖說兩者之中定是慧體，慧是定用，然而卻又不主張對此強加分別，原因是定慧體一不二。打個比方，定慧猶如燈光：「有燈即有光，無燈即無光。燈是光之體，光是燈之用。名即有二，體無二般。此定惠（慧）法，亦復如是。」如有區別，也只是主觀分別的結果。慧能的這一思想，主要在於否定坐禪，引導僧衆走向頓悟實踐。

②一行三昧

一行三昧是四祖道信、五祖弘忍在發展達摩禪基礎上所建「東山法門」的核心。一行就是一相，指法界一相。三昧即三摩地、定。一相是三昧的境界。怎樣才能進入三昧呢？根據道信的說法，除了學習般若波羅蜜，領悟法界無礙無相的道理，還應該端正坐姿，系心一佛，專稱佛名，念念相續。通過這時唯心念佛和實相念佛，得知「離心別無有佛」，達到與佛一如的境界。然而對於一行三昧，慧能卻持獨到見解，把它看作爲「於一切時中，行住坐臥，常行直心」的內心自覺行動。

再如《景德傳燈錄》第五卷記載，六祖慧能問志誠：「你老師怎樣教導大衆？」志誠回答：「我老師神秀教導大衆，要穩住此心觀察清靜，終日坐禪，不要臥倒。」

慧能聽後指出：「穩定此心，觀察清靜，這是病而不是禪。長坐拘身，於理何益？」

志誠發問：「不知大師用何法教人？」

慧能回答：「我如果說有法給人，就是騙你。只不過是按照不同情況，解除人們思想上的束縛，姑且借用三昧之名。」

慧能對於一行三昧的看法，也是對於坐禪念佛的否定。

③無相爲體、無念爲宗、無住爲本

所謂「無相」，「相」指事物。事相。「無相」就是不執著於事物、事相，以及外在的一切，即「無相而離相」。所謂「無念」，「念」指雜念，無念就是不起雜念，保持正念，「不念有無，不念善惡，不念有邊際無邊際，不念有限量無限量，不念菩提」，總之是不染著於外境，即「於念而不念」，「於一切境上不染」。所謂「無住」，「住」指執著，「無住者，爲人本性念念不住，前念、今念、後念，念念相續，無有斷絕；若一念斷絕，法身即離色身。念念時中，於一切法上無住，一念若住，念念即住名繫縛；於一切上，念念不住，即無縛也。」「無住」就是「於一切法上無住」，即不執著於一切固定的見解和特定的心理定勢。

由此可見，慧能所說無相爲體，無念爲宗，無住爲本，重點在於提倡發揮人們的自覺能力，簡化修行成佛的過程，以無相、無念、無住而一心體認自心佛性的方法，開示了一條頓悟成佛的新途徑。

④頓悟菩提

頓悟成佛是慧能實創禪宗，有別於過去達摩禪的最根本、最原則的核心內容。頓悟成佛，意爲不必經過長期的修習，也無須任何繁蓐的形式，只要刹那間領悟自己本有的佛性，即可成佛。「頓悟」說的前提，是「心性本覺」。它指衆生本來覺悟，本來是佛，這就使頓悟有了可能。即使衆生陷入煩惱迷妄的境地，其自身的佛性仍未消失，猶如塵垢蒙鏡的道理一樣。所以慧能曾說：「自色身中，邪見煩惱，愚痴迷妄，自有本覺性。」「心性本覺」，是慧能繼承達摩如來藏佛性學說的一個方面，但他卻從般若觀點出發，徹底否認了達摩祖師通過坐禪形式，借以進入佛境的傳統做法，並對禪作出了和傳統說法截然不同的解釋：「此法門中，何名坐禪？此法門中，一切無礙，外於一切境界上念不起爲坐，見本性不亂爲禪。何名爲禪定？外離相曰禪，內不亂曰定……外禪內定，故名禪定。」這就是說，慧能禪的根本關鍵，在於對內心佛性的領悟和體識，而不拘泥於外在的形式，外在的功夫。它把整個修行程序，全部歸結到無須準備、無須積累，只要頓悟，就可成佛一個環節上來。

爲此，慧能曾經開導刺史韋璩：「人有兩種，法無兩般，迷悟見殊，見有遲疾。迷人念佛求生於彼，悟人自淨其心。所以佛言，隨其心淨，即佛土淨。凡愚不了自性，不識心中淨土，願東願西。悟人在處一般。所以佛言：隨所住處恆安樂。使君但行十善，何須更願往生？」關鍵在於：「識心見性，自成佛道。」「故知不悟，即佛是衆生；一念若悟，即衆生是佛。故知一切萬法，盡在自身中，何不從於自心頓現眞如本性？」正因爲這樣，所以慧能臨終之時，說偈道：

今生若悟頓教門，悟即眼前見世尊，
若行修行覓佛，不知何處欲求真？
若能心中自有真，有真即是成佛因，
自不求真外覓佛，去覓總是大痴人。
頓教法者是西流，救度世人須自修，
今報世間學道者，不於此見大悠悠。

慧能「頓悟」禪宗思想的形成，直接受到《金剛經》的影響。據《壇經》記載：「五祖夜至三更，喚慧能堂內，說《金剛經》。慧能一聞，言下便悟。」慧能自己也聲稱：「但持《金剛般若波羅蜜經》一卷，即得見性，入般若三昧。」這就意味著《金剛經》是慧能頓悟法門的經典。從內容看，《金剛經》突出地宣揚了世界一切事物，空幻不實的般若空宗思想，經中說：「凡所有相，皆是虛妄。若見諸相非相，即見如來。」就是說，世間有形無形的一切事物，都是虛妄不實的假相，非相，人們的認識如能達到這個境界，就到了成佛的境地。又說，要想成爲菩薩，就得斷絕我相（自身的慾望）、人相（一切社會關係）、衆生相（對於塵世的留戀）、壽者相（對長壽的希冀），進而「離一切相，即名諸佛。」般若空宗的思想，貫穿於慧能禪學思想的始終。

「應生無所住心」、「應無所住而生其心」，也爲《金剛經》所反覆強調。體現在慧能禪學上，便是「無住爲本」思想，即對外界一切事物，既不著念，更不受其影響干擾。

「一切有爲法，如夢幻泡影，如露亦如電，應作如是觀。」由此可見，《金剛經》徹底否定了整個客觀世界，事實也包括了佛教徒所追求的佛法。要是人們執著地追求什麼佛法，當然就無法成佛。《金剛經》的內容，可以說直接影響到慧能「頓悟」禪學思想的形成。

慧能「頓悟成佛」思想的提出，不僅實質性地創立了禪宗，並且這種禪宗的創立，又對過去所傳傳統佛教，形成了一股巨大的衝擊力，使之產生一系列的重大變化，爲佛教中國化邁出了革命性的一步。

傳統佛教主張誦經、念佛、坐禪等一系列修習，然而這些修習，在慧能頓悟成佛學說的衝擊下，卻完全失去了它們的存在意義。「迷來經累劫，頓悟剎那間」，成佛只在剎那，所以慧能主張不立文字，當立自悟。試想沒有文字，又有何經可誦？對於念佛往生西方極樂世界，慧能也認爲：「若悟無生頓法，且西方只在剎那；不悟頓教大乘，念佛往生路遙，如何得達？」況且，「心起不淨之心，念佛往生難到」，所以慧能斷定念佛不能往生。對於坐禪用功，慧能更是不屑一顧，嗤之以鼻，稱之爲是一具臭骨頭」。他認爲直覺體悟「自有本覺悟」，可於「一切時中，行、住、坐、卧」等不拘任何時間、場合和形式。在日常生活中的任何領域，都可頓悟成佛。

此外，對於傳統佛教鼓勵的出家修行，提倡的布施、建寺，在慧能看來，也都不值一提，甚至予以反對。他斷然說：「若欲修行，在家亦得，不由在寺。」布施、建寺僅是「修福」，而非「功德」。

慧能頓悟成佛學說的提出，極大地縮短了人間和佛國、塵世與淨土，此岸與彼岸的距離，向人們提供了一條成佛的簡便捷徑，所以它不僅爲廣大佛教僧衆所接受，而且獲得了廣大人民群衆，也包括官僚集團和士大夫階層在內的在家佛教信衆的熱情接受和信奉。所有這些，都爲禪宗後來在中土的廣泛傳播，扎下了深深的根基。

再之，慧能所創禪宗，在擺脫佛教外來束縛的同時，又把佛教中國化的進程，大大地朝前推進了一步。這表現在，首先破除對「西方」的迷信和對佛祖的崇拜。佛教自公元前後傳入我國以來，佛祖釋迦牟尼和其他阿彌陀佛等諸佛，始終爲廣大僧衆和在家弟子所頂禮膜拜，具有無上神聖威嚴的地位，現在慧能提倡「即心即佛」，把自心和佛性等同一體，成佛只須頓悟自身本具佛性，不必外求，這就有力地破除了人們對於偶像的迷信和崇拜。比如他說：「東方人造罪，念佛往生西方；西方人造罪，念佛求生何國？」慧能的大膽懷疑，獨立思考，以及離經叛道的言論，在有助於人們破除對西方迷信和佛祖崇拜的同時，還進一步對擺脫原始佛教繁瑣的經典理論和種種宗教禮儀，起到了積極的鼓動作用。

從思想上看，慧能禪宗一方面竭力擺脫印度佛教繁瑣理論和宗教儀規，另一方面卻積極向中國傳統的儒道思想靠攏，並與之結盟。比如慧能所創人人都有本覺之性的佛性論，就和儒家人人都可以成爲堯舜的性善論，有著相似之處，再如儒家以孝悌爲本的思想，也爲慧能以後的禪宗所大力提倡。此外，慧能頓悟法門所說本覺自性，不求外力的思想，又和莊子倡導的虛無、玄學家醉心的得意忘言以及他們聽任自然，蔑視禮法，曠達無羈的思想性格，產生共鳴。

其次，慧能所創禪宗，在生活方式上也迥異於歷史上的佛教徒，從而把禪宗的僧衆生活，推向平民化，世俗化。印度早期佛教徒，強調苦修，他們托鉢乞食，誦經念佛，遵守嚴格的修行儀規。佛教傳入中國以後，生活上仍然變化不大，若以禪宗爲例，從達摩初祖到弘忍五祖，基本上還是過著一衣一鉢的「頭陀行」生活。由於慧能主張頓悟法門，成佛修行不須積累，不拘形式，自由任運，在家出家沒有什麼大的區別，所以表現在生活上，自然不強求儀規，不強調形式，正因爲這樣，所以後來慧能入寂不久，他的弟子懷讓就倡導了「一日不作，日一不食」，自給自足的農禪生活。

這是慧能所創禪宗，在佛教中國化進程中劃時代的變革。它從根本上打破了佛教僧侶固有的生活模式，把中國封建社會自給自足的小農經濟，融進到禪宗的生活裡去，遂使佛教和中國社會的經濟結構，融合協調，從而獲得了植根於中國沃土的強大生命力。

慧能創立的禪宗，最初流行在南方一帶，和當時北方的神秀，形成分庭抗禮之勢，故人稱慧能一派爲「南宗禪」，神秀一派爲「北宗禪」。

從南宗、北宗所奉教義看，南宗禪奉行「頓悟」法門，開禪宗新的教派；北宗禪奉行「漸悟」法門，爲達摩禪的繼續。後來人們論禪，往往把禪宗和南宗禪等同起來，南宗禪就此遂成禪宗的代名詞。

不過，慧能在世時，他的禪宗傳法範圍，僅僅侷限於嶺南一帶，而神秀北宗，由於受到武則天、唐中宗兩朝的高度禮敬，所以北宗禪以長安、洛陽爲基地，傳遍大半個中國，有「北宗門下，勢力連天」之稱。此後直到安史之亂後，慧能一系勢力才日益擴大，並逐漸取代北宗，成爲中國禪宗的主流。在這個南宗取代北宗的過程中，慧能門下如神會、懷讓、行思等弟子，作出了相當重大的貢獻。

神會原隨神秀學習禪法，因爲聽說嶺南慧能弘闡佛法，名聲大振，便前往拜師求法，隨侍數載，直到慧能入寂。此後他離開曹溪，雲遊各地，增長見聞。唐玄宗開元八年（公元七二〇年），神會挂錫南陽龍興寺，開始了他在北方弘闡慧能南宗禪的奮鬥生涯。其時，神會因置身於北方強大北宗禪的威脅氛圍之中，所以表現了他大無畏的獻身精神。一次，他曾莊嚴宣告，「我今爲弘揚大乘，建立正法，令一切衆生知聞，豈惜身命！」（《答崇遠法師問》）。

唐玄宗開元二十二年（公元七三四年），神會在滑台（今河南滑縣東）大會上，慷慨陳詞，與北宗禪師進行了激烈辯論。在辯論過程中，神會宣揚南宗宗旨，抨擊北宗「傳承是傍，法門是漸」，並提出了一個與北宗對立的南宗傳法系統。其傳法系統爲：達摩傳慧可，慧可傳僧璨，僧璨傳道信，道信傳弘忍，弘忍傳慧能，是爲六祖。而當時北宗則把神秀推爲六祖，無人懷疑，因此，當神會把自己提出的南宗傳法體系稱之爲禪宗嫡傳時，理所當然遭到北宗禪門的激烈反對，甚至報復，以至被趕出京城。

這次滑台大會，慧能的南宗禪雖因北宗禪在北方的盛大勢力，未能獲得正統地位，但卻由於神會奮不顧身的宣傳，遂在北方地區漸次得到傳播。

不久，安史之亂爆發，朝廷軍費告缺，於是召令各府設置戒壇度僧，以收取「香火錢」。這時，年逾七旬的神會被公推出來主持這一設壇度僧的工作，從而為朝廷籌措了一大筆可觀的軍餉。戰亂平定後，神會因功被唐肅宗詔進內道場供養，後又住洛陽荷澤寺。此時，神會通過廣州節度使韋利向朝廷啓奏，獲准讓六祖慧能傳法袈裟入內供奉，此舉大大提高了慧能的地位和知名度，同時也提高了神會的地位。

由此可見，神會對禪宗的貢獻，主要表現在①進入北方大力地宣傳慧能頓悟法門；②在和北宗禪的對抗中提出了南宗禪的傳法系統，並將它作為禪宗嫡傳加以弘揚。以上兩點，無疑為慧能南宗禪最後取代神秀北宗禪，立下了汗馬功勞。

然而從當時情況看，由於北宗禪勢力強大，儘管神會作了種種努力，可是在事實上，慧能的南宗禪一時仍難以輕易取代北宗禪。

就在神會在北方，弘揚慧能頓悟法門時，慧能的另外一些弟子，特別是懷讓、青原，卻在遠離政治中心的江西、湖南等地，對南宗禪進行了卓有成效的弘傳和發展。此後，南宗禪又經過弟子輩幾代禪師的共同努力，終於在唐朝末年，將慧能的禪宗推向繁盛階段，到五代、宋初，達到鼎盛。

（姜玉珍）

禪門「五家七宗」

六祖慧能創禪宗後，經過弟子們的大力弘揚，影響不斷擴大，使禪宗進入了百花競秀的繁榮和發展階段，「五家七宗」的出現，就是這一發展的重要標誌。

「五家七宗」，指慧能以下的禪宗系派。首先，慧能門下初分南嶽懷讓、青原行思兩系。後來，南嶽一系分爲臨濟，溈仰兩派；青原一系分爲曹洞、雲門、法眼三派，稱爲五家。宋朝之時，臨濟宗又分出黃龍、楊岐二個分支，所以合稱「五家七宗」。

南嶽懷讓系和臨濟、溈仰宗

懷讓是慧能五大弟子中的一個。俗姓杜，金州安康（在今陜西省）人。懷讓十歲喜讀佛書，二十歲到荊州玉泉寺出家，後到嵩山慧安處學禪，又經慧安和尚指引，到曹溪參拜慧能，學習頓悟法門。十五年後，慧能圓寂，懷讓於唐玄宗先天二年（公元七一三年）到南嶽般若寺觀音台弘揚慧能學說，創開南嶽一系，世稱「南嶽懷讓」。

懷讓有弟子四人，以馬祖道一爲最得意。據說，當年容貌奇異的馬祖道一在南嶽衡山結庵而住，整天坐禪，概不接待來客。懷讓知是法器，即便加以誘導

「你整天坐禪圖個什麼？」懷讓問。

「想作佛呀！」道一回答。

懷讓聞言不作一聲，隨手拿起一塊磚頭在他面前磨了起來。道一感到好生奇怪，便問：「師父磨磚做什麼？」

「磨磚作鏡呀！」

「磨磚怎能成鏡？」道一笑道。

「磨磚不能成鏡，坐禪豈能成佛？」懷讓反問。

道一聽後感到慚愧，連忙起身，請懷讓指點。懷讓說：「如牛駕車，車若不走，是打牛好呢？還是打車好？」

道一無言以對，懷讓繼續開導：「你是學坐禪呢，還是學成佛？如學坐禪，禪不在於坐臥；如學成佛，佛又沒有定相。你如是坐佛，那就等於殺佛。一心執著於坐禪，有了取捨，說明你並沒有了悟佛的妙理。」

道一聽罷懷讓說教，豁然開朗，立刻拜他為師。

懷讓見道一思想有所轉變，便繼續加之誘導，說偈道：

心地會佛種，遇澤悉皆萌；
三昧華無相，何壞復何成？

詩偈指出，成佛要在自家心地上多下功夫。

坐禪不能成佛，反而造成嚴重的取捨執著，這一思想原來出自慧能，然而到了懷讓手裡，卻具體並生動化了。在禪宗解脫方法論上，懷讓所作的種種開拓和嘗試，對於我國禪宗的發展繁榮，有推波助瀾之功。同時，由於這種形象、具體的師生傳授，以及禪僧之間的彼此交流，恰到好處地揭示了禪的本質，因而為後世禪家所紛紛效法。

此後，禪家各種比喻、隱語、暗示、動作、看話頭，以至於呵佛罵祖，毀經焚典等做法，又促進了禪風的一時大變化。自由、奔放、開豁、激烈，而這種潑辣禪風的倡導者，就是讓懷的弟子道一。

道一在懷讓身邊整整學習侍奉十年才離開南嶽，獨自前往江西，另開弘法基地，創立叢林，人稱「洪州禪」。

洪州禪繼承和發展了慧能、懷讓禪宗，建立起了更爲直捷的成佛學說，以及更爲簡易的禪法實踐。後來，洪州禪經過道一傳法弟子懷海的闡傳和推進，影響大爲擴大，這爲後來臨濟宗的創立，提供了直接的理論依據。

懷海，俗姓王，福建長樂（今屬福建省人）。馬祖道一在江西傳法時，懷海傾心依附並侍奉左右六年，得到道一印可。道一逝世後，他住新吳（今江西省奉新縣），大雄山弘開禪法，此山岩巒峭立，氣勢峻拔，又稱百丈山，所以後世又稱他爲百丈懷海。

百丈懷海除了對洪州禪的發展作出貢獻，他對禪宗的另一重大作爲，就是制訂「禪門清規」，亦即「百丈清規」。

自馬祖道一創立叢林，聚僧學禪以來，一時尙無規矩可循。懷海有鑑於此，便就訂立「清規」，定下制度，以作爲僧人共同遵守的準則。「清規」主要內容，大致有：①別立禪居，方便禪僧修習；②不立佛殿，唯樹法堂，以示佛法超乎言象；③行普請法，要求上下合力，開荒種地，僧衆「一日不作，一日不食」。此外，清規對於禪僧的生活和僧院的內務，也多所規定。這些規定，千餘年來，一直爲禪僧們所遵守。

《百丈清規》使禪宗以中國化的形式，完全建立起自己的生活方式，從而使禪宗作爲獨立的佛教宗派，得以變爲歷史事實。

懷海住百丈山時，參學之衆四方雲集，其中以黃檗希運、潙山靈祐爲首。以後，黃檗希運傳臨濟義玄，形成臨濟宗；潙山靈祐傳仰山慧寂，創立潙仰宗。

義玄（公元？～八六七年），俗姓邢，曹州南華（今山東省東明）人。參謁黃檗希運受到印可後，便上歸鄉土。唐宣宗大中八年（公元八五四年），義玄在河北鎮州（治所在今河北省正定）臨濟建立寺院，開始廣收徒衆，獨樹宗風，形成了有名的臨濟宗。臨濟宗在洪州禪的基礎上發展起來，並最終形成自己獨特的世界觀和解脫論，並提出了「四賓主」、「四料簡」、「四照用」的認識原則和教學方法。與此同時，義玄還建立了一整套灑脫靈活的接引弟子的手段。

對於臨濟宗的機鋒峻峭禪風，《人天眼目》稱爲：「大機大用，脫羅籠出窠臼，虎驟龍奔，星馳電激，轉天關斡地軸，負沖天意氣，用格外提持，卷舒擒縱活殺自在。」由於其禪自由、活潑、灑落、具有濃郁的個性特色，所以不久於唐末五代，獲得了相當迅猛的發展，成爲禪宗五家中影響最大，傳承最久遠的一家。

義玄臨濟宗的思想特點，主要表現在：

①對客觀世界持堅決否定的態度。義玄認爲，整個客觀世界，都屬虛幻，空無。他曾說過：「約山僧（自稱）見稱，無佛無衆生，無古無今，得者便得，不歷時節。無修無證，無得無失。」

②提出「一念心」說。義玄在否定外在客觀世界的同時，大力強調內在的精神作用。他所提出的「一念心」說：「你要與祖佛不別，但莫外求，但一念心上清淨光，是你屋裡法身佛；你一念心上無分別光，是你屋裡報身佛；你一念心上無差別光，是你屋裡化身佛。」在臨濟宗看來，佛只是世界空無清淨的代名詞。事實上，客觀世界根本就不存在佛。義玄的這一思想，使他將慧能「心佛平等」、「自性是佛」的學說，大大推進了一步，以致發展到向佛挑戰和呵佛罵祖。

③強調成佛要明自性，莫向外覓。不要讓三乘十二分教，坐禪說法所惑，提出做「眞正學道人」。通過自信覺悟，可以達到「無位眞人」的境界，也就是佛的境界。

④提倡「立處即眞」的自悟論。臨濟宗繼承發展了洪州禪，認爲佛道無處不在，無時不在，不須用功，「只是平常無事，屙屎送尿，著衣吃飯，睏來即卧」。「處處不疑」，「隨處作主，立處即眞」。這樣，就把看似高深的禪法，更貼切、更普遍地融進到了日常生活之中，使之大衆化、世俗化。

對於臨濟禪的「四賓主」、「四料簡」、「四照用」，按照《人天眼目》的解釋，大致為：

①四賓主：

「賓」、「主」分別指不懂禪理和懂得禪理的人。「參學人大須仔細，如賓主相見，便有言說往來，或應物現形，或全體作用，或把投權喜怒，或現半身，或乘獅子，或乘象王。如有眞正學人，便喝先拈出一個膠盆子，善知識不辨是境，便上他境上，做模做樣；學人又喝，前人不肯放；此是膏肓之病，不堪醫治，喚作「賓看主」。或是善知識不拈出物，隨學人問處即寺，學人被奪，抵死不放；此是「主看賓」。或是學人，應一個清淨境界，出善知識前，善知識辨得是境，把得住拋向坑裡。學人言：「大好」。善知識即云：「咄哉，不識好惡。」學人便禮拜，此喚作「主看主」。或有學人，被枷帶鎖，出善知識前，善知識更與安一重枷鎖，學人歡喜，彼此不辨，喚作「賓看賓」」。

②四料簡：

「料簡」是指根據學禪者根器和接受教義的不同而採取不同的敎授方法。「我有時奪人不奪境，有時奪境不奪人，有時人境俱奪，有時人境俱不奪」。

③四照用：

「照用」指根據參禪者對主體和客體的不同認識而採取不同的教授方法。「我有時先照後用，有時先用後照，有時照用同時，有時照用不同時」。

「四賓主」、「四料簡」、「四照用」爲臨濟義玄所立，目的在於培養和堅定僧徒否定客觀世界的唯心禪觀。由於「四賓主」在參學時，可以不拘學歷、資格、地位，並且形式活潑、自由，所以大開後世自由、灑落的禪風。

溈仰宗的創始人是靈祐和其弟子慧寂，因靈祐住潭州溈山（今湖南省寧鄉西），慧寂住袁州仰山（今江西省宜春），所以得名。

靈祐（公元七七一～八五三年），俗姓趙，福州長溪（治所在今福建省霞浦南）人。十五歲出家，二十三歲到江西百丈山參拜懷海，成爲「上首」弟子。靈祐得法的情況，《景德傳燈錄》有著這樣的記載：「一日侍立，百丈問：『誰？』師（靈祐）曰：『靈祐』。百丈云：『汝撥爐中有火否。』師撥，云：『無火。』百丈躬起，深撥，得少火。舉火示之云：『此不是火？』師發悟禮謝，陳其所解。」這裡，靈祐輕撥不見火，而百丈深撥得火，啓示靈祐：佛性本有，人皆具備，但要努力發掘才行，切莫錯過機會，靈祐從此得悟。

後來，靈祐離開百丈懷海，前往湖南溈山，弘傳佛法，和弟子仰山慧寂，共同創開禪宗溈仰一派。

靈祐弟子慧寂（公元八〇七～八八三年），俗姓葉，韶州湞昌（今廣東省南雄西南）人，一說韶州懷化人。十七歲那年，慧寂在南華寺染髮爲僧。此後初謁耽源，後來又去潙山靈祐禪師那裡，從學十多年。學成之後，慧寂前往袁州仰山，世稱「仰山慧寂」。慧寂和他老師靈祐一起新創禪派，由於一住仰山，一住潙山，所以人們稱之爲「潙仰宗」。潙仰宗的基本思想是「三種生」。「三種生」把整個主客觀世界，分爲「想生」、「相生」、「流注生」三種。

「想生」指人的主觀思維和認識都是塵垢。所謂「想生爲塵，識情爲垢」，意即指此。

「相生」指所思之境，也就是客觀世界。「回光一擊便歸去，幽夢一開雙眼明」形象地喻示了潙仰宗徹底否定客觀世界的「想生」思想。

「流注生」指整個主觀和客觀世界變化無常，猶如微細流注般地處於不斷變化，刹那生滅的過程之中，因此無常而靠不住。

在潙仰宗看來，「三種生」都是塵垢，唯有眞如佛性才是眞實不妄。由此出發，否定和拋棄「三種生」，就成了成佛得大自在的必要前提。

在修行理論上，潙仰宗繼承懷海衣鉢，把體認自心佛性放在了第一位。靈祐曾說：「實際理地不受一塵，萬行門中不捨一法。若也單刀趨入，則凡聖情盡，體露眞常，理事不二，即如如佛。」慧寂也說：「但向自己性海如實而修。」體現了明心見性，就可成佛的修行理法。

青原行思系和曹洞、雲門、法眼宗

青原行思（公元?～七四〇年），俗姓劉，吉州廬陵人（今江西省吉安）人，很早就出家了。受具足戒後，行思來到韶州曹溪，參見六祖慧能。他見到六祖慧能的第一句話，就問：「怎樣才能不落入相對的觀念中呢？」

「你最近做了些什麼功課？」慧能反問。

「我連聖諦也沒修過，還做什麼功課？」

「那麼你的功課已達到了哪一個層次呢？」

「我連聖諦也沒碰過，還有什麼層次可說？」

慧能很滿意他的答話，認爲他是學生中最有培養前程的一個，把他列爲上首。後來行思到吉州青原山靜居寺，弘闡禪法，開青原一系，所以人稱「青原行思」。行思的傳法特點，在於鞭辟入裡，直透到底，且又不落痕跡。他的門下，出了一個非常傑出的弟子——石頭希遷。

希遷（公元七〇〇～七九〇年），俗姓陳，端州高要（今屬廣東省）人。還是小沙彌時，希遷就去參禮六祖慧能。不久六祖去世，希遷便經常獨自一個，靜處默坐，冥想禪的眞諦。十多年後，希遷經廟裡老和尚推薦，不遠千里，趕往青原山拜行思爲師，並從此成爲行思的忠實徒弟，直到行思人滅。

唐玄宗天寶初年，希遷前往湖南衡山。當時，衡山有座南寺，在寺的東面，有塊壁立千仭，非常險峻的大石頭。希遷遂結庵石上，進行修行。由此，人們都非常恭敬地稱他爲「石頭和尙」。

在佛學上，希遷自稱他的法門爲：「不論禪定精進，達佛之知見，即心即佛；心佛衆生，菩提煩惱，名異體一。」

在山期間，希遷大開法門，廣度衆生，擁有好多弟子。衆弟子中，最傑出的是藥山惟儼、天皇道悟和丹霞天然。後來，惟儼傳雲岩曇晟，曇晟傳洞山良價，良價傳曹山本寂，創曹洞宗。道悟四傳而到雪峰義存，又分兩支，一友傳雲門文偃，創雲門宗；一支傳玄沙師備，又經三傳而至於淸涼文益，創法眼宗。曹洞宗、雲門宗、法眼宗，再加上前面所述臨濟宗、潙仰宗，至此「五家禪」相繼建立，禪宗盛極一時。

曹洞宗是洞山良價和他弟子曹山本寂共同創立的一個宗派。從影響看，曹洞宗僅次於臨濟宗，在五家禪中，居第二位。

良價（公元八〇七～八六九年），俗姓俞，會稽諸暨（今屬浙江省）人。幼年出家，便有不凡之舉，令老師驚訝感嘆不配爲其師，轉而指導他前去五泄山默禪師處。後來良價游方拜見南泉禪師，領悟到南泉的玄契。又去雲岩參拜曇晟，而得心印。因住豫章高安洞山（在今江西省宜豐），世稱「洞山良價」。在佛學上，良價倡導五位君臣說，門風頗振，弟子中著名的有曹山本寂。

本寂（公元八四〇～九〇一年），俗姓黃，泉州莆田（今福建莆田）人。十九歲在福州雲名山出家，二十五歲受具足戒。以後跟著良價學禪，頗得心印，因在臨川曹山（在今江西省宜黃）弘法，所以人稱「曹山本寂」。本寂大力弘闡老師良價「五位君臣」學說，使曹洞禪風得以大振，一時隨其參學者風從，影響極大。

曹洞宗的教義爲五位學說，五種位次、境地，其中以「五位君臣」爲最具特色。

良價和本寂因受希遷《參同契》中「回互」說的影響，特別重視眞如本體（理）和客觀世界（事）的關係，用「正」（體、空、眞、理淨）、「偏」（用、有、俗、事、染）、「兼」（非正非偏，亦即中道）三個概念，配上「君」、「臣」之位，借以分析佛教眞如及其派生的世界萬有的關係。一般說來，大致有五種形式：

一、正中偏，即君位。

這種形式承認精神本體，但卻不懂萬物由精神本體派生出來，忽視了用的一面。

二、偏中正，即臣位。

這種形式雖然承認現象是假，但卻不懂得透過現象，對精神本體作進一步的探求，在體用關係上，忽視了體的一面。

三、正中來，即君視臣。

這種形式承認精神本體，並注意到由體起用，但還沒達到圓融無礙的境界。

四、兼中至，即臣向君。

這種形式較之偏中正，既能承認客觀現象是假，又能努力去透過現象對精神本體作進一步的探求，但也還沒臻於完善之境。

五、兼中到，即君臣道合。

前面所舉四個形式，都是在眞如本體和世界萬物關係上，出現片面性的錯誤認識，唯有兼中到，也就是既承認世界萬物由精神本體派生，又承認世界萬物的空無自性，才是曹洞宗的理想世界觀。同時也只有具備了這樣的世界觀，才能克服上述種種片面性的錯誤認識，從而進入圓融無礙的至極境界。

五位君臣學說，不僅體現了曹洞宗的教義，而且也貫穿著曹洞的教學方法，從而為曹洞贏得了「家風細密，言行相應，隨機利物，就語接人」之譽。五家禪時期，曹洞宗的細密和臨濟峻烈，彼此輝映，成爲五家禪中最爲出類的兩株奇葩。

雲門宗的創始人是五代僧人文偃。文偃（公元八六四～九四九年），俗姓張，嘉興（今屬浙江省）人。出家後到各地參學，初參睦州道踪，又遵道踪指示參拜雪峰義存。由於師生契合，雪峰義存遂密以宗印傳授。後來，文偃住韶州（治所在今廣東省韶關）雲門山，弘揚佛法，自成一系，創雲門宗，因稱「雲門文偃」。雲門宗在宋朝初期達到頂峰，與臨濟並盛，南宋後逐漸趨於式微。

雲門宗的思想，屬於青原一系，認爲萬事萬物，皆體現眞如佛性，都有它的基本教義。這從文偃向參禪弟子們所說的「雲門三句」中，可以窺見大略。「雲門三句」是：函蓋乾坤，截斷衆流，隨波逐流。

函蓋乾坤　大意是說宇宙萬物，都是「眞如」的顯現。文偃曾作偈解釋：「乾坤開萬象，地獄及天堂，物物皆眞現，頭頭總不傷。」就是說天地萬物，上至天堂，下到地獄，都由眞如佛性派生。眞如佛性是宇宙萬物的本性，所以，眞如佛性就能夠函蓋乾坤，君臨於宇宙天地。

截斷衆流　大意是學者參禪，不應該用語言文字把握眞如，而應該從內心去進行頓悟。正如《人天眼目》所釋：「堆山積嶽，一盡塵埃；擬論玄妙，冰消瓦解。」「本非解會，排疊將來，不消一字，萬機頓息。」這說明堆山積嶽的宇宙萬物，都不是認識的對象；由此若要論及玄妙的眞如本性，那就根本不消一字，宇宙萬有就將冰消瓦解，萬機頓息。因此雲門宗認爲，眞如本性無法言說，主張內心頓悟，反對使用語言文字來理解並把握眞如佛性。

隨波逐流　這是說，對於初次禪學的人，應該因機說法。文偃有偈說：「辯口利舌問，高低總不方；還如應病藥，診候在臨時。」說的就是因材施教，因語識人，根據不同的對象，利用不同的教學方法。

後來雲門宗僧人，將此三句十分自信地比成爲鋒利無比的「雲門劍」，「吹毛劍」，認爲只要掌握了「雲門三句」的含意，就可獲得大的解脫，大的自在。此外，雲門宗的宗風，向有「孤危聳峻，人難湊泊」之稱，比如在教學手段上，文偃常對禪僧問語，只作一個字的回答。比如有僧問：「如何是禪？」答曰：「是」。

「如何是雲門劍？」

答言：「祖。」

「如何是雲門一路？」

答曰：「親。」

這種一字之答，當時人稱「一字關」。

由於文偃的這種教學手段，若非上等根器，往往難以接受和悟入，所以發展到北宋雪竇重顯時，為了擴大本宗影響，即便著手改良宗風，表現出一種和其他宗風，漸有融合的趨勢。

在五家禪中，法眼宗成立最晚，它的創始人是清涼文益。

清涼文益（公元八八五～九五八年），俗姓魯，余杭（今浙江省杭州）人。七歲出家，二十歲受戒。後來依律師希覺，研究旨義。又研習儒家經典，遊於文雅之場，深得希覺器重。以後，文益又向長慶禪師，宣法大師學參，最後前往漳州（治所在今福建漳浦）羅漢寺，向桂琛學習禪法，徹悟佛旨。文益晚年，住金陵（今江蘇省南京市）清涼院弘揚佛法，因稱「清涼文益」。文益文筆十分了得，門人頗衆。逝世後，南唐中主李璟謚為「大法眼禪師」。由此，人們稱文益所創法系為「法眼宗」。

《人天眼目》第四卷記載，法眼宗以「三界唯心，萬物唯識」為綱，取華嚴宗「文相」教義論證世界「同異具濟，理事不差」，否認外界事物的差別和矛盾。由此，法眼宗的禪風，向稱：「對病施藥，相身裁縫，隨其器重，掃除情解。」

法眼宗成立之時，早已形成的禪宗其他幾家，已經開始出現各種偏差。在《宗門十規論》中，文益非但對於當時禪宗出現的十種弊端，予以戒飭，並且還以「一切規成」為原則，提出「明事不二，貴在圓融」和「不著他求，盡由心造」的主張。所謂「一切現成」，相傳有這樣一段公案：

文益結伴去桂琛處參學。桂琛問他：

「到何處去？」

「行腳。」文益回答。

「行腳做什麼？」桂琛又問。

「不知」。

「不知最親切。」桂琛讚許道。

第二天，文益向桂琛辭行，桂琛覺得他還可繼續深造，有意留他，便指指庭前一塊石頭問道：『「三界唯心，萬法唯識」的教義，你還懂得，那麼請問這塊石頭在你的心裡呢，還是心外？』

文益見問，毫不猶豫地答：「在心裡。」

「你一個行腳的人，應該輕裝才是，怎能心裡裝塊石頭到處走動呢？」桂琛將他一軍。

文益無言以對，決定留下參學。轉眼一個多月過去，文益仍未悟出什麼，桂琛這才點撥他說：「若論佛法，一切現成。」文益受撥，當即開悟。於是「一切現成」，就成了文益所創法眼宗的主要特色。

後來，文益弟子德韶發揚「一切現成」學說，認為「佛法現成，一切具定，還同太虛，無欠無餘」，並用如下詩偈示衆：「通玄峰頂，不是人間，心外無法，滿目青山。」勸喩學人不必離開世間求法，應從內心覺悟，受到文益的高度評價。

法眼宗中，最值得一談的是文益的再傳弟子延壽。針對當時禪宗只重直觀，不讀經典的流弊，延壽撰《宗鏡錄》一百卷，廣引經論，以證佛菩薩和衆生皆具清淨佛性。「從本以來，性自滿足」，對於法眼宗的理論建設，作出了相當大的貢獻。

法眼宗在宋朝初期達到極盛，但從中期以後，就衰微不傳了。吳越末年，高麗王慕延壽大名，派遣三十六個僧人，前來中國，向他學習禪法。於是，法眼宗由此傳入朝鮮。

黃龍派和楊岐派

黃龍派和楊岐派，是從臨濟宗衍生出來的兩個支派。

黃龍派的創始人黃龍慧南（公元一〇〇二～一〇六九年），俗姓章，信州玉山（今屬江西省）人。慧南從小出家，十九歲受具足戒後皈依禪宗。他早年先後參學多師，三十五歲時去潭州（在今湖南省）向臨濟宗七世石霜楚圓學禪受法，以後往江西洪州黃龍山，常用「黃龍三關」接引參學的人，一時門下如雲，形成宗風，於是也所開創的法系，被稱爲「黃龍派」。

「黃龍三關」是黃龍派常用的說教方式。據說，當年慧南總愛在房裡詰問僧人：「人人都有因緣，你的因緣在什麼地方？」

當僧人正欲回答時，他卻伸出手說：「我的手爲什麼像佛手？」

又問：「到處參請，有什麼心得？」

至此，他又立刻垂下雙腳說：「我腳又怎似驢腳？」

三十多年來，慧南只是反覆向學者發此三問，由於學僧們往往被問得丈二和尚摸不著頭腦，所以叢林人士稱之爲「黃龍三關」。

「黃龍三關」雖然過於玄奧，難以被一般禪僧接受，但它表達的思想和用意，卻也不難理喻。

慧南曾作頌說：

生緣有語人皆識，水母何曾離得蝦？
但見日頭東畔出，誰能更吃趙州茶？
我手佛手兼舉，禪人直下薦取。
不動干戈道出，當處超佛越祖。

我脚驢脚並行，步步踏著無塵。
會得無收日卷，方知此道縱橫。

慧南所作偈頌，對「三關」作了實質性的說明，實爲開悟的三個階段。「三關」是「初關」，「重關」，「生死牢關」。

「初關」重在「破」，要求參學者破除人世間的「邪見」，確立四大皆空的「正見」，「生緣有路人皆委，水母何曾離得蝦」句，便譬喻了人生的空幻實質。

「重關」重在「透」，要點是讓禪僧「直下」領悟一切皆空的道理，明白所見所聞的宇宙萬有，只是一心所現，無有差別，從而使之達到「超佛越祖」，進入精神上相對自由的境界。這就是頌偈所說：「我手佛手兼舉，禪人直下薦取。不動干戈道出，當處超佛越祖。」

「生死牢關」重在「出」，出是出關，指開悟後精神上所達到絕對自由、縱橫之境。如此這般，即便跳出生死牢關，實現了禪僧參學修行的根本目的。「我腳驢腳並行，步步踏著無生。會得雲收日卷，方知此道縱橫」，便是此意。

爲此，慧南又作總頌道：

生緣斷處伸驢脚，驢脚伸時佛手開。
為報五湖參學者，三關一一透將來。

黃龍派禪法於南宋淳熙十四年（公元一一八七年），由向黃龍宗八世虛庵懷敞受法的日本僧人榮西，傳進日本。

楊岐派創始人方會（公元九九二～一〇四九年），俗姓冷，袁州宜春（今屬江西省）人。方會爲人聰明機警，因罪遁入筠州九峰山，見到此山風景，好像似曾相識，遂戀戀於此，落髮爲僧。平時，每當方會讀經聞法，都能心領神會，有著很高的悟性。後來，方會又去潭州（今屬湖南省）向石霜楚圓參學，盡得其法。後因住袁州楊岐山（今屬江西省）弘法，所以人稱「楊岐方會」。

由於方會所傳之法，別具一格，故其法系被稱爲「楊岐派」。楊岐派在宋朝以後十分流行，並在南宋慶元年間，由楊岐派六世元聰（一一三六～一二〇九），日本僧人俊芿（一一六六—一二二七）傳去日本。

從思想體系看，楊岐派依然不離臨濟宗脈系，方會同樣主張臨濟義玄「立處即眞」的自悟觀，也同樣提倡義玄痛快淋漓，單刀直入的禪風。但是，楊岐派畢竟也有著自己獨到的特點，比如其派既堅持臨濟宗的思想，又吸收了雲門宗的長處。當時，方會曾對弟子說：「霧鎖長空，風生大野，百草樹木作大獅子吼，演說摩訶大般若，三世諸佛在爾諸人腳跟下轉大法輪。若也會得，功不浪施。」其意與雲門三句中的「函蓋乾坤」大致相似。有人問方會：「師父您唱的是誰家的曲子，繼承的是哪家門風？」方會回說：「有馬騎馬，無馬步行。」意思是說，他的禪法不受成規約束，根據具體情況，可以活用各家宗風。

此外，在教學方法上，楊岐派也頗有特色，這裡且看一例：

有人問方會：「雪路漫漫，如何化導？」

方會回答：「霧鎖千山秀，迤邐問行人。」

可見方會主張，對於參學弟子，既要善於誘導，又應把握時機，步步啓發，顯示了這一宗在教學上靈活自然的風貌。

正由於楊岐派思想上的包容兼收，教學上的靈活自然，遂使楊岐派在激烈的派系競爭中，具有較強的優勢而長期流傳下來。

（洪丕謨）

禪的機鋒和棒喝

禪宗得以盛傳不衰，除了其他原因外，禪的智慧、參禪和悟禪的吸引力，是燈燈相傳的重要因素。禪宗號稱是釋迦牟尼教外別傳，以心傳心，因此師徒之間教學與參學的方法，不同於其他宗派。一句簡單的話，乃至一個詞、一個字，或者一個動作，都可以是玄奧的說禪。於是，「機鋒」、「棒喝」等因人因時因地而進行的教學方法，便神秘地流傳了下來。

機鋒，又稱「斗機鋒」或「戰機鋒」。機鋒的奧妙在於：可以對同一個問題作出不同的回答，也可以對不同的問題作出相同的回答；可以對面臨的問題作直截了當的回答，也可以對提出的問題作不著邊際的回答。禪師以各種反理性的形式回答問題、發表見解，對病施藥。禪師還能在機鋒運用的基礎上，視具體對象，採用棒喝手段，讓對方從執著中猛醒過來，直下頓悟自心佛性。

紅雪臍腰

禪宗初祖達摩航海東來，與梁武帝話不投機，法緣不合，便北上嵩山，面壁而坐，潛心悟禪。神光前去求法，達摩對他不理不睬。神光非常焦急，如同古人所說：「求法之人，如病思良醫，如飢思美食，如衆蜂依蜜，我等亦如是，願聞甘露法。」一日大雪紛飛，神光依然恭立達摩身邊，不肯離去。達摩被他這種精進心所感動，問他到底有何事相求。神光馬上叩頭拜師，頂禮完畢，心中想到：「我來這裡已有幾個月了，今天好不容易得祖師一問，定要好好求法。」想到這裡，不禁喜形於色，便對達摩說道：「請您發慈悲心，開示用功的方便和佛法的微妙道理。」達摩便告訴他：「諸佛妙道，曠劫精勤，難行能行，難忍能忍。求法的人，應不以身為身，不以命為命。因此說，佛法並不是這麼容易聞得的。」神光聽了這話，馬上拔出隨身佩帶的持戒修身用的戒刀，毅然砍下了自己的左臂，跪在達摩面前，請求開示。達摩看他為了求法，竟然斷去一臂，眞是為法忘軀，有大智慧，便決定收他為徒，給也取了個法號叫「慧可」」

大雪不停地下著，已深達幾尺。慧可斷臂的血灑在雪上，使潔白的雪地上一片殷紅，這就是所謂「紅雪臍腰」。慧可這時還是一個普通的人，忍力雖強，但斷臂畢竟是很痛苦的，所以懇求祖師為他安心。達摩厲聲說道：「將心拿來，替你安心。」慧可在達摩向他伸過手來的剎那間，回光返照，頓時情空識盡，悟出此心了不可得，內忘身心，外遺世界，根塵盡無，靈光獨耀。身心都沒有了。當然也就不會有任可痛苦。靈感既來，慧可馬上回答：「覓心了不可得。」達摩說道：「已經替你安好了心。」

慧可終於獲得了達摩的「安心」法門，「紅雪臍腰」也成為禪宗著名的故事流傳下來。這個故事到底說明了什麼呢？故事中的達摩沒有明說，慧可也沒有解釋，但觀點卻十分明瞭：眞心是無形無相，無邊無際，周遍法界，周遍一切時空。無論四聖六凡，所有因果事理，乃至修證智斷，沒有一法不是此心所產生的。一旦此心被無明煩惱所覆蓋，就會失去它應有的功能和作用。達摩的「安心」法門，是大乘空宗禪法，以法性爲宗，以無分別智、無所得心悟入實相。修心這種禪法，不但要有虔誠的信仰、堅定的意志，同時還要有高度的悟解能力，憑直覺和根器來理解佛法。

按照禪宗的說法，只有「上根利器」才可領受禪法，而一般信徒「理性難通」，無法參禪。所以宗密說過：「達摩所傳者，頓同佛體，迥異諸門。故宗習者難得其旨。得即成聖，疾證菩提；失即成邪，速入塗炭。」達摩運用機鋒，使慧可悟得「安心」法門，這叫高山流水，自有知音。達摩將正法眼藏與衣鉢交給慧可，並送他四句偈語：「吾本來此土，傳法處迷津，一花開五葉，結果自然成。」慧可從此擔荷起達摩的法燈心印，成爲中國禪宗第二代祖師。

衣鉢相傳

機鋒的運用，必須自然，不能牽強。著名的禪師，大多是運用機鋒的高手。僧璨原是一位虔誠信佛的居士，在他四十幾歲時，有一天遇到慧可，便恭敬地說：「弟子罪業深重，身患重病，懇求您爲我如法懺悔業障。」慧可便說：「將罪拿來，替你懺悔。」僧璨聽了這話，馬上回光返照，突然領悟，說道：「覓罪了不可得。」於是慧可便說：「已經替你懺了罪。」接著，慧可又開導他說：「你一定要依佛、法、僧三寶安住，如法修持。」慧可啓發僧璨所用機鋒，與達摩啓發他所用機鋒出於一轍：一爲「安心」，一爲「懺罪」。欲行「安心」方便，先要懺悔業障。只有摒除了貪瞋痴心、攀緣心、覺觀心，才能內心清淨。念佛念到「忽然澄寂」，便是「無所念」，就達到了「泯然無相，平等不二」的境界。任何「安心」方便，都是機鋒的靈巧應用。所以禪者說：「神而明之，存乎其人」；「運用之妙，在乎一心」。爲徒可以通過機鋒悟解佛理，爲師可以通過機鋒試探對方的根器。比如通過上面所述的一番問答，慧可確認僧璨是佛門法器，悟理甚深，便爲他剃度出家，並給他取了「僧璨」這個法名。

後來慧可將正法眼藏與衣鉢傳給了僧璨，並開示道：「是心是佛，是心是法，佛之與法，本來無二，平等一如。」從此，僧璨便成了中國禪宗第三代祖師。

道信在做沙彌時，久仰僧璨大師的威望。有一天他見到僧璨，便請求開示：「願您慈悲，賜與我一種解脫法門。」僧璨問：「什麼人來纏你呢？」道信回答：「沒有人纏縛。」僧璨便一針見血地說：「既然沒有人纏縛你，又有什麼可解脫的呢？」聽了僧璨的機鋒開示，道信恍然大悟。爲了報答僧璨法雨之恩，道信便投入他的門下，侍奉達九年之久。僧璨屢試機鋒，確認道信機緣已熟，便把正法眼藏與衣鉢傳給了他。從此，道信便成了中國禪宗第四代祖師。

禪宗運用機鋒的目的，是要直覺禪的深意，人人都去成佛。智慧的大小，覺悟的高低，不在於地位。有時候，弟子的機鋒也可能勝過其師。弘忍還在年幼時，便去參禮道信。道信問他：「你姓什麼？」回答是：「我姓是佛。」道信便說：「如此看來，你是沒有姓的囉？」弘忍回答：「因爲性空，所以無姓。」弘忍機鋒銳利，一語驚人。道信知他是法門龍象，決定度他出家，還將正法眼藏和衣鉢傳付給了他。從此，弘忍便成了中國禪宗第五代祖師。

唐代張說撰《大通禪師碑》叙明了禪宗初期的師承：「自菩提達摩天竺東來，以法傳慧可，慧可傳僧璨，僧璨傳道信，道信傳弘忍。繼明重跡，相承五光。」達摩以來五代相承，爲弘忍門下所公認。衣鉢相傳，紹隆此宗，運用機鋒成爲交流禪學的重要手段。

頓悟成佛

機鋒的運用，既體現機智，更反映覺悟。有個僧人詢問其師：「什麼是佛法大意？」禪師回答：「面南看北斗。」幾乎誰都知道，北斗在北方，面南怎麼看得到呢？可是，如果您朝南看不到北斗，迷惑地回過頭來，北斗卻恰恰就在當前。禪宗主張的是神秘的內心反省，「面南看北斗」的深意，就可以自己去體會了。那麼，那位僧人問的「佛法大意」到底是什麼呢？禪宗認為，這是根本不存在的。釋迦牟尼的一生，沒有說過究竟什麼是「佛法」。如果誰要執著於「佛法」就難免會放棄內心反省，忘了自身的佛性。

慧能的一生，貫串了對佛法的認識，對佛性的探索，並提出了「迷來經累劫，悟則剎那間」的頓悟成佛理論。他年輕時聰穎過人。當他拜見弘忍大師時，正值五祖在法堂裡升座說法，問他：「從哪裡來？」慧能回答：「從嶺南來。」弘忍厲聲說道：「南蠻獦獠也來聞佛去!?」慧能針鋒相對：「和尙，人有南北之分，難道佛性也有南北嗎？」

弘忍一聽，頗爲吃驚，深知這個佛門法器是乘願而來，爲避免他人妒忌，就不再多講，安排他暫時在米房裡舂米。慧能雖然每天舂米，卻能靜慮修禪，內絕妄念，外息諸緣，勇猛精進。

一天，有個小沙彌走過米房，口中念著一首偈詩：「身如菩提樹，心如明鏡台，時時勤拂拭，勿使惹塵埃。」慧能一聽，認爲這偈中所說的佛法道理很好，但只是漸次法門，著眼有修有證的執相染修，與「應無所住，而生其心」的清淨妙修之理不合。於是，他便問小沙彌：「你剛才所念偈子，是何人所作？」小沙彌說：「哎喲，你連這都不知道嗎？弘忍和尚將傳付法印，要求全寺每人都做一首偈子，誰做得好，就將正法眼藏與衣缽傳給誰。神秀和尚精通佛法，學問淵博，剛才我念的這首偈子就是他做的。因爲他做得好，寺中其他人就不敢再做了，還把他做的四句偈詩背得爛熟，當作自己修行的指導思想。」慧能聽了這話，深深地嘆了一口氣：「我也做了一首偈子，就是不會寫字，怎麼辦？」小沙彌將信將疑地說：「你是個舂米的行者，也能做偈子嗎？如果你眞的會做，我可以代你書寫。」於是，慧能馬上口誦一偈：「菩提無本樹，明鏡亦非台，本來無一物，何處惹塵埃？」慧能的偈詩，是針對神秀之偈而作。意思是佛果菩提無形無相，原本沒有一法可得，哪裡有菩提樹？智光明澈，空無所有，原本就是非聲非色，哪裡有明鏡台？法身淸淨，猶如虛空，原本沒有一物。既然不生不滅，無修無證，便沒有什麼塵埃可惹了。慧能與神秀的偈詩一起抄錄在牆上，在全寺引起了震動。

弘忍對比了這兩首偈子，對慧能的偈子十分讚賞。他親自來到米房，借事顯理，運用機鋒，暗通消息。弘忍問：「米熟否？」慧能回答：「米熟久矣，欠篩在。」意思是說，我悟禪已經成熟，但還沒有得到您的證實和承認。弘忍聽了，就用手杖在米袋上敲了三下。隨後，他又將牆上慧能寫的偈子擦去，以免發生對慧能不利的事。

慧能機緣已經成熟，明白弘忍三敲米袋，是暗示自己半夜三更去相見。他按時前往，在弘忍前面跪了下來。弘忍爲他開示說法，心心相印，便將正法眼藏和衣鉢傳給了慧能。從此，慧能便成了中國禪宗第六代祖師。弘忍讓慧能馬上離寺，以免發生意外，還連夜送到九江。在分別時，弘忍對慧能說：「迷時靠師度，悟時要自度。」隨後便回到寺中，過了三天，才告訴全寺僧人：「我的正法已經南傳。」衆僧都覺得很突然，但也無可奈何。

弘忍有個弟子，名叫慧明，想繼承其師衣鉢已久，聽說慧能已經拿去，便馬上追趕。慧能看到有人趕來，就把衣鉢放在路邊草叢裡，坐在路口不走了。慧明趕到，一眼看見草中衣鉢，就用雙手去拿，但無論如何也拿不動，心中不免有些膽怯。慧能便問：「慧明，你是爲衣鉢而來，還是爲法而來？」慧明不好意思地說：「我是爲法而來。」慧能便說：「你即是爲法前來，就請坐下。」接著便開示道：「不思善，不思惡，這怎麼是你慧明的眞面目？快說，快說！」此時慧明回光返照，頓然省悟，彷彿看到了自己一念未動之前的本來面目，便回答道：「大師，除了這密言密意之外，還有什麼密嗎？」慧能告訴他：「跟你說的就談不上是密，密在你自己這裡。」慧明似乎已經徹底覺悟，欲拜慧能爲師，但慧能卻謙虛地說：「我不能收你爲徒，因爲我倆都是弘忍大師的弟子。」後來慧能與慧明各自教化一方，使禪宗代代相傳，沿續至今。

慧能是一個宗教天才，用佛門的話來說，他具備「利根」，因而在沒有受戒，不曾得定時，就能一觸而悟。他不識字，卻能了解經義，通達佛法。在中國佛教史上，像慧能這樣的天才並非絕無僅有。有些僧人只不過在寺院住過幾年，又不認識字，卻也熟悉「公案」，了解《金剛經》、《法華經》等要義。

研習公案

禪宗師徒間的機鋒以及禪師的語錄、偈頌，還有禪宗祖師上堂或小參時發表看法的「話頭」，都可稱作「公案」。這是禪宗借用官府判決案子的名稱，用來專指前輩祖師的言行範例。因此，公案又被稱作「古則」或「話頭」。

公案一詞始見於唐末，後來使用越來越廣泛。禪宗僧人在參禪時，經常應用公案，有人甚至認爲公案與佛經有同樣重要的意義。研習公案，既是探討歷代禪宗祖師佛學思想的必由之路，也是判斷目前禪宗僧人言論行爲的準則。

印順在《中國禪宗史》中指出：「洪州、石頭門下，傾向於『不立言說』（不立文字）。不是說不可以立，只怕你不能言下悟入；而所說所立，引起副作用，反增執見。百丈就對靈祐說：『不辭與汝道，久後喪吾兒孫。』」

這樣發展起來，就超佛，進一步越祖；從教意（佛法大意）到祖意（祖師西來意），進而連祖意也不立。專在日常生活、當前事物、一般語言中，用反詰、暗示、警覺……去誘發學人的自悟，終於形成別有一格的禪語禪偈。而這些帶有啓發覺悟的禪語禪偈，還是被作爲「公案」，載入了佛教文獻。

宋徽宗政和初年，臨濟宗楊岐派禪僧圜悟克勤，應居士張商英之請，於澧州（今湖南澧縣東）夾山靈泉院宣講唱說「頌古百則」，深受聽法者的歡迎。他的門人將「頌古百則」整理成書，並在每則前加上「垂示」（綱要提示），加上著語評論，還加上公案提出者的簡歷，又對其中警句進行評唱。如第三十二則是這樣「垂示」的：「十方坐斷千眼頓開，一句截流萬機寢削。還有同死同生底麼？見成公案打疊不下。古人葛藤試請舉看。」這提示的是這則公案的主旨。這則公案的內容是這樣說的：「定上座問臨濟：『如何是佛法大意？』濟下禪床擒住，與一掌，便托開，定佇立。傍僧云：『定上座何不禮拜？』定方禮拜，忽然大悟。」

克勤對這個公案的評論是：「看他憑麼作用，若透得去，便可翻天作地，自得受用。定上座是這般漢，被臨濟一掌，禮拜起來，便如落外。」並以臨濟某日對定上座的開示進而加以說明：『赤肉團上，有一無位眞人，常從汝諸人面門出入，未證據者看！看！』時有僧出問：『如何是無位眞人？』濟便擒住云：『道！道！』僧擬議，濟便托開，云：「無位眞人，是什麼幹屎橛！』便歸方丈。」

這樣解釋，就比較容易理解這則公案了。

《碧岩錄》第五十三則，記載的這樣一段公案：「馬大師與百丈行次，見野鴨子飛過。大師云：『是什麼？』丈云：『野鴨子。』大師云：『什麼處去也？』丈云：『飛過去也。』大師遂扭百丈鼻頭，丈作忍痛聲。大師云：『何曾飛去！』」這段馬祖道一與百丈懷海的對話，就是著名的「野鴨子話」公案。

汾陽善昭曾對這一公案以頌的形式作了解釋：「野鴨飛空卻問僧，要傳祖印付心燈。應機雖對無移動，才掐綱宗道可增。」這是說，野鴨子飛過本來是樁很平常的事，但馬祖卻要借題發問，用意是通過問答將傳燈給百丈。百丈的回答，第一句說「野鴨子」是正確的，這指的是眼前的事實。馬祖又問飛往何處，已經不再指野鴨，而是指心。百丈回答「飛過去也」，便成了心隨野鴨飛跑了，顯然不正確。因而馬祖要掐他的鼻子，目的是糾正他的錯誤思路。馬祖晚年又強調「非心非佛」，他的弟子們大多也是這種傾向。

《傳燈錄》記載：「僧云：『馬師近日佛法又別。』師云：『作麼生別？』僧云：『近日又道非心非佛。』師云：『遮老漢惑亂人未有了日。任汝非心非佛，我只管即心即佛。』」從這些語錄之中，可以看到馬祖道一佛學思想演變的軌跡。

《景德錄》中，載有這樣一段公案：「南泉因趙州問：『如何是道？』泉曰：『平常心是道。』州曰：『還可趣向否？』泉曰：『擬向即乘！』州云：『不擬爭知是道？』泉云：『道不屬知，不屬不知；知是妄覺，不知是無記。若眞達不疑之道，如太虛廓然洞豁，豈可強是非也。』州於言下大悟。」這段南泉普願與趙州從諗的對話，探討什麼是「道」，卻又在「知」與「不知」間兜圈子。聲稱「知是妄覺，不知是無記」，讓人簡直無所適從。這樣開示弟子，其中玄機，只能讓弟子自己去悟了。

公案通常都比較簡單，語言玄奧，意義高深，頗費揣摩。師徒間應機而提示話頭，初期機鋒新穎，富有生氣；後來逐漸形成固定的模式，便成了流於形式的「公案禪」，戰機鋒也不再激烈了。

參究話頭

禪宗認爲，世界的本質是無。既無客觀世界，也無主觀認識；既無矛盾對立，也無和諧統一；既無生死差別，也無情慾區分。兩宋間，禪宗楊岐派僧人大慧宗杲緊緊抓住一個「無」字，竭力提倡「看話禪」，用以反對「文字禪」和「默照禪」，目的是爲了恢復禪宗「不立文字」、「直指人心」的初衷。

看話禪亦稱「看話頭」，是公案運用的一種特殊方式。通常人們研習公案，都是將整篇文章拿來理解；而宗杲則主張將祖師在公案中的一些典型句子摘出，作爲「話頭」來參究。之所以採用這種方式，目的是要作「杜塞思量分別之用」。宗杲所期望的結果，是要「如蓮開花，如披雲月見，到憑麼時，自然打成一片。」這樣做，是對盛行於當時的「文字禪」的挑戰。宗杲強調的是：「有解可參之言乃是死句，無解之語去參才是活句。」事實上，宗杲還是把禪引入了神秘主義、反理性主義的路上。

按照宗杲的觀點，一個「疑」字，便是看話禪的關鍵所在。他提出在「無」字上生出疑團，需要「大死一番」，隨後便就「絕後復甦」，最終獲得大徹大悟。宗杲在《答呂捨人》中指出：「千疑萬疑只是一疑，話頭上疑破，則千疑萬疑一時破。話頭不破，則且就上面與之厮崖。若棄了話頭，卻去別文字上起疑，經教上起疑，古人公案上起疑，日用塵勞中起疑，皆是邪魔眷屬。」宗杲把紅塵俗世的各種差別現象，作爲「疑」的對象。禪宗僧人強調渾身都要起疑團，以便參透一個「無」字。

黃檗希運《傳心法要》，有這樣一段記載：「僧問趙州：『狗子還有佛性也無？』州云：『無』。但去二六時中看個『無』字！晝參夜參，行住坐卧、著衣吃飯處，屙屎放尿處，心心相顧，猛著精彩，守個『無』字。日久月深，打成一片，忽然心華頓發，悟佛祖之機，便不被天下老和尙舌頭瞞，便會開大口。」對於趙州從諗「狗子有無佛性」這一「話頭」，回答一個「無」字，確是道出了禪的基本原則。禪宗認爲，如果眞正參究出「無」的結果，便可獲脫離生死、得「大自在」的境界。

看話禪重在內省，「掃蕩知解」，參究「無」字，將宇宙萬物作爲虛幻之相來對待。一切都被「無」所包含，被「無」所超越。「無」就是禪的究極。

忘情默照

宋代宗杲倡導看話禪，同時代的正覺則倡導默照禪。這兩種不同的禪法，表現出禪宗內部臨濟宗與曹洞宗思想和風格上的差異。蔣維喬在《中國佛教史》指出：「臨濟之『互換爲機』，乃師徒互爲主客，間現峻烈機用之謂；如以鐵槌擊石，現火光閃閃之機用是也。自古有『臨濟將軍，曹洞士民』之稱；蓋臨濟似指揮百萬師旅之將軍；曹洞似經營細碎田土之農夫；五祖法演禪師謂臨濟下『五逆聞雷』之喝，其禪風之烈可知矣。」曹洞宗絕無臨濟宗之峻烈機用，它的立宗背景和思想演變過程相當複雜，並非只是對青原、石頭一系思想的簡單承襲。

默照禪是以靜坐看心、觀心、凝住壁觀爲根本的禪，表現出向達摩禪回歸的勢頭，但在形式上則接近於神秀一系的北宗禪。神秀以「看淨」爲方便，進而以見性不動爲方便去悟入。東山門下，有主張「看心」的，有主張「看淨」的，還有聲稱「齊念佛名，令淨心」的。神秀的北宗禪，以「不動門」爲特色。默照禪的方便，與神秀禪有明顯的相一致的跡象。

默照禪的提倡者正覺，是宋代曹洞宗的重要人物。因爲他在天童寺當了三十多年住持，所以人稱「天童正覺」。正覺提出默照禪，有自己一套理論體系。他認爲：心是諸佛的本覺、衆生的妙靈，可是由於積習昏翳，因而與諸佛相隔。如果能夠靜下心來，默坐參究，去掉妄念，揩淨心鏡，就可以將淸白圓明的妙靈之體顯示出來。

《天童正覺禪師廣錄》對默照禪的描述是：「沒有許多言語，默默地便是」，「你問其間卜度，虛而靈，空而妙」。正覺還撰寫了《默照銘》，指出：「默爲至言，照惟普應，應不墮於功，言不涉於聽。」他聲稱，「默默忘言，昭昭現前」便是參悟的正道，所以只要閉目沈思，就能夠產生般若智慧。

按照《金剛經》的說法，一切相都不得取。一切相不取不著，便算是「淨心」了。用淨心眼去觀看，上下、前後四方，都是沒有邊際、沒有障礙的。

曹洞宗正覺的默照禪，遭到臨濟宗楊岐派宗杲的批駁。宗杲在《答鄭侍郎》一文中，幾乎有點尖刻地說道：「今時有一種剃頭外道，自眼不明，只管教人死獦狚地休去歇去。……又教人隨緣管帶忘情默照。照來照去，帶來帶去，轉加迷悶，無有了期。殊失祖師方便，錯指示人，教人一向虛生浪死。」

宗杲認為，忘情默照和禪宗頓悟之旨相背，無法使人由迷轉悟。他還在《答陳少卿》一文中，進一步指出：「邪師輩敎士大夫攝心淨坐，事事莫管，休去歇去，豈不是將心休心，將心歇心，將心用心。若如此修行，如何不落外道二乘禪寂斷見境界，如何顯得自心明妙受用，究竟安樂、如實清淨、解脫變化之妙？」宗杲強調，攝心靜坐可能達到「明心見性」的禪宗境地，反而會落到「外道」的岐路。

機鋒迭出

禪宗在教學上，各個派系各有特點，可以根據具體情況靈活運用各家宗風。《楞伽師資記》中，傳弘忍說：「大師云：有一口屋，滿中總是糞穢草土，是何物？又云：掃除卻糞穢草土並當盡，一物亦無，是何物？爾坐時，平面端身正坐，寬放身心，盡空際遠看一字，自有次第。若初心人攀緣多，且向心中看一字。證後坐時，狀若曠野澤中，迥處獨一高山，山上露地坐。四顧遠看，無有邊畔。坐時滿世界寬放身心，住佛境界。清淨法身無有邊畔，其狀亦如是。」這是禪宗五祖自叙的教學思想。

《楊岐方會和尚語錄》中，則記載了楊岐派開創者方會的禪學思想：「楊岐一要，千聖同妙；布施大衆，果然失照。楊岐一言，隨方就圓；若也擬議，十萬八千。楊岐一語，呵佛叱祖；明眼人前，不得錯舉。楊岐一句，急著眼覷；長連床上，拈匙把箸。」方會的教學要求，強調不必在文字語言上下功夫，而要加強禪的直觀訓練。

機鋒，正是開發禪僧智慧、啓發禪僧覺悟的一種教學方法。比如：弟子問：「如何是吹毛劍」。師答：「骼。」弟子在提出這個問題時，已先有執著。因爲按照傳統的大乘佛教的觀點，用無比鋒利的般若智慧之劍，可以斬斷一切煩惱；這就如同有了一把最鋒利的鋼劍。只要將毛髮向它的刃上吹去，毛髮便會立刻而斷。禪師回答「骼」，正是針對弟子的觀念而言；因爲骨骼根本沒有毛，所以即使有吹毛立斷的利劍，對它也是無可奈何的。這位禪師這樣回答，就是說明無菩提可證，無涅槃可得，一切執著都是有害的。

《參祥要路門》謂臨濟風爲「戰機鋒」，雲門風有如奔流突止之概。例如，有僧人問：「不起一念，還有過麼？」雲門回答：「須彌山。」雲門告誡弟子，如把「不起一念」當作精神解脫的原則，執著於「不起一念」，這個念頭本身就是錯誤的。雲門回答「須彌山」，是說即使不起一念，其錯誤就像須彌山一樣大。

雲門宗將「函蓋乾坤」、「截斷衆流」、「隨波逐浪」三句話，稱作「雲門三句」，概括了雲門宗的基本教義。雲門宗還把這三句比喻爲「雲門劍」、「吹毛劍」，意即它們鋒利異常，可以迅速斬斷葛藤。文偃經常用一個字來回答弟子們的問題，當時稱作「一字關」。有人問：「什麼是雲門劍？」他回答：「祖。」弟子問：「什麼是正法眼？」他回答：「普。」禪僧問：「什麼是禪？」他回答：「是。」沒有悟性，如何通過這「一字關」？所以禪宗界對雲門宗風的評價是：「孤危聳峻，人難湊泊」。

禪宗認爲，機鋒的運用應當自然，因人而異，目的是爲了直覺禪的本意，最終成佛。禪宗的觀點是，每個人都有佛性，只是沒有發現而已。有僧人問：「如何是佛？」其師回答：「麻三斤。」這個回答看來牛頭不對馬嘴，但其用意很明顯，就是爲了把弟子的問題連同他的思想一起擋回去，使他引起反照，看到自己成佛的本源。

俗話說，「明師出高徒」，禪師的回答如果深刻，有意義，就會在鬥機鋒中讓弟子反照、省悟。但有些禪師水平不高，甚至不如弟子，又怕丟面子，就會在機鋒中故作高深，所說並沒有多大意義。

當頭棒喝

禪師在鬥機鋒的基礎上，還根據不同對象，以「棒喝」的方法，讓弟子從執著中猛醒，直下頓悟自心佛性。《參詳要路門》記載：「潙山摘茶次，謂仰山曰：『終日摘茶，只聞子聲，不見子形，請現本形相見。』仰山撼茶樹潙曰：『子只得其用，不得其體。』溈曰：『放子三十棒。』仰曰：『和尚棒，某甲吃，某甲棒，教誰吃？』溈曰：『放子三十棒。』」溈山指溈仰宗的創始人靈祐，仰山指靈祐的弟子慧寂。師徒對話的中心，就是把體認和發掘自心佛性放在首位，乃至要「放子三十棒」。

靈祐嗣法於百丈懷海。《景德傳燈錄》記載：「一日侍立，百丈問：『誰？』師曰：『靈祐。』百丈云：『汝撥爐中有火否？』師撥，云：『無火。』百丈弘躬身，深撥，得少火，舉火示之云：『此不是火？』師發悟禮謝，陳其所解。」

百丈懷海讓靈祐撥爐中之火，就是要他發現深埋於爐底之火，以此比喻佛性人皆有之，關鍵在於怎樣去發掘。靈祐明白了這一道理，拜別懷海，來到潭州溈山（今湖南寧鄉縣西），在弟子慧寂協助下，創立溈仰宗，參禪說法，禪風大振，成為五家禪中最早崛起的一家。

著名的禪宗大師，並不著重於說教，而是善於啓發弟子的自悟。靈祐諄諄教導其弟子香嚴智閑說：「如果要我說，我說的只是自己的見解，對你的自悟沒有意義。」後來智閑辭師而去，一天他在山中除草，用瓦礫擊竹，發出脆響，便禁不住失聲而笑，突然醒悟了。他說：「溈山對我來說恩逾父母，如果當初他把道理向我說了，怎麼會有我今天的自悟呢？」

慧能將禪學從高遠引向平實，後世禪師又將禪學從平實引向神秘。禪宗認為，語言、文子、概念很難教人去發現佛教眞理，反而會使人增加負擔。於是，禪師們便用暗示的、啓發的、象徵的手法——棒打、口喝、推倒禪床、踢翻淨瓶、打落水去……據說「棒」的使用，是黃檗希運與德山宣鑒所創；「喝」的使用，是臨濟義玄所創。因此向有「德山棒，臨濟喝」之說。

《古尊宿語錄》記載了義玄在希運那裡三次被打的經過：「師（義玄）初在黃檗會下，行業純一。首座乃嘆曰：『雖是後生，與衆有異。』遂問：『上座在此多少時？』師云：『三年。』首座云：『曾參問也無？』師云：『不曾參問，不知問個什麼。』首座云：『汝何不去問堂頭和尙如何是佛法的大意？』師便去。問聲未絕，黃檗便打。師下來。……如是三度發問，三度被打。……師去辭黃檗，檗云：『不得往別處去，汝向高安灘頭大愚處去，必爲汝說。』師到大愚，大愚問：『什麼處來？』師云：『黃檗處來。』大愚問：『黃檗有何言句？』師云：『某甲三度問佛法的大意，三度便打，不知某甲有過無過？』大愚云：『黃檗憑麼老婆心切，爲汝得徹困，更來這裡問有過無過！』師於言下大悟，云：『原來黃檗佛法無多子！』大愚喝住云：『這尿床鬼子，適來道有過無過，如今卻道黃檗佛法無多子。你見個什麼道理？速道！』師於大愚脇下筑三拳，大愚托開云：『汝師黃檗，非於我事。』師辭大愚，卻回黃檗。……黃檗云：『大愚有何言句？』師遂舉前話。黃檗云：『作麼生得這漢來，待痛與一頓。』師云：

『說什麼待來，即今便吃。』隨後便掌。黃檗云：『這瘋癲漢，卻來這裡捋虎鬚！』師便喝。黃檗云：『侍者引這瘋癲漢參堂去！』」

從這段記述可知，「佛法大意」無法用正面語言來表達，只能以心傳心，所以便要採取「棒喝」這種極端的手段了。

德山宣鑒比黃檗希運更是有過之而無不及。弟子前來參問禪學，他便拿著一根白棒等著，開口也是三十棒，不開口也是三十棒，但打法不同：「明頭來明頭打，暗頭來暗頭打，四面八方來旋風打，虛空來連架打。」多少禪僧，在他棒下猛然醒悟。雪峰就曾回憶說：「我在德山棒下，似脫卻千重萬重貼肉汗衫。」既然脫卻了粘縛於身的汗衫，當然會渾身舒坦，輕鬆自在了。

禪的旨趣，重在微妙心印的領悟。機鋒與棒喝，都是行之有效的施教方式，故能衍為宗風。

（羅偉國）

古代大禪師語錄

古代著名禪師和語錄（談話記錄）是織成我國禪宗發展的重要網絡。要是沒有這張網絡，便就沒有中國禪宗。因此，欲了解中國禪宗，就不能不對反映我國歷史上著名的禪宗人物參禪體會的片言隻語，有個約略的了解。

打開我國禪宗發展史，歷代著名禪師，從達摩、慧可、僧璨、道信、弘忍到六祖慧能，又從慧能到他門下的行思、懷讓、神會、慧忠、玄覺、下至潙山靈祐、仰山慧寂，臨濟義玄，洞山良價，曹山本寂，雲門文偃，法眼文益，奇彩紛呈，這裡擇要而敘。

菩提達摩語錄

當年達摩來到中土，梁武帝把他恭敬迎來京都建康（今江蘇省南京市），虔誠問道：「什麼是佛聖第一義諦？」

達摩回答：「廓然無聖。」

梁武帝問：「和我應對的是誰？」

達摩答言：「不識。」

梁武帝又問：「我自從登基以來，度人造寺，寫經造像，有你功德？」

達摩一口否定：「沒有功德。」

武帝追問：「爲什麼沒有功德？」

達摩解道：「此是人天小果，有漏之因，如影隨形。雖有善因，非是實相。」

武帝不解，因問：「那麼，什麼才是眞功德呢？」

達摩指出：「淨智妙圓，體自空寂。如是功德，不以世求。」

武帝領會不了達摩的話，變了面色，一言不發。達摩心知和武帝談不投機。便就在那年農曆十月十九，悄悄渡過長江，進入北魏。

後來達摩擇址嵩山少林寺面壁修習禪定。

當時有僧人神光想拜他爲師，學習禪法。一次，神光取出利刀，砍斷自己左臂，放在達摩面前。達摩見此，便對神光說道：「諸佛菩薩求法，不以身爲身，不以命爲命。你雖然只是斷臂求法，但卻可以了。」

接著達摩爲神光改名慧可。

慧可請求道：「請你爲我安心。」

達摩答道：「請你把心拿來，與汝安心。」

慧可似有所悟：「覓心全不可得。」

達摩開解：「如能找到，豈是你心。現在我已爲你安心完畢。」又說：「爲你安心完畢，你現在看到了嗎？」

慧可聞言，當下大悟，自述心得道：「今日乃知，一切諸法，本來空寂。今日乃知，菩提不遠。是故菩薩不動念而至般若海，不動念而登涅槃岸。」

達摩聽後首肯：「如是，如是！」

這時，慧可進一步問：「你和尚的這種道法可有文字記錄？」

達摩說是：「我法以心傳心，不定文字。」

此後，「以心傳心，不定文字」，就成了禪宗傳授和悟道的重要法門。

慧可語錄

慧可的語錄，也和達摩一樣，在「以心傳心，不立文字」的思想支配下，稀如星風。除了上面慧可和達摩的一段對話，另有他開導學生僧璨的一些話語。

《祖堂集》卷二記載，有個居士拜禮二祖慧可，不報姓名，問道：「弟子身患風疾，請和尚爲弟子懺悔。」

慧可說道：「你把罪過拿來，爲你懺悔。」

居士說：「覓罪不可懺。」

慧可示知：「我現在已經爲你懺悔好了，你現在宜皈依佛、法、僧三寶。」

居士半懂半不懂：「只是看到你和尚，才知道什麼是僧，但不知世間什麼是佛？什麼是法？」

慧可解釋：「是心是佛，是心是法，法佛無二，汝知之乎？」

居士回答：「今日始知，罪性不在內外中間，如其心然，法佛無二也。」

結果，慧可知他可以造就，剃度他爲弟子，並說「你是僧寶，當改名爲僧璨。」

慧可爲僧璨懺悔時所說的幾句話，原來就是達摩爲他安心時所說話語的翻版。不過，慧可接下來所說：「是心是佛，是心是法，法佛無二」，也就是「心就是佛，心就是法，法和佛並沒有什麼區別」的那幾句，則又在達摩禪法之外，闢出了一個新的天地，對後來學習禪法的人，有所啓發。

僧璨語錄

也是《祖堂集》卷二所載，三祖僧璨召集各種品級的僧衆，宣講佛法。法會裡有個小沙彌，才十四歲，名爲道信。道信問僧璨說：「如何是佛心？」

僧璨反問：「你如今是什麼心？」

道信回答：「我如今無心。」

僧璨開啓：「汝既無心，佛豈有心耶？」

道信又問：「請求和尚教我解脫束縛的方法？」

僧璨說道：「誰又束縛住你了？」

道信說是：「沒人束縛住我。」

僧璨開啓：「旣然沒有人束縛你，就是解脫，何須更求解脫？」

道信受啓，立時大悟，原來束縛自己的，眞是自己。只要自己思想上不受框框條條的約束，便就解脫無礙了。

平時，僧璨曾寫了一首《信心銘》的悟道偈子，被收錄在《五燈會元》第一卷裡，內中有句寫道：

智者無為，愚人自縛。
法無異法，妄自受著。
將心用心，豈非大錯？
迷生寂亂，悟無好惡。
一切二邊，良由斟酌。
夢幻空花，何勞把捉？
得失是非，一時放却。
眼若不睡，諸夢自除。
心若不異，萬法一如。
一如體玄，兀爾忘緣。
萬法齊觀，歸復自然。

道信語錄

弘忍小時候問四祖道信：「以往各位佛聖怎樣印證？」

道信回答：「廓然廓然。」道信的意思是說，空空寂寂。

弘忍又問：「如此則沒有佛聖了？」

道信見弘忍還在有無佛聖上，強作區分對立，便揶揄道：

「還有著這種紋彩呢。」

又有一次，道信對法融宣講心得，並爲他開解說：

夫百千妙門，同歸方寸，河沙妙德，總在心源。一切戒門、定門、慧門，神通變化，悉自具止，不離汝心。一切煩惱業障，本來空寂。一切因果，皆如夢幻。無三界可出，無菩提可求。人與非人，性相平等。大道虛曠，絕思絕慮。如是之法，汝今已得，更無闕少，與佛何殊?更無別法，汝但任心自在，莫作觀行，亦莫澄澄，莫起貪嗔，莫懷愁慮，蕩蕩無礙，任意縱橫，不作諸善，不作諸惡，行住坐臥，觸目遇緣，總是佛之妙用。快樂無憂，故名爲佛。

法融聽得頭頭是道，又問：「心既具足，何者是佛？」

道信答爲：「非心不問佛，問佛不非心。」

弘忍語錄

弘忍從小就有很高的悟性，並且機靈異常。七歲那年，四祖道信在去黃梅縣路上遇到他，問道：「你姓什麼？」

弘忍答道：「姓非常姓。」

道信再問：「到底何姓？」

弘忍妙答：「是佛性。」

道信又問：「你難道沒有姓嗎？」

弘忍肯定說：「是的，因爲自性空寂。」

弘忍借用修辭上的諧音現象，以「性」換「姓」，對道信的問話，作了巧妙的回答。道信見此，知他根器非凡，對身邊人說：「這孩子非同常人，我滅度後二十年裡，他將大弘佛法。」

後來弘忍接過道信衣鉢，是爲五祖。平時，弘忍總是在山林裡蕭然淨坐，不出文記，口說玄理，默受於人。

一次有人問他：「學問何故不向城邑聚落，要在山居？」

弘忍回答：

大廈之材，本出幽谷，人向人間有也。以遠離人故，不被刀斧損斫，一一長大成物，後來堪爲棟樑之用。故知幽神幽谷，遠避囂塵，養性山中，長辭俗事，目前無物，心自安寧。從此道樹花開，禪林果出也。

以上弘忍的一番山林修道見解，被收錄在《楞伽師資記》第一卷裡。

慧能語錄

我國禪宗，到了慧能，方可說是形成濃郁中土特色，並且大放其光彩。

慧能大膽地提出禪不在坐的觀點，並對人們坐禪和禪定，作出了面目全新的解釋。

在記載他言行的《壇經》中，慧能指出：

此法門中，何名坐禪？此法門中，一切無礙，外於一切境界上念不起爲坐，見本性不亂爲禪。何名爲禪定？外離相曰禪，內不亂曰定。外若著相，內心即亂。外若離相，內性不亂。本性自淨自定，只緣觸境，觸即亂，離相不然，還得本心。

《菩薩戒經》云：「本元自性清淨。」

善知識，見自性清淨，自修自作，自性法身，自行佛行，自作自成佛道。

接著對於清淨自性，慧能又作了一番深入的剖析：

世人性自淨，萬法在自性。思量一切惡事，即行於惡；思量一切善事，便修於善行。如是一切法盡在自性。自性常清淨，日月常明。只爲雲覆蓋，上明下暗，不能了見日月星辰。忽遇惠（慧）風吹散，捲盡雲霧，萬象森羅，一時皆現。世人性淨，猶如青天，惠如日，智如月，知惠常明。於外著境，妄念浮雲蓋覆，自性不能明。故遇善知識開眞法，吹卻迷妄，內外明徹。於自性中，萬法皆見。一切法自在性，名爲清淨法身。

由此，對於天堂、地獄，實在都是由心而起，心外更無上界（樂土），下方（苦海）。所以他又揭示：

不思量，性即空寂；思量即是自化。思量惡法，化爲地獄；思量善法，化爲天堂。毒害化爲畜生，慈悲化爲菩薩，知惠（智慧）化爲上界，愚痴化爲下方。自性變化甚多，迷人自不知見。一念善，知惠即生。一燈能除千年暗，一智慧能滅萬年愚。

再之對於佛門盛行的「懺悔」，慧能也有著自己的獨到見解：

善知識，何名懺悔？懺者終生不爲，悔者知於前非惡業，恆不離心。諸佛前口說無益，我此法門中，永斷不作，名爲懺悔。

這裡說，僅在諸佛面前口說從前的種種邪念和惡業，並沒有什麼大的好處，要緊的是入我法門，永遠斷除邪念，不作惡事，這才叫做懺悔。

當然，慧能革新禪宗的要領，集中到一點，還是識心見性，頓悟成佛。「故知不悟，即是佛是衆生；一念若悟，即衆生是佛。」衆生和佛，本就沒有什麼差別，問題在於能不能頓悟本就存在的眞如本性。

爲此他說：「我於忍（弘忍）和尙處，一聞言下大悟，頓見眞如本性。是故將此教法，流行後代，會學道者頓悟菩提，令自本性頓悟……汝若不得自悟，當起般若觀照，剎那間妄念俱滅，即是自眞正善知識，一悟即知佛也。」偈曰：

今生若悟頓教門，悟即眼前見世尊，
若欲修行雲覓佛，不知何處欲求真。
若能心中自有真，有真即是成佛因，
自不求真外覓佛，去覓總是大痴人。
頓教法者是西流，救度世人須自修，
今披世間學道者，不於此見大悠悠。

行思語錄

作爲六祖慧能的五大弟子之一，行思因爲得法後住在青原山（在今江西省）弘法，所以人稱「青原行思」。在他的法嗣中，後來又演生出曹洞、雲門、法眼三宗，名聞遐邇。

當年，行思聽說慧能在曹溪傳法，就去參拜。行思問：「應當怎樣作爲，才能不落階級（有層次劃分的等級）？」

六祖反問：「你曾經做過什麼？」

行思回答：「我連佛的聖諦也沒學過。」

六祖接問：「哪你又落進何等階級。」

行思受啓，已有所悟：「我連佛的聖諦也沒學過，哪裡還會有什麼階級？」

慧能見他一點就通，很器重他，而讓行思居於法會裡衆學生的首座。

青原學成之後，又嗣法給弟子希遷。《五燈會元》第五卷裡，有段他們師徒充滿自在無礙，機靈禪味的精彩對話：

師（行思）曰：「子何方來？」

遷（希遷）曰：「曹溪。」

師曰：「將得什麼來？」

曰：「未到曹溪亦不失。」

師曰：「若憑麼，用去曹溪作什麼？」

曰：「不到曹溪，爭（怎）知不失？」

遷又曰：「曹溪大師（慧能）還識和尚否？」

師曰：「汝今識吾否？」

曰：「識。又怎能識得？」

師曰：「總角雖多，一麟足矣。」

遷又曰：「和尚自離曹溪，什麼時至此間？」

師曰：「我卻知汝早晚（什麼時候）離曹溪。」

曰：「希遷不從曹溪來。」

師曰：「我亦知汝去處也。」

曰：「和尚幸是大人，莫造次。」

他日，師復問遷：「汝什麼處來？」

曰：「曹溪。」
師乃舉拂子曰：「曹溪還有這個麼？」
曰：「非但曹溪，西天亦無。」
師曰：「子莫曾到西天否？」
曰：「若到即有也。」
師曰：「未在，更道。」
曰：「和尚也須道取一半，莫全靠學人。」
師曰：「不辭向汝道，恐已後無人承當。」

懷讓語錄

慧能得意弟子懷讓，因住南嶽衡山般若寺，所以人稱「南嶽懷讓」。懷讓門下，後來形成溈仰、臨濟兩宗，在我國禪宗派系中，有著很大的影響。

懷讓早先學律宗，後來到嵩山拜慧安爲師，慧安讓他到曹溪去見慧能。慧能見懷讓遠道而來，就問：「你最近離開哪裡？」

懷讓回答：「離開嵩山，特來拜見你大和尚。」

慧能問：「什麼物如此而來？」

懷讓卻答：「說成像個東西就不對了。」

慧能見懷讓可以造就，就把他留在身邊十多年。

懷讓最有名的語錄，就是開示馬祖道一時所說的那番話。這裡交織著一個有趣的故事：

開元中有沙門道一，住傳法院，常日坐禪。師知是法器，往問曰：「大德坐禪圖什麼？」一曰：「圖作佛。」師乃取一磚，於彼庵前石上磨。一曰：「師作什麼？」師曰：「磨作鏡。」一曰：「磨磚豈得成鏡耶？」「坐禪豈得成佛耶？」一曰：「如何即是？」師曰：「如人駕車，不行，打車即是？打牛即是？」一無對。師又曰：「汝學坐禪，爲學坐佛？若學坐禪，禪非坐臥；若學坐佛，佛非定相。於無住法不應取捨，汝若坐佛即是殺佛，若執坐相非達其理。」一聞示誨，如飲醍醐。

禪不是坐，也不是卧；佛也沒有一定的相狀。所以若欲學禪學佛，若果一味執著於坐，執著於學，便就咫尺千里，失之更遠。這裡，懷讓啓示後學，把慧能禪法的精髓，給用活了。

神會語錄

神會先從北宗神秀學神，後來又投拜到南宗慧能門下，最後經過比較，使他感到慧能的南宗禪法，確實優於神秀的北宗禪法。後來，由於神會的艱苦弘闡，花大力氣，建立了以慧能大師爲禪宗六祖的傳法譜系，對後世禪宗沿著南頓教義發展，作出了重大貢獻。

其時，神會初到慧能那裡，慧能問道：「你遠道而來非常辛苦，不知把「本」帶來了嗎？如果有本就應識『主』，你試著說說。」

神會回答：「我以無住爲本，認識本性就是主。」

慧能說：「這小沙彌怎麼亂說？」就用拄杖亂打。

神會挨打心想：「得道高僧，歷劫難逢，今既碰上，豈惜身命？」

其實慧能打他，是因爲他答語深刻，求佛心誠，所以特地用打來考驗他。

後來神會獨當一面，鄭璇問他：「什麼是道？」

神會回答：「無名是道。」

鄭璇再問：「道既無名，何故言道？」

神會續答：「道本身始終不言說。稱它爲『道』，只是爲了回答問題。」

鄭璇又問：「『道』既是假名，哪爲什麼又說無名是『道』呢？」

神會解答：「這也不是眞的。」

鄭璇還是追問：「既然無名也不是眞的，哪爲什麼又說無名是「道」呢？」

神會分析：「這都是爲了回答問題，才有言說。如果沒有問題，那就始終沒有言說。」

神會對鄭璇的一番對答，闡說了禪宗不立文字的思想，很有趣味。

在《神會語錄》中，有齊寺主問他：「云何是大乘？」

神會答言：「小乘就是。」

齊寺主又問：「今問大乘，因何言大乘是？」

神會剖解：「因有小故，而始立大；若其無小，大從何來？今言大者，乃是小家之大。今言大乘者，空無所有，即不可言大小，猶如虛空。虛空無限量，不可言無限量；虛空無邊，不可言無邊。大乘亦爾。是故經云：虛空無中邊，諸佛身亦然。今向大乘者，所以小乘是也。道理極分明，何須有怪？」

《神會語錄》，還載有給事中和神會一段有關「煩惱即是菩提」的對話，充滿妙機：

給事中房綰問：「煩惱即菩提」義。

答曰：「今借虛空爲喻。如虛空本來無動靜，不以明來即明，暗來即暗。此暗空不異明空，明空不異暗空。明暗自有去來，虛空原無動靜。煩惱即菩提，其義亦然。迷悟雖即有殊，菩提心原來不動。

慧忠語錄

慧忠也是慧能傳法弟子中一個傑出人物，因爲住在南陽（今河南省南陽市）白崖山的黨子谷，所以史稱「南陽慧忠」。

《祖堂集》第三卷載，慧忠十多歲那年，拜求禪師：「求禪師發慈悲心，收我爲徒，救度一切衆生。我迫切希望出家拜你爲師。」

禪師答道：「是我宗門中，銀輪王嫡子，金輪王孫子，方才能夠繼承佛法，不墜門風。你是三家村裡小孩，牛背上將養的兒子，怎麼能夠投拜這個宗門？不是你分上事！」

慧忠不服：「啓稟禪師，萬物平等，沒有高下。你怎麼能夠用這種話，阻礙我的向善之心？再次請求禪師大發慈悲，收我爲徒。」

慧能及道以後，曾先後受到唐玄宗、唐肅宗、唐代宗的禮遇。一次肅宗問他：「師得何法？」

慧忠反問：「陛下見空中一片雲不？」

肅宗說是：「看見。」

慧忠再問：「是用釘子釘起來呢？還是懸空掛著？」

又有一次，肅宗向慧忠問訊，慧忠看也不看肅宗。肅宗責問：「我是一國天子，大師怎麼連看也不看我一眼？」

慧忠卻問：「你皇帝看到眼前的虛空了嗎？」

肅宗回說：「看到了。」

慧忠又問：「虛空可曾向陛下眨眼睛嗎？」

慧忠把自己的身體視爲虛空，這是符合佛教「四大皆空」教義的。

《祖堂集》卷三還有一段有關翠竹黃花的問對。有人問：「古德曰：『青青翠竹，盡是眞如；郁郁黃花，無非般若。』有人不贊同，認爲是邪說；也有人相信，說是不可思議。不知到底怎樣？」

慧忠解答：「此蓋是普賢文殊大人之境界，非諸凡小而能信受。皆與大乘了義經意合，故《華嚴經》云：『佛身充滿法界，普現一切群生前，隨緣赴感，靡不周而恆處此菩提座。』翠竹即不出於法界，豈非法身乎？又《摩訶般若經》曰：『色無邊故，般若無邊。』黃花既不越於色，豈非般若乎？此深遠之言，不省者難爲措意。」

玄覺語錄

玄覺（公元六六五～七一三年），俗姓戴，字道明，溫州永嘉（在今浙江省）人。後來，玄覺因爲謁見慧能印證所見，慧能留他一宿就歸，所以在我國禪宗發展史上，向有「一宿覺」的美談。關於「一宿覺」，《五燈會元》第二卷記爲，玄覺初到慧能那裡，振動錫杖，繞著慧能法座轉了三圈，卓然而立。慧能說：「作爲沙門，應當具備三千威儀，八萬細行。大德從哪裡來，竟然如此傲慢？」

玄覺說是：「生死事大，無常迅速。」

慧能回說：「哪你何不細心體會無生，了悟無速的道理呢？」

玄覺認爲：「體即無生，了本無速。」

慧能首肯：「是這樣，是這樣。」

這時邊上僧人，無不對此一幕感到驚訝！

到了這時，玄覺才按照佛門禮儀，參拜慧能，並且接著就要告辭。

慧能說道：「回去得太快了點吧？」

玄覺卻說：「本來就沒有動過，怎麼談得上快？」

慧能反問：「誰知道你沒有動過？」

玄覺指出：「你卻在這裡自生動和不動的分別之想。」

慧能驚喜：「你很懂得無生的旨趣。」

玄覺又吐舌箭：「難道還有旨趣？」

慧能卻詰：「有旨趣、沒旨趣，誰在分別？」

玄覺說是：「分別也不是旨趣。」

慧能讚嘆：「善哉！善哉！少留一宿。」

當時人們稱這爲「一宿覺。」

對話中，慧能以身作靶，接到後學，玄覺語不虛發，發必中的。禪語機鋒，刀光劍影，精彩疊出，於此可見。

在後人所輯《永嘉集》中，玄覺還在《勸友人書第九》中，對於「識道」和「居山」之間的關係，作了一番深有見地的談話：

是以先須識道，後乃居山。若未識道而先居山者，但見其山，必忘其道。若未居山而先識道者，但見其道，必忘其山。忘山則道性怡神，忘道則山形眩目。是以見道忘山者，人間亦寂也；見山忘道者，山中乃喧也。

可見兩者，只有「識道」才是最根本的。

靈祐語錄

靈祐是唐末萬丈禪師的入室弟子，五代時住潭州（今湖南省長沙市）大潙山目慶寺，法度極盛，和弟子仰山慧寂，共同開創我國禪宗五大宗派之一的潙仰宗。

天靈祐問弟子慧寂：「《涅槃經》四十卷，多少是佛說，多少是魔說？」

慧寂回答：「都是魔說。」

靈祐見答，就說：「今後沒人對付得了你。」

慧寂問：「我剛才只是一時對答，不知今後該怎麼作爲？」

靈祐指出：「只求你眼目端正，其他作爲，我不想說。」

又有一次，靈祐在堂上說：「老僧萬年後，向山下做一頭水牯牛，左脇下面寫上這樣五個字：潙山僧靈祐。到那時候，喚作潙山僧，卻是水牯牛；喚作水牯牛，又是潙山僧。究竟喚作什麼才好。」

慧寂出來，拜禮後退了出去。

慧寂語錄

慧寂從小出家，在靈祐那裡學禪十五年，後來住袁州（今江西省宜春市）仰山，和契祐同創潙仰宗。

當年，慧寂在潙山前坡放牛，看見一個僧人上山，不久就下來了。慧寂問：「上座何不且留山中？」

僧人答言：「因爲因緣不契。」

慧寂又問：「什麼因緣，且說來聽聽。」

僧人說，「靈祐問我：『名叫什麼？』我答：『歸眞。』靈祐問：『歸眞在哪兒？』我回答不出。」

慧寂聞說，說道：「你上座請再回去，對靈祐說：『我能回答。』靈祐如問：『怎樣回答？』你就說：『歸眞在眼裡耳裡鼻裡。』」

僧人回到山上，按照慧寂所說回答問題，靈祐聽後說：「脫空漫語的傢伙，這可是教化五百人的高僧所說的話。」

一次，慧寂和老師靈祐一起放牛，靈祐說：「這當中可有菩薩沒有？」

慧寂回答：「有的。」

靈祐問：「那末哪頭是菩薩，指出看看。」

靈祐只好作罷。

後來，有劉侍卿問慧寂：「了心之旨，可得聞乎？」

慧寂答爲：「若要了心，無心可了。無了之心，是名眞了。」

義玄語錄

義玄從小出家，後來遍遊天下，在黃檗希運那裡獲得領悟。晚年住眞定（今河北省正定）臨濟院，人稱「臨濟義玄」，爲著名臨濟宗的創始人。

臨濟宗機鋒峻烈，常用棒喝。當初義玄在黃檗希運那裡學法，有段故事和對答，被收載在《臨濟語錄》裡：

師初在黃檗會下，行業純一。首座乃嘆曰：「雖是後生，與衆有異。」遂問：「上座在此多少時？」師（玄義）云：「三年。」首座云：「曾參問也無？」師云：「不曾參問，不知問個什麼？」首座云：「汝何不去問堂頭和尚：如何是佛法的大意？」師便去，問聲未絕，黃檗便打。師下來，首座云：「問話作麼生？」師云：「某甲問聲未絕，和尚便打，某甲不會。」首座云：「但更去問。」師又去問，黃檗又打。如是三度發問，三度被打。師來白首座云：「幸蒙慈悲，令某甲問訊和尚，三度發問三度被打，自恨障緣，不領深旨。今且辭去。」首座云：「汝若去時，須辭和尚去。」師禮拜退。

首座先到和尚處云：「問話底後生，甚是如法。若來辭時，方便接他。向後穿鑿成一株大樹；與天下人作蔭涼去在。」師去辭黃檗，檗云：「不得往別處去，汝向高安灘頭大愚處去，必爲汝說。」

師到大愚，大愚問：「什麼處來？」師云：「黃檗處來。」大愚云：「黃檗有何言句？」師云：「某甲三度問佛法的大意，三度被打。不知某甲有過無過？」大愚云：「黃檗與麼老婆，爲汝得徹困，更來這裡問有過無過？」師於言下大悟云：

「原來黃檗佛法無多子！」大愚搊住云：「這尿床鬼子，適來道有過無過，如今卻道黃檗佛法無多子！爾見個什麼道理？速道速道！」師於大愚脇下筑三拳。大愚托開云：「汝師黃檗，非干我事。」

義玄開啓以後，常用四種喝法教導學人。一次，義玄問僧：「有時一喝如金剛王寶劍，有時一喝如踞地金毛獅子，有時一喝如探竿影草，有時一喝不作一喝用，你怎麼領會？」僧人正在考慮回答，義玄卻又喝了起來。

有次義玄來到達摩塔墓前頭，塔主問：「長老先拜佛還是先拜祖？」

義玄回道：「佛和祖都不拜。」

塔主問：「佛和祖是你長老的什麼冤家？」

義玄理也不理，便就拂袖而出。

良價語錄

禪宗五家中，曹洞宗由洞山良價，良價弟子曹山本寂共同開創。平時，良價住筠州（今江西省高安）洞山，廣聚徒衆，法席極一時之盛。

當年，良價在云岩縣晟禪師那裡學法。學成之後，良價辭別老師，問道：「你大和尚萬年之後，如果有問起，畫了你的肖像沒有？我該怎樣回答？」

云岩說是：「你只要對問的人說，這就是。」

良價默然無語，不知所云。

云岩見良價不作聲，又說：「良價闍黎，承當個事大須細審。」

後來良價過河看到自己的身影，忽然悟云岩所說之旨，作偈一首道：

切忌從他覓，迢迢與我疏。

我今獨自在，處處得逢渠。

渠今正是我，我今不是渠。

應須與麼今，方始契如如。

有次，良價上堂說法：「要把祖師佛陀的說教看成爲冤家，方才有參學的資格。如果不能看透祖師佛陀，就會被祖師佛陀騙了。」

這就叫做破舊立新，舊的不破，新於何立？

本寂語錄

本寂是洞山良價的弟子，得法後住撫州（在今江西省）曹山，人稱「曹山本寂」。

有僧人問本寂：「學人通身是病，請老師給我醫治。」

本寂說：「不醫。」

僧人說：「爲什麼不醫？」

本寂回答：「讓你求生不得，求死不得。」本寂的意思，是啓發他了脫生死，入於大道。

又有僧問：「抱璞投師，請師雕琢。」

本寂冷冷地說：「不雕琢。」

僧人又問：「爲什麼不雕琢？」

本寂回答：「要知道曹山是好手。」

不雕琢就是最好的雕琢。

又有僧人問道：「如何是佛法大意？」

本寂說是：「塡溝塞壑，到處都是。」

復又有僧人問道：「剛剛判別是非，亂紛紛地失了本心怎辦？」

本寂用手示意：「斬，斬！」

在禪師眼裡，要斬斷的，就是有所判別的，兩分對立的思維方式。

文偃語錄

禪僧文偃，因參雪峰義存禪師而悟道，後住韶州雲門山（在今廣東省乳源縣北）光泰禪院，自創宗風，爲著名雲門宗的開創人。

文偃平時啓發學人，總是愛說一個字，或一句淺短的話，人稱「一字關」。《雲門廣錄》卷上說：

問：「如何是禪？」

師云：「是。」

進云：「如何是道？」

師云：「得。」

問：「父母不聽不得出家，如何得出家？」

師云：「淺。」

進云：「學人不會。」

師云：「深。」

文偃「一字關」的用意，在於接引學人，乾脆利落，截斷糾纏，逼使學人在無機可轉，沒路可通中，猛然進入一種山重水復，柳暗花明之境。

平時，文偃主張，禪在生活之中，本來沒有什麼奇特。比如有僧人問：「請教老師指點個入路。」文偃卻說：「吃粥吃飯。」

又如《雲門廣錄》卷上所載：

問：「施主設齋，將何報答？」

師云：「量才補職。」

進云：「不會。」

師云：「不會即吃飯。」

此外，同書另有一則對話，對於後人研究文偃，也很有用：

問：「如何是一切法皆是佛法？」

師云：「三家村裡老婆盈衢溢路，會麼？」

學云：「不會。」

師云：「非但汝不會，大有人不會在。」

文益語錄

文益禪師，嗣法於羅漢桂琛禪師，歷住臨川（今江西省撫州市）崇壽院，金陵（今江蘇省南京市）報恩院、清涼院等。他是我國禪宗五家法眼宗的開創人，在禪宗發展史上有著很大的貢獻。

一次，文益在地藏禪師那裡，雪晴告辭。地藏送到寺門口問：「上座尋常說三界唯心，萬法唯識。」說到這裡，並指著庭中一塊石頭說：「且道此石在心內，在心外？」

文益回答：「在心內。」

地藏說：「行腳人，著什麼來由安片石頭在心頭？」

文益沒法對答，留在地藏那裡，請求決擇。這樣一個多月，文益每天呈見解，說道理，可是地藏卻說：「佛法不是這樣的。」

文益最後只得說：「我眞的詞窮理絕了。」

地藏開解：「若論佛法，一切現成。」

文益一聽，立刻大悟。

後來文益開啓學人，有僧人問：「如何是沙門應該著重注意的？」

文益回答：「如有絲毫著重，就不叫沙門。」

有僧人問：「如何是第一義？」

文益答言：「假如我告訴你，就是第二義。」

平時文益認爲，出家人但隨時節便得，寒即寒，熱即熱。要想明了佛性之義，應當注意時節因緣。

在《文益語錄》裡，另有一則「被眼礙」的對話

因開井，被沙塞去泉眼。

師云：「泉眼不通被沙礙，道眼不通什麼礙？」

僧無對。

師自代云：「被眼礙。」

禪是旣重視自我，又崇尚自在，又立足眼前尋常事物的，要是從外在著意，以及從未來高深事物中去覓禪，就失之千里了。禪就在心裡，從來就沒有什麼奧妙神秘可言，這就是古代著名禪師語錄中透發出來的智慧之光。

（洪丕謨）

禪宗經典要覽

禪宗以師資開道，「方便開發」，不立文字。雖說達摩禪是以心印心，「藉教悟宗」，不能用語言來教導；但弟子畢竟多少記錄下一些爲師的言論，反映出當時禪學的概貌，比起晚唐禪者的任意發揮，到底要確實得多。尤其是禪宗的一些重要的經典，在禪學界占有重要地位，成爲禪者學禪、侶禪的理論基礎。此外，禪宗還創造出一種按傳法世次編制的、以記載歷代禪宗人物的機緣語句爲主的「燈錄體」著作，其中又有通錄、斷代錄和專錄之分。

禪宗記叙某宗某派始末的「師資記」、「法寶記」等類著作，是研究禪宗人物師承、歷史眞僞的重要資料。

大談禪理的《楞伽經》

達摩東來，傳法於慧可，很重要的一項，就是將《楞伽經》傳授給他。《續高僧傳·慧可傳》記載：「初，達摩禪師以四卷《楞伽經》授可曰：『我觀漢地，惟有此經，仁者依行，自得度世。』」可見達摩將《楞伽經》是放在極其重要的地位的。

達摩為什麼重視《楞伽經》，這是怎樣一部經典呢？《楞伽經》開宗明義，提出了「三界唯心」的命題，聲稱「能隨悟入唯識無境」，從而提出「五法」、「三自性」、「八識」、「二無我」等大乘思想。所謂「五法」，指事物、概念、思維、眞理、智慧；所謂「三自性」，指妄想自性、緣起自性、成自性；所謂「八識」，指眼識、耳識、鼻識、舌識、身識、意識、末那識、阿賴耶識；所謂「二無我」，指人無我、法無我。

《楞伽經》還提出了「如來藏」的學說，並有關於「如來藏」的詳細記載：「大慧菩薩訶薩白佛言：世尊！世尊修多羅說：如來藏自性清淨，轉三十二相入於一切衆生身中。如大價寶，垢衣所纏。如來藏常住不變，亦復如是，而陰界入垢衣所纏，貪欲痴不實妄想塵勞所汙。一切諸佛之所演說。云何世尊同外道說我，言有如來藏耶？世尊！外道亦說有常作者，離於求那，周身不滅。世尊！彼說有我。佛告大慧：我說如來藏，不同外道所說之我。……開引計我諸外道故，說如來藏。……大慧！爲離外道見故，當依無我如來之藏。」

又云：「大慧菩薩摩訶薩復白佛言：世尊！惟願世尊更爲我說。陰界入生滅，彼無有我，誰生誰滅？愚夫者依於生滅，不覺苦盡，不識涅槃。佛告大慧：如來之藏是善不善因，能遍興造一切趣生，譬如伎兒；變現諸趣，離我我所。不覺彼故，三緣和合方便而生。外道不覺，計著作者。爲無始虛僞惡習所熏，名爲識藏，生無明住地，與七識俱。如海浪身常生不斷，離無常過，離於我論，自性無垢，畢竟清淨。此如來藏藏識，一切聲聞緣覺心想所見，雖自性淨，客塵覆故，猶見不淨，非諸如來。大慧！如來者現前境界，猶如掌中視阿摩勒果。」衆生身中的如來藏，與外道的「我」相同嗎？

《楞伽經》明確指出：如來藏自性清淨，但被客塵所覆，由無始以來的虛僞惡習所熏，故名爲「識藏」。這一思想，對達摩禪具有重要的啓發意義，而且影響著禪宗史的發展。達摩禪的理論依據，便是「深信含生同一眞性，客塵覆故，今捨僞歸眞。」只有「捨僞歸眞」，才能見到淸淨佛性。

禪宗將《楞伽經》奉爲重要經期，因爲其中大談禪理，所以被禪師視爲至寶。《楞伽經》分析，禪有四種：愚夫所行禪、觀察義禪、攀緣如禪、如來禪。所謂「愚夫所行禪」，是最低一級的禪，指的是只觀「人無我」的禪，「愚夫」指的是聲聞、緣覺二乘及外道。所謂「見察義禪」，是一般等級的禪，指的是由觀「人無我」而觀「法無我」的禪。所謂「攀緣如禪」，是較高等級的禪，指的是由觀「二無我」，而又不作「二無我妄想」的禪；「攀緣」指的是接近。

所謂「如來禪」，是最高級的禪，指的是已悟入如來境界的禪。達摩禪的傳承，歷來被看作楞伽禪的傳承。所以《傳法寶紀》、《楞伽師資記》等早期燈史，都在序言中引証《楞伽經》，以說明開宗談禪的師承關係。

《楞伽經》論說禪的內容，「宗通」是一個重要內容。《傳法寶紀》說：「修多羅所謂宗通者，謂緣自得勝進，遠離言說文字妄想，趣無漏界自覺地自相，遠離一切虛妄覺相，降伏一切外道衆魔，緣自覺趣光明暉發，是名宗通相。」很顯然，「宗通」重在理語、內證，遠離語言文字和妄想，依靠自修、自悟、自證，達到「自覺聖境」。按照《楞伽經》的說法，法身與化身不同：法佛是「自覺聖所緣境界建立施作」；化佛是「說施戒忍……分別觀察建立」。這就是「宗通」與「說通」的區別，從而使佛教分成兩大類。「宗通」即禪宗，強調自證。「說通」即教下，包括禪宗以外所有注重講解經教的各個宗派，強調言說。

《楞伽經》很注意這兩類的區別，更重視「宗通」的自證，指出：「言說別施行，眞實離名字。分別應初業，修行示眞實。眞實自悟處，覺想所覺離，此爲佛子說，愚者廣分別。」總而言之，禪宗強調自證離文字的「宗通」，是眞實的，爲修行者的。

《楞伽經》對「頓」與「漸」的闡述十分透徹，但其「頓漸說」內容相反。比如，它認爲要徹底清除煩惱，其方法只能採用「漸」；同時又說，要清除煩惱、達到成佛境界，可以「頓照」、「頓顯」。

《楞伽經》的性質，是對佛法的各種問題，提出明確的答覆。它既提出覺悟有「頓」、「漸」兩途，對唐代南北禪宗的分裂，產生了十分深遠的影響。神秀是根據《楞伽經》心要，所謂自性本淨和漸悟漸修的原則，從而創立北宗的；慧能也是根據《楞伽經》心要，所謂法身清淨和頓悟頓證的原則，從而創立南宗的。

《楞伽經》的漢譯本共有三種。一、南朝宋元嘉二十年（四四三年）求那跋陀羅譯，題爲《楞伽阿跋多羅寶經》，四卷；二、北魏延昌二年（五一三年）菩提流支譯，題爲《入楞伽經》，十卷；三、唐久視元年（七〇〇年）實叉難陀譯，題爲《大乘入楞伽經》，七卷。「楞伽」是山名，「阿跋多羅」是「入」的意思，這個經名意謂「佛入楞伽山所說之寶經」。《楞伽經》是釋迦牟尼稱性而談的法要，被稱作如來心地法門，要令一切衆生，開示悟入佛之知見。據說達摩在向慧可傳付正法眼藏和衣鉢的同時，又將一部四卷本的《楞伽經》傳給了他。達摩在北魏傳禪，十卷本的《楞伽經》已經譯出，他不用當時當地的譯本傳授，而用比十卷本早七十年的江南譯本，不能不說四卷本有其特殊的意義。

闡述無相的《金剛經》

中國禪宗六祖慧能，是一名傑出的禪師。他家境貧寒，幼時父親逝世，即以砍柴謀生，奉養慈母。一天他路過一家客棧，聽到有人在裡面誦念《金剛經》，便不知不覺、靜心息慮地聽了下去，幾乎把肩上所挑之柴也忘了。漸漸地，他覺得智慧煥發，善根成熟，當聽到「應無所住，而生其心」一時，豁然大悟，自言自語地說道：「眞想不到自性是本來清淨無染的，眞想不到自性本來就是不生不滅的，眞想不到眞如自性是人人本具的，眞想不到自性本來是不動不搖的，眞想不到自性是能夠生出一切方法的。」他一旦深明如來心宗，頓時覺得身心安樂，禪悅爲喜，便迫不及待地進門請教那位念經的旅客：「剛才您所念的是一部什麼經？是從哪裡來的？」那位客人說：「這是一部《金剛經》，我從黃梅東禪寺弘忍大師那裡得來。」慧能聽了，法喜充滿，回家安置了老母，就從廣東趕到黃梅去向弘忍求法了。後來弘忍向慧能傳法，就是對他說《金剛經》。

爲什麼慧能一聽《金剛經》便這麼投入、並馬上決定出家求法呢？《金剛經》的重要，因爲它是《般若經》的代表，它體現了六百卷《大般若經》的中心思想。應該說，一切般若部經典，意趣都是一致的。《金剛經》闡明無相的最上乘說，最突出的一點，就是宣揚世界一切事物空幻不實的大乘般若空宗思想。經中說到：「凡所有相皆是虛妄，若見諸相非相，即見如來」；「是實相者，即是非相」。所謂「相」，是指事物的相狀；所謂「實相」，是指事物的眞實相狀。

這段經文的意思是說：凡有相狀的萬事萬物，它們的本質都是虛妄的、空幻不實的，所反映的只是假相，並不眞實；眞實的相狀，就是空、非相。當然，一旦有了這樣的認識，也就到了成佛的時候。經中強調：「若菩薩有我相、人相、衆生相、壽者相，即非菩薩。」這意思是說：人想成爲菩薩，就一定要斷絕自己的慾望（我相），斷絕一切社會關係（人相），斷絕對應塵世的留戀（衆生相），斷絕對長壽的希望（壽者相）。如果不能做到這些斷絕，就無法成爲菩薩。只有「離一切相」，領悟了般若性空的道理，才能眞正成佛。

《壇經》說：弘忍「大師勸道俗但持《金剛經》一卷，即得見性。」這說明《金剛經》受到禪宗學者的高度重視。《續高僧傳》記載：普明「日常自勵戒本一遍，般若金剛二十遍。……寫金剛般若千餘部；請他轉五千餘遍。」很顯然，念誦、抄寫《金剛經》，也是對一切法無所執著的追求。《金剛經》集中體現了「無住爲本」的思想，經中說：「應生無所住心」，「應無所住而生其心」。這都是說：心不應該執著於任何事相，對外界的一切現象，即不要著念，也不要受其影響。

禪宗是戒禪合一的，禮佛、皈依、發願、懺悔、受戒、傳香等，都應該「自性清淨」。《梵網經盧舍那佛說菩薩心地戒品》指出：「金剛寶戒，是一切佛本源，一切菩薩本源，佛性種子。一切衆生皆有佛性，一切意識，色心，是情是心，皆入佛性中。」《金剛經》對客觀世界採取徹底否定的態度，甚至對佛教徒所追求的佛法也予以否定，認爲人們如果執著於「佛法」，就難以成佛。因爲每個「自性清靜」的人，只要擦去蒙在心上的塵埃，便會使佛性顯靈出來。所以《金剛經》說：「無有定法如來可說」，「所謂佛法者即非佛法」，「說法者，無法可說是名說法」。這是說，佛並未給後世留下特別的說教，人們又何必去執著於「佛法」呢？

《金剛經》說，釋迦牟尼在舍衛國祇樹給孤獨園，和一二五〇個大比丘在一起。有一天，快到吃飯的時候，釋迦牟尼便親自持鉢去舍衛城中乞化，隨後把乞化到的飯食帶回祇樹給孤獨園。吃完飯後，須菩提長老恭敬地問：「人如發阿耨多羅三藐三菩提心，應該怎麼辦？」「阿耨多羅三藐三菩提」是梵文的音譯，意爲「無上正等正覺」，是一種只有佛才具有的智慧。

所謂「發阿耨多蘿三藐三菩提心」，意思是下決心要成就這種智慧，即一定要成佛。所以當釋迦牟尼聽了須菩提的問題，便高興地回答道：「世界上一切事物都是無常的，如夢；如幻；如水面的氣泡；如鏡中的幻影；如秋晨的清露，太陽一出就會消散；如雨夜的閃電，瞬息即逝。平時我們看到一切事物的形相，並非是它們眞正的形相，眞正的形相是無相。能認識到無相，才能做到世界萬物無繫無念的無住，才能眞正得到解脫。」聽了釋迦牟尼所說之法，須菩提及衆比丘都歡欣鼓舞。

《金剛經》最後有一首偈頌，概括了其全部內容：「一切有爲法，如夢幻泡影，如露亦如電，應作如是觀。」這裡所說的「有爲法」，指的是一切處於相互聯繫、生滅變化中的現象。這四句偈詩反映出《金剛經》思想的精華：世界上一切現象，都只像夢想、幻覺、泡沫、倒影、晨露、閃電等一樣，很快就會逝去，它們的本性是空。

《金剛經》篇幅不大，道理淺顯，適合持誦，故能廣爲流行，深入人心。佛教界爲了宣揚《金剛經》，還大力讚嘆讀誦受持此經的功德。如《續高僧傳·智藏經》中，記述智藏因受持《金剛經》而得延壽的感應，並通過道宣之口說：「於是江左道俗，競誦此經，多有徵應。乃至於今，日有光大，感通屢結。」神會更是推重《金剛經》，甚至說六代傳燈，都是依說《金剛經》見性。除了禪宗外，三論宗、天台宗、唯識宗等佛教宗派，也把《金剛經》奉爲重要典籍。唐玄宗爲了推行三教並重的政策，從三教中各選一種典籍，親自註釋，「詔頒天下，普令宣講」。其中儒教爲《孝經》，道教爲《道德經》，佛教爲《金剛經》。由此可見，《金剛經》確是很有代表性的，所以會被有些佛教徒當作全部佛法的代表來受持。

《金剛經》的漢譯本共有六種：一、姚秦鳩摩羅什譯，題爲《金剛般若波羅蜜經》，一卷；二、北魏菩提流支譯，題爲《金剛般若波羅蜜經》，一卷；三、南朝陳眞諦譯，題爲《金剛般若波羅蜜經》一卷；四、隋達摩笈多譯，題爲《金剛能斷般若波羅蜜經》，一卷；五、唐玄奘譯，題爲《能斷金剛般若波羅蜜多經》，一卷；六、唐義淨譯，題爲《能斷金剛般若波羅蜜多經》，一卷。上述六個譯本，以鳩摩羅什的譯本最爲流行。《金剛經》的註疏也很多，如天台智顗、嘉祥吉藏、牛頭法融等，都曾註疏過此經。明成祖朱棣還曾編纂過《金剛經集注》，使此經得到更加廣泛的流傳。

開法傳禪的《壇經》

佛教有「經」、「律」、「論」三藏。只有記敘佛的言論的典籍，才稱得上「經」；佛弟子及後世佛教徒，無論其多麼偉大，所述多麼精奥，其著作只能稱作「論」。記載禪宗六祖慧能說法內容的文獻《壇經》，被尊稱爲「經」，當然是出於後學者的推崇了。爲什麼稱作「壇經」呢？這是由開法傳禪的壇場而來。所謂「壇」，指的是在大梵寺說法的法壇。如《傳法寶紀》說：「自（法）如禪師滅後，學徒不遠萬里，歸我法壇。」《壇語》則說：「已來登此壇場，學修般若波羅蜜。」慧能時代的開法，並非一般的說法，而是與懺悔、發願、皈依、受戒等相結合的傳授。這是稱爲「法壇」的理由，也是稱作「壇經」的原因。

《壇經》的內容，概述了慧能的生平及其佛學觀點。《壇經》可以分成三個部分。第一部分主要是慧能自述身世、求法因緣、得法經過、得法南歸、隱遁嶺南、開山傳教等，內容豐富，情節曲折，富於戲劇性。第二部分主要是慧能大梵寺說法的內容，這是《壇經》的主體部分，反映了慧能的基本思想，包括定慧爲本、一行三昧、無相爲體、無念爲宗、無住爲本、頓悟菩提等，觀點鮮明，言簡意賅，富於哲理性。第三部分主要是慧能和弟子們的答問及臨終前對弟子的囑咐，並附有法海講述慧能去世後《壇經》的傳承情況及對慧能的頌揚和禮讚。

縱觀《壇經》，其中所反映的慧能思想最基本的一點，就是認爲人人都有佛性。他聲稱：「世人性本自淨，萬法（盡）在自性。」還說過：「菩提般若之智，世人本自有之。」也就是說，人人都有成佛的可能。有人會問：「既然每個人都有佛性，爲何這麼多人卻在輪迴受苦，未能成佛呢？」慧能指出：因爲有妄念浮雲遮掩了人的清淨佛性，使得清淨佛性無法顯示出來。所以，必須「無念」。他認爲：「無念法者，見一切法，不著一切法」，即生活在世界上，遇到各種事物卻不執著於它們，但又不像石頭草木那樣沒有一點情感。慧能強調，所謂「無念」，是「於念而不念」，「無一切境上無染」，也就是不起邪念而保持正念，不染著於外境。

慧能對「定慧」是相當重視的，他明確地宣稱：「我此法門，以定慧爲本。第一勿迷言定慧別。定慧體一不二。即定是慧體，即慧是定用。即慧之時定在慧，即定之時慧在定。」慧能的觀點是：禪定和般若智慧是同一個事物的兩個方面，不可分割；如果硬要區別兩者的話，那只是主觀分別的結果。

他認爲：「佛法在世間，不離世間覺。離世覓菩提，恰如求兔角。」他這一見解，是從否定坐禪的立場出發的。慧能認爲，坐禪不但不能成佛，反而使人離佛更遠。因而他對「禪定」重新作了解釋：「外離相曰禪，內不亂曰定」，即只要做到「無念」，便就是禪定。他還把「無念」的理論與《金剛經》中「無相」、「無住」的說法結合起來，提倡「無念爲宗，無相爲體，無住爲本」的宗教實修方法。也又主張將「無念」貫串於平時的所有言行中去，「於一切時中，行住坐臥，常行直心」。

所謂「一行三昧」，行住坐臥都成爲禪修，使禪者時時刻刻都自覺地遞於宗教修持的狀態。所以說，慧能雖然反對坐禪，但卻對修行者提出了比普通坐禪更高的要求。

幾乎所有的修煉者，都希望早日成佛。慧能的高明之處，就是弟子們開示一種全新的修行方法，提倡直覺能力的盡情發揮。這樣做，簡化了成佛的順序和步驟，使佛教徒不用長期修煉，只要以般若之智悟見自心的佛性，便能頓入佛境。他指出：「迷聞經累劫，悟在刹那間。」慧能主張「頓悟」說，多次對弟子們開示刹那直覺自己所具佛性的道理。他還說：「不悟即佛是衆生，一念悟時衆生是佛。」

他之所以一而再、再而三地提出自性佛性、般若之智和菩提之覺的概念，就是爲「頓悟成佛」提供理論依據。

《壇經》上有明確的著錄：是書爲慧能所說，弟子法海集記。《壇經》作爲六祖慧能的語錄，得到廣泛的流傳，內容也發生了很大的變化。過去，以明藏本《壇經》作爲唯一的《壇經》來研究。

到了近代，敦煌寫本發現了，日本興聖寺本、大乘寺本等出版了，此外還有惠昕本（金山天寧寺本）、德異本（高麗本）、宗寶本（明本）、曹溪原本等，這就給《壇經》研究，開拓了廣闊的前景。《壇經》雖有十多種異本，但歸納整理後，主要有四種本子，即敦煌本、惠昕本、契嵩本、宗寶本。

第一、敦煌本，題爲《南宗頓教最上大乘摩訶般若波羅蜜經六祖慧能大師於韶州大梵寺施法壇經》，一卷，約一萬二千字。下署「兼受無相戒弘法弟子法海集記」，卷末則題爲《南宗頓教最上大乘壇經法》。這個本子是日本學者矢吹慶輝於一九二三年從倫敦大英博物館收藏的敦煌文書中發現的，從而揭開了近代禪宗史研究的序幕。敦煌本不分品節，文字質樸，是目前所知的最古老的本子。有些研究者認爲，敦煌可能就是當年慧能說法、法海記錄的實錄，因而具有重要的學術價值。

如敦煌本中，有這樣幾處記載：「大師言：十弟子！已後傳法，遞相教授一卷《壇經》，不失本宗。不稟受《壇經》，非我宗旨。如今得了，遞代流行。得遇《壇經》者，如見吾親授。」「大師言：今日已後，遞相傳授，須有依約，莫失宗旨。」敦煌本一再說：「不稟受《壇經》，非我宗旨」，聲稱在傳法的同時，要傳一卷《壇經》，因爲《壇經》代表了慧能的宗旨。

第二、惠昕本，題爲《六祖壇經》，二卷，約一萬四千字。前有晚唐僧人惠昕序，聲稱：「我六祖大師，廣爲學徒，直說見性法門，總令自悟成佛。目爲《壇經》，流傳後學。古本文繁，披覽之徒，初忻後厭。餘以太歲丁卯，月在蕤賓，三十三日辛亥，於思迎塔院，分爲二卷，凡十一門，貴接後來同見佛性者。」惠昕說明自己對原書作了一些增刪編輯工作。所附契嵩《壇經讚》、郎簡之序，都說明改編的原因，是爲了更好地適合當時禪宗界的需要。

據晁公武《郡齋讀書誌》記載：《六祖壇經》三卷，十六門，惠昕撰。這與惠昕本的實際情況有些出入。惠昕本對敦煌本作了增訂，如增加了「唐朝徵召」、「傳五分法身香」、慧能得法回來避難等事跡。

第三、契嵩本，題爲《六祖大師法寶壇經曹溪原本》，三卷，約二萬餘字。宋仁宗至和年間由僧人契嵩改編。當時吏部侍郎簡作序云：「六祖之說，余素敬之。患其爲俗所增損，而文字鄙俚繁雜殆不可考。會沙門契嵩作《壇經讚》，因謂嵩師曰：『若能正之，當爲出財模印，以廣其傳。』更二載，嵩果得曹溪古本，校之，勒成三卷，粲然皆六祖之言，不復謬妄。乃命工鏤板，以集其勝事。至和元年三月十九日序。」契嵩根據「曹溪古本」，對《壇經》加以校勘，並作了文字上的修正、潤飾，編輯、整理爲三卷十品。契嵩作《壇經讚》，敘述的大梵寺說法部分，和敦煌本次序一致，也沒有「五分法身香」。

第四、宗寶本，題爲《六祖大師法寶壇經》，一卷，二萬餘字。元世祖至元二十八年（一二九一年）前後，由僧人宗寶改編。宗寶的跋文說：「餘初入道，有感於斯。續見（《壇經》）三本不同，互有得失，其板亦已漫滅。因取其本校讎，訛者正之，略者詳之，復增入弟子機緣，庶幾學者得盡曹溪之旨。……至元辛卯夏，南海釋宗寶跋。」宗寶將三種不同版本的《壇經》互校，取長補短，又加入了「弟子機緣」等內容。明太祖、成祖刊行《大藏經》（南藏北藏），將宗寶本收入於內。宗寶本亦分十品，是最常見的流行本。

燈燈相續的「傳燈錄」

禪宗有一種燈錄典籍，以記言爲主。《壇經·懺悔品》有「一燈能除千年暗，一智能滅萬年愚」的說法。因爲燈能照亮黑暗之處，所以禪宗將以法傳人，比作傳燈，將禪師參禪或接引學人時的對話或開示列爲一種特殊的文體，稱作「傳燈錄」。傳燈錄是一種既不同於僧傳，又不同於語錄的文體，所記以人物爲主線，開頭介紹人物的籍貫、俗姓、出家、受學經過等，結尾叙說他的卒時、世壽、僧臘、謚號、塔名等。這開頭和結尾接近僧傳的寫法，中間部分則接近於語錄的寫法。傳燈錄按傳承世系編排，卷目中，每個禪師的宗系、師父、同學、弟子等，都一一標明。

現存最古的燈錄體著作爲《祖堂集》，二十卷，五代南唐保大十年（九五二年）泉州招慶寺靜禪師和筠禪師合編。是書以雪峰一系爲基本線索，記述自迦葉至唐末、五代共二五六位禪宗人物的主要事跡和問答語句。此後，便有數種傳燈錄相繼問世，主要有：

《景德傳燈錄》，三十卷，北宋景德元年（一〇〇四年）東吴沙門道原撰。是書記述過去七佛至法眼文益法嗣的傳法世系，共五二世，一七〇一人。其中包括禪門達者、諸方廣語；讚頌偈詩和銘記箴歌。是書主要部分，是禪宗九五四人的機緣語句。如：僧門潭州石霜大善和尚：「如何是佛法大意？」回答是：「春日雞鳴。」又如：僧問嘉州白水寺和尚：「什麼是和尚家風？」回答是：「金雞抱子歸霄漢，玉兔懷胎入紫微。」

《天聖廣燈錄》，三十卷，北宋天聖七年、（一〇二九年）駙馬都尉李遵勖撰。是書系增廣《景德傳燈錄》而編成，記述釋迦牟尼至南嶽懷讓法嗣第十一世和青原行思法嗣第十二世的傳法世系。其中所謂「增廣」，不僅反映在傳法世次上，更重要的是表現在人物機語的增加。

《建中靖國續燈錄》，三十卷，北宋建中靖國元年（一一〇一年）東京（開封）法雲禪寺住持惟白撰。作者意在續道原之作，記述釋迦牟尼至南嶽第十五世和青原第十五世時傳法世系，共四十八世，一千七百餘人。全書共分五門：正宗門、對機門、拈古門、頌古門、偈頌門。凡《景德傳燈錄》中已載的人物，是書大多從略。

《聯燈會要》，三十卷，南宋淳熙十年（一一八三年）泉州崇福寺沙門悟明撰。是書爲《傳燈錄》、《廣燈錄》和《續燈錄》三部燈錄的會要和補充，記述七佛至南嶽第十八世和青原第十五世的傳法世系，故有一些新收的人物和機語。

《嘉泰普燈錄》，三十卷，南宋嘉泰四年（一二〇四年）平江府報恩光孝禪寺正受撰。是書記述菩提達摩至南嶽第十七世和青原第十五世的傳法世系。全書共分八門：示衆機語、聖君賢臣、應化聖賢、廣語、拈古、頌古、偈讚、雜著。是書最重要的內容，是示衆機語門編錄的禪宗傳承世次。

上述「五燈」內容有許多重複之處，對慧能門下南嶽、青原二大系世次的計算不統一，編錄程序也不一致。南宋淳祐十二年（一二五二年），靈隱寺沙門普濟將「五燈」刪繁就簡，合爲二十卷，取名《五燈會元》。是書作爲禪宗世次源流的會萃，內容極爲豐富。對禪師啓發後學的禪機，均有著錄，包括正說、反說、莊說、諧說、橫說、豎說、顯說、密說等，可謂是集「公案」之大成。

《五燈會元》之後，元、明、清各代都有燈史問世。重要的有：明洪武末年，靈谷寺沙門撰有《續傳燈錄》，凡三十六卷。明永樂十五年（一四一七年），興聖萬壽禪寺沙門琇撰有《增集續傳燈錄》，凡六卷。明崇禎十七年（一六四四年），支提山沙門淨柱撰有《五燈會元續略》，凡四卷。清順治七年（一六五〇年），餘杭興聖萬壽禪寺沙門通容撰有《五燈嚴統》，凡二十五卷。清順治八年（一六五一年），鼓山沙門元賢撰有《續燈錄》，凡六卷。清順治十一年（一六五四年），東吳沙門通河撰有《續燈存稿》，凡十二卷。清康熙三十年（一六九一年），普陀沙門性統撰有《續燈正統》，凡四十二卷。清康熙三十二年（一六九三年），京都聖感禪寺沙門超永撰有《五燈全書》，凡一百二十卷。

楷定世系的「師資記」

禪宗還有一些「師資記」、「法寶記」一類的著作，如記叙北宗、保唐寺派等一宗一派始末的傳記體作品，重要的有《楞伽師資記》、《傳法寶紀》、《歷代法寶記》《寶林傳》等。

《楞伽師資記》，一卷，唐東都（洛陽）沙門淨覺撰。這是一部早期禪宗的重要史書，記述的是禪宗門下最後三代「楞伽師」，主要是禪宗北宗系統的禪師，所以此書可視作一部北宗師資傳授史。全書共記十三人，世次爲八代，起自南朝宋，終於唐代。求那跋陀羅被列爲禪門楞伽師之祖，菩提達摩降爲第二代，開創了禪宗譜系特殊的一例。是書的特色，是以記述人物的禪學思想爲主，而將他們的生平事跡只作簡略的叙述。

《傳法寶紀》，一卷，唐京兆（長安）杜朏撰。這是一部記述禪宗北宗傳法世系的著作。全書共記七人，依次爲達摩、慧可、僧璨、道信、弘忍、法如、神秀。雖然是書所載，除法如一人，均已見於《楞伽師資記》，但人物的行履始末及傳說故事，卻爲前書所無。書中的一些記載，比如傳法於神秀，與其他禪宗史書的說法均不同，可謂獨樹一幟。

《歷代法寶記》，一卷，疑為唐成都府保唐寺無住禪寺的門人所撰。這是一部記述禪宗南宗保唐寺禪派傳法世系的著作。全書排列了十代傳法世系。前六代是禪宗南宗共同尊奉的祖師，依次為達摩、慧可、僧璨、道信、弘忍、慧能；後四代是形成保唐寺禪派的實際傳人，依次為智詵、處寂、無相、無住。其他禪宗燈錄對前三人只載法號，事跡無聞；惟有是書四人皆載，所以很有價值。

《寶林傳》，十卷，唐金陵沙門智炬撰。這是一部根據禪宗南宗的法統之說，從而編定禪宗西天二十八祖和東土六祖事跡的著作。是書不僅將禪宗傳法世系的名單和世次進行楷定，而且還明確了南宗法脈中的嫡系和旁支。但傳中所叙年代，錯訛百出，不足為憑。

（羅偉國）

當今國內禪寺瞻禮

我國禪宗，自達摩從南印度來到嵩山少林寺，此後慧可、僧璨、道信、弘忍，一脈相繼。弘忍以後，慧能變法，刷新禪宗旨趣，下開南嶽、青原二系。

後來，南嶽系分出臨濟、溈仰二宗；青原系演爲曹洞、雲門、法眼三宗。臨濟之下，隨著時間的推移，又別出黃龍、楊岐二枝、楊岐一枝復又演成虎丘、大慧二派，可謂法脈繁衍，各有祖庭。

這些祖庭，尤以達摩駐錫的少林寺，慧可說法的匡救寺（在今湖北省成安縣），僧璨安居的山谷寺（在今安徽省潛山西北），道信、弘忍傳法的眞覺寺（在今湖北省黃梅馮茂山），六祖開法的南華寺，以及靈祐所居溈山（在今湖南省寧鄉縣）密印寺，慧寂棲建仰山（在今江西省宜春縣）棲隱寺，良價居住洞山（在今江西省宜豐縣）普利院，本寂弘法曹山（在今江西省宜豐縣）荷玉寺，曹洞宗正覺住持天童寺，文偃所在大覺寺，慧南振風黃龍山（在今江西寧州）永安寺，方會弘闡楊岐山（在今江西省萍鄉縣）普通禪院，紹隆布法虎丘靈岩寺（在今江蘇省蘇州市），宗杲居住行徑山寺（在今浙江省徑山），希運息影萬福寺（在今福建省福清縣黃檗山），雲門、臨濟宗名剎金山寺，法眼宗文益所居清涼寺（故址在今江蘇省南京市）等爲最有名。

這些禪寺，在歷史風雨滄桑的變遷中，有的衰歇，有的重振。現就當今所存，極爲著名的少林寺、南華寺、天童寺、金山寺，以及慧能瘞髮的光孝寺，崇奉六祖的六榕寺，旁及其他禪宗寺廟如柏林寺、靈隱寺、玉佛寺等，作些介紹，以便讀者有興，能夠在機會方便時，涉足一遊。

禪宗祖庭少林寺

我國禪宗古寺，以地處河南省登封縣西北十三公里，嵩山少室山北麓五乳峰底下的少林寺為第一祖庭。

史載少林寺創建北魏孝文帝太和十五年（公元四九五年），因為其寺深藏在少室密林之中，所以取名為少林寺。孝明帝孝昌三年（公元五二七年），有印度僧人達摩來寺草創禪宗，此後法乳相繼，代有所傳，於是少林寺就成了禪宗的祖庭。

在歷史風雨洗刷下，少林寺幾經興廢。先是北周武帝禁佛，寺院被毀。北周靜帝大象年間（公元五七九～五八〇年），寺被重新修復，名陟岾寺。隋王朝大興佛教，文帝楊堅敕令恢復「少林」原名，並賜良田萬頃。此後隋歷唐，少林寺僧人因幫助唐太宗開國有功，所以受到朝廷的青睞，從此少林拳並和禪宗一起，成為其寺兩大特色。

唐太宗之後，唐高宗、唐玄宗等封建帝王，都非常關心少林寺，所以一時趨於全盛時期。然而會昌年間（公元八四一～八四六年），唐武宗一聲禁佛令下，少林寺慘遭劫難，此後五代戰亂，寺院又再次遭到重創。

好在從南宋起，經過一個階段的復甦，少林寺又再度中興，進入新的發展時期，當時寺院占地一萬多畝，有殿堂樓閣五千多間，藏經九千五百多卷，僧衆二千人，遂有「天下第一名剎」之稱。明末戰禍之後，少林寺又一次地廢而重興。到今天，少林寺在多次重建後，面貌更是燦然一新。

現在，少林寺的主要建築有山門、天王殿、大雄寶殿、地藏殿、千佛殿、白衣殿、方丈室、達摩亭等。千佛層有「五百羅漢朝毗盧」壁畫三百多平方米，爲珍貴的明朝遺物。白衣殿裡「十三和尚救唐王（李世民）」、「少林寺拳譜」壁畫，也頗饒特色。達摩亭又稱「立雪亭」，爲當年二祖慧可在這裡冒雪立候達摩的地方。此外，寺裡尚有《唐王告少林寺主教碑》，以及宋明以來如蘇軾、米芾、蔡京、趙孟頫、董其昌等名家碑刻三百多件，堪稱琳琅滿目，蔚爲大觀。

寺的周圍，另有塔林、初祖庵、二祖庵等佛教勝跡。塔林在少林寺西不遠，爲歷代少林寺高僧的埋骨之處，現存從唐以來先後所建塔二百二十多座。這些墓塔，造型各異，姿態紛呈，爲我國歷史上有名的墓塔群。

其中刻於元惠宗至元五年（一三三九），由日本高僧邵元撰書的《昭公和尙塔銘》，以及建於明世宗嘉靖四十三年（一五六四），天竺僧人的就公塔，爲研究我國中外文化交流提供了可貴的實物資料。

初祖庵在少林寺西北乳峰下，庵門對聯石刻大書：「在西天二十八祖，過東土初開少林。」原來西土天竺國禪宗傳承，到達摩已歷二十八代，可是當他把禪宗帶到東土少林寺，卻變成了開天闢地的初祖。

現在庵中尙有千佛閣、大殿等。其中大殿爲宋徽宗宣和七年（公元一一二五年）所建，爲河南省現存重要的宋朝木結構建築。殿裡石柱、佛壇、須彌座上所雕各種人獸花草圖案，無不栩栩如生，具有很高的藝術價值。大殿東南有乾枝蒼虬的古柏一株，相傳爲六祖慧能親手所種，至今已有一千多年。此外，庵裡尙有宋以來書法家如黃庭堅、蔡卞等所書讚頌碑刻多種。

出初祖庵上五乳峰，即達摩面壁洞。洞前明朝石坊大書：「默玄處」。石坊背額，另刻「東來肇跡」四字。洞寬三米，深約七米，當年達摩曾在這裡「九年面壁而坐，終日默然」。

唐朝詩人白居易遊覽少林寺，有《從龍潭寺至少林寺題贈同遊者》一首道：

山屐田衣六七賢，搴芳踏翠弄潺湲。
九龍潭月落杯酒，三品松風飄管弦。

強健且宜遊勝地，清涼不覺過炎天。
始知鶴駕乘雲外，別有逍遙地上仙。

弘忍傳法五祖寺

五祖寺初建於隋朝末年，因位於湖北省黃梅縣城東十二公里的東山（又名馮茂山），所以原名東山寺。唐高宗威亨年間（公元六七〇～六七三年），禪宗五祖弘忍來到這裡，創建道場，並在這裡把衣鉢傳給六祖慧能。明神宗萬歷年間，五祖寺曾一度重建。清文宗咸豐四年（公元一八五四年），寺院毀於兵火，不久再次重建。

五祖弘忍，俗姓周，蘄州黃梅（今屬湖北省）人。七歲那年，弘忍跟道信禪師出家。後來，弘忍在黃梅東山建寺講學，一改以往所用《楞伽經》爲《金剛經》，禪脈爲之大宏，人稱「東山法門」。圓寂之後，唐代宗敕賜「大滿禪師」。一時禪宗名僧神秀、慧能、慧安等等，就都出於他的門下。

五祖寺雖然飽經滄桑，可卻至今重門曲徑，規模宏大，現在主要建築有麻城殿（毗盧陵）、祖母殿、大雄寶殿、千佛殿，眞身殿。眞身殿是五祖寺的主體建築，因五祖圓寂後眞身保存於此，所以有「眞身」之名。

北宋時期，一個鳥語弄晴的早春，大文豪歐陽修來到寺裡遊賞，乘興寫下了《五祖寺》詩一首：

日暖東山去，松門數里斜。
山林隱者趣，鐘鼓梵王家。
地僻遲春節，風清變物華。
雲光漸容與，鳥弄已交加。
冰下泉初動，煙中若未芽。
自憐多病客，來探欲開花。

慧能瘞髮光孝寺

若有緣到南國名城廣州觀光遊覽，坐落在光孝路的全國重點文物保護單位光孝寺，是值得一去的禪宗大剎。

這裡原是西漢南越王趙建德的故居。三國年間，東吳官員虞翻流放廣州，闢爲園苑，並在這裡聚徒講授《易經》，人稱「虞苑」。又因苑中廣栽苹婆訶子，所以又稱「訶林」。虞翻死後，家眷捨宅作廟，取名爲制止寺。後來。制止寺規模逐漸擴大，名稱也一再有所改動，先後用過王圓寺、法性寺、廣孝寺等，直到宋高宗趙構敕賜「光孝禪寺」，光孝寺的寺名才被沿用下來，直到如今。

歷史上，從東晉到唐王朝，曇摩耶舍、那羅跋陀、智藥、波羅末陀、達摩等印度高僧，都曾先後到這裡，講經傳法。唐高宗儀鳳元年（公元六七六年），慧能在寺裡菩提樹下斷髮受戒，創開禪宗南宗頓悟法門，人稱「六祖」。以上這些，足證光孝寺在我國佛教發展史和中外文化交流史上的重要地位。

光孝寺歷史悠久，向有「未有羊城，先有光孝」之稱。寺的構建，規模宏大，殿宇巍峨，因原有十二殿、六堂、鐘鼓樓、睡佛閣、兜率閣、延壽庵、筆授軒、虞翻祠等建築，所以千百年來，一直被人們推許爲嶺南叢林之冠。現在寺內尚有山門、大雄寶殿、六祖殿、伽藍殿、天王殿、睡佛樓、瘞髮塔、東西建塔、法幢、大悲幢、達摩井等建築和古跡，令人想見昔日雄風。

大雄寶殿原爲東晉罽賓國（今克什米爾）僧人曇摩耶舍所建，清初重建時擴爲七開間。殿為重檐歇山式，面闊三五・三六公尺，進深二四・八公尺，看上去雄闊崔嵬，極有氣勢。

大雄寶殿左側，為紀念慧能大師的六祖殿。其殿初建於北宋，後來屢毀屢建。現在所存康熙年間重建之殿，單檐歇山頂，橫寬五間，進深四間。殿裡供奉慧能坐像，高二・五公尺。殿東碑廊，刻有六祖像碑和其他有關碑刻，要是你有興趣，不妨走走看看。

睡佛樓為明神宗萬歷年間住持僧通煦等所建。早先，這裡原為建於唐朝的睡佛閣，後來因為被別人作為館舍，年久倒榻，所以才由通煦等出資贖回，重修修葺。現在，睡佛樓上供有睡佛，樓下為風幡堂，也叫講經堂，可作講經之用。

關於風幡堂的來歷，有個有趣的佛典。當年慧能密受弘忍衣鉢，蓄發南下，混跡在廣州法性禪院（即後來的光孝寺）聽印宗法師宣講《涅槃經》。當時有風吹幡動，兩僧爭辯不下：一個說是「幡動」，一個說是「風動」。慧能見狀，隨吐妙語：「不是幡動，不是風動，是人心自動。」語罷滿座皆驚，反把個印宗法師折服得拜他為師。隨之，慧能就在這裡公開他的頓悟法門，所以後人遂建風幡堂以作紀念。

瘗髮塔也叫六祖塔。經過風幡爭論，慧能公開了他的禪宗嗣法身份，接著便在殿後菩提樹下削髮受戒，成為六祖。當時，住持僧法才把慧能所削頭髮瘗埋在樹底下，並且用石基灰砂磚，築成一座七層八角形塔作爲紀念，此後並經歷代募修。瘞髮塔形制莊嚴古樸，高七．八公尺，每個塔層都鐫有佛像。塔的邊上，另有元朝遺物六祖像碑和達摩像碑。塔基周圍，有石欄杆環繞，加以保護。

東西鐵塔，爲我國現存最古老的兩座千年鐵塔，所以意義很不一般。位於大殿東面的那座叫東鐵塔，五代南漢大寶十年（公元九六七年）鑄造。塔作方形，分爲七層，連石刻須彌座加在一起，總共七．六九公尺。塔身鑄有九百多個佛龕，龕裡有精緻玲瓏的小佛像。當年鑄成之時，因爲全塔塗金，所以人稱「塗金千佛塔」。早先，東鐵塔安放在廣州開元寺，宋朝時才被移到光孝寺，並築殿加以保護。位於大殿西面的那座西鐵塔，鑄造的年代比東鐵塔早四年。

兩塔形制相同，很明顯，東鐵塔由仿造西鐵塔而成。清朝末年，西鐵塔被倒塌下來的塔殿壓崩了上面四層，所以現在僅存三層。

在光孝寺裡，青石製成的大悲幢可說是現存最早的一件歷史文物了。石幢爲八角形，高二．一九公尺，上面加有寶蓋，唐敬宗寶歷二年（公元八二六年）建造。幢的八面，因爲刻有小楷《大悲咒》，所以名「大悲幢」。

遊覽光孝寺，寺裡古木森森，環境清幽，內有兩樹，更爲珍貴。一棵爲當年虞翻親手種植的訶子樹，至今已有一千七百多年高齡。另一棵爲梁武帝天監年間，印度高僧智藥三藏帶來種子所栽的菩提樹，至今也已活了將近一千五百年。

由於光孝寺的名聲，歷來文人到此留下的吟咏頗有可觀。這裡且看清朝朱彝尊《過光孝寺》詩：

浩劫虞翻宅，沙門大士居。
寒煙萬井外，春樹六朝餘。
是日風幡動，諸天夕照虛。
更尋濠上樂，偶坐一觀魚。

崇奉慧能六榕寺

六榕寺是一個保持著寺裡藏塔規制，坐落在廣州六榕路上的千年古寺。寺內華麗壯觀的千佛塔矗立在中心部位，塔的東面，由山門、彌勒殿、天王殿、韋馱殿，層層推進；塔的西面，就是壯觀巍峨的寺中正殿——大雄寶殿；塔的南面，建有碑廊，裡面保存著十多塊古碑，碑上記載著六榕寺的歷史沿革。內有一碑，上刻歷史名人蘇東坡所提兩個大字：「六榕」。

史籍記載，六榕寺初建於梁武帝大同三年（公元五三七年）。當時，梁武帝爲了讓曇裕法師供奉從西域求來的釋迦牟尼舍利，就下令他在這裡建寺起塔。不過，初建成的寺廟並不叫「六榕寺」，而是被命名爲「寶莊嚴寺」。可惜宋初一場大火，把寺廟和寶塔全都焚爲灰燼。

宋太宗端拱二年（公元九八九年），寺僧鳩工動土，進行重建，因爲其寺崇奉禪宗六祖慧能，敬修淨業，所以建成之後，改名爲「淨慧寺」。宋哲宗元符三年（公元一一〇〇年），蘇東坡遊覽寺院，看到寺裡環植著六棵參天大榕樹，於是欣燃命筆，題不了「六榕」兩個大字。也就從此以後。「六榕寺」的名稱，漸被叫了開來。

現在寺裡的構建，主要有千佛塔、大雄寶殿、六祖堂等。千佛塔（六榕塔）建於宋哲宗紹聖四年（公元一〇九七年），因爲塔裡供奉賢劫千佛像而得名。又因爲寶塔外觀斑斕如花，所以俗稱「花塔」。這是一座外面看上去九層，而塔裡則分爲十七層的巍峨寶塔。塔身高五十七公尺，入寺觀瞻，其塔八角飛檐，高聳入雲，爲六榕寺平添了不少風采。

繞過塔身，是莊嚴華麗的大雄寶殿。重建後的大雄寶殿高十四公尺，殿的面積在三百平方公尺左右。殿裡供著三尊儀態慈祥的黃銅大佛像：中央釋迦牟尼佛，左面阿彌陀佛，右面藥師佛。銅像鑄造於清聖祖康熙二年（一六六三），每尊高六公尺，重約十噸，是廣東省現存最大的古代銅佛。大殿南面，還重建了說法堂。

觀音殿裡供奉著一尊銅觀音像。像高四公尺，重約五噸。像的鑄造年份，也是康熙二年，可見和大雄寶殿所供三尊大佛，出於一時一地。

六祖堂又稱六祖殿，位置座落在觀音殿西面的榕蔭園裡。殿堂供奉禪宗六祖慧能靑銅坐像。坐像爲宋太宗端拱二年重建寺廟時所鑄，高一・八公尺，重約一噸。所以鑄慧能形象，閉目坐禪，法相莊嚴而又人格化，加上鑄像衣褶流暢，花紋精緻，是件不可多得的藝術珍品。

六榕寺還有友誼佛堂，堂裡供奉泰國教育部在一九八五年贈送的釋伽牟尼佛銅像。銅像高二・六公尺，重約一噸，是爲中泰友誼和文化交流添寫的可喜一筆。

寺裡還豎有蘇東坡所書《証道歌》碑刻。

清朝大詩人王士禛遊六榕寺。有《登六寺浮圖》詩說：

六榕不可見，地以大蘇名。
白社無人到，蒼苔滿院生。

塔窮炎海目，山擁粵王城。
欲假南溟翼，扶搖訣上征。

禪宗寶刹曹溪寺

「月映佛肚」也稱「天涵寶月」，爲曹溪寺的一大奇觀。據說，每當農曆甲子年的中秋夜，月光透過大雄寶殿檐下那個圓形小窗，灑落在佛像的額上，形成一個圓鏡般的光圈。以後，隨著月光漸漸上升，這一圓鏡般的月光便慢慢地沿著鼻梁，由佛身正中逐步移落下來，直到肚臍。也正因爲這個緣故，所以叫做「月映佛肚」。

作爲雲南著名古刹，曹溪寺位於安寧縣城西北五公里處的螳螂川西岸。寺裡景觀，「月映佛肚」之外，另有造型精美的二十五尊圓通像，爲一般寺廟所少見。當年，在佛所召集的楞枷會上，到會的二十五位菩薩各自交流修習的圓通方法，此後，人們就常習稱這二十五個菩薩爲二十五圓通。

二十五圓通爲：陳那、優波尼沙陀比丘、香嚴童子、藥王、跋陀婆羅、摩訶迦葉、阿那律陀、周利槃特迦、憍梵鉢提、畢陵伽婆蹉、須菩提、舍利弗、普賢菩薩、孫陀羅難陀、富樓那、優婆離、目犍連、烏芻瑟摩、持地菩薩、月光童子、瑠璃光法王子、虛空藏菩薩、彌勒菩薩、大勢至菩薩、觀世音菩薩。

史載曹溪寺始建於唐末宋初，當時有禪宗六祖慧能的弟子、從廣東韶州曹溪寶林寺來到這裡築茅修行，所以名曹溪寺，所謂「自從識得曹溪路，了知生死不相干。」

經過歷史的風雨和歷代重葺，曹溪寺現有山門、左右廡廊、鐘樓、鼓樓、大雄寶殿、後殿等建築。大雄寶殿坐西朝東，宋元式風格，殿裡供有極其珍貴難得的宋代木雕「華嚴三聖」，正中毗盧舍那像，左爲文殊菩薩，右爲普賢菩薩。著名的「月映佛肚」，就發生在這裡。殿後左壁牆上，鑲有《重修曹溪寺記》石刻。石刻文字爲明朝文學家楊愼貶官雲南時所撰，書法則由拼集唐朝大書法家李邕的字而成。

寺的南面有珍珠泉，泉中經常泛出串串水泡，看去猶如珍珠，別饒情味。遊人到此，可以品嘗一下清澈甘洌的泉水。

此外，寺裡明人楊愼所撰《重修曹溪寺記》和《寶華閣記》兩碑，以及優曇花等，也爲其寺增添了景觀。對此，明末徐霞客在他的遊記中寫道：「入曹溪寺，寺門向東，古刹。初入寺尋覓聖泉，見殿東西各有巨碑，爲楊太史愼所撰，讀碑文始知寺中有優曇花諸勝。遂覓紙尋碑，不及問聖泉。」

在古往今來的吟咏中，有清朝王琦《曹溪夜月》七律一首道：

蔥蘢山半古招提，石秀泉香寶樹奇。
一曲清江縈玉練，四周翠嶺界琉璃。
微風徐動聞天籟，驚鳥時鳴起宿枝。
景曠神怡何所似？如恆且咏介眉詩。

雲門祖庭大覺寺

古剎千年幾興廢，喜瞻佛日耀雲門。
殿堂壞後重重建，經像燒光漸漸增。
欣賞林泉思舊澤，飽餐茹筍感深情。
十方翹首宗風正，第一功勞在樹人。

公元一九八六年春天，中國佛教協會趙樸初會長親臨大覺寺視察，當即飽含激情地寫下了這首七言律詩。

大覺寺坐落在廣東省乳源瑤族自治縣城東北六公里的雲門山麓，爲我國佛教禪宗南派五宗之一雲門宗的發源地。

五代後唐莊宗同光元年（公元九二三年），禪宗慧能第八代傳文偃，從韶州靈樹來到雲門山「因高就遠，審地爲基」，歷時五年而建梵刹，開示法語，立宗傳道，創雲門宗。在歷史上，大覺寺曾先後用過光泰禪院、証眞禪寺等名，後在宋太祖乾德元年（公元九六三年），才定名爲大覺禪寺。由於寺的位置座落在雲門山下，而文偃創立的宗派又叫雲門宗，所以世人習稱爲雲門寺。

在歷史風雨的剝蝕下，大覺寺歷經興廢，幾度滄桑，到了民國時期，寺院入於凋殘荒廢，滿地榛莽的境地。當時，年高的虛雲老和尙目睹此景，不辭衰年，下決心由曹溪移錫雲門，率衆重建大覺禪寺。此後歷時九年，大覺寺復又生機勃然，重振昔年風采，十方僧衆，一時雲集，士庶瞻禮，不絕於途。然而好景不長，文革期間，大覺寺又經受了一次大的摧殘。

迨到八十年代，虛雲老法師的入室弟子佛源法師來到這裡，在他的主持下，寺院經過多年慘淡經營，非但重新煥發青春，並且規模較之過去，有所擴大。現在寺廟總計建築面積爲：維修改葺二千六百平方公尺，重新擴建九千八百平方公尺。

經過修葺重建後的大覺寺爲全國重點寺院，寺內有天王殿、大雄寶殿、法堂、藏經樓、客堂鐘樓、功德堂鼓樓、伽藍殿、延壽堂、祖師殿、禪堂、虛雲紀念堂等。寺內並藏有珍貴的大小玉佛七尊，經書近二萬冊。近些年來，港、澳和台灣同胞，以及海外人士來寺參觀頂禮的，經年不絕，萬衆輻輳，蔚爲一時之盛。

在文物方面，保留至今的有嵌在山門內壁的《大漢韶州雲門山光泰禪院故匡眞大師實性碑》、《大漢韶州雲門山大覺禪寺大慈雲匡聖明大師碑記》等兩塊古刻，都已經有一千多年歷史，値得摩挲玩味。

寺的周圍，景色綺麗，前對觀音山，後有桂花潭、出米山、九仙岩、慈悲峰、鐘鼓石等。塵世中遊覽到此，襟懷爲之一洗。

古佛道場柏林寺

河北趙縣柏林寺，世稱「古佛道場」，「畿內名刹」。史載其寺創建於東漢末年，名觀音院，隋唐五代沿用觀音院的名稱不改，因爲寺的地址在於趙縣城東，所以又名東院。降至宋朝，改名爲永安院。金朝大安元年（公元一二〇九年），因避衛紹王完顏永濟的諱，方才改名爲柏林禪院。入明以來，又改稱爲柏林寺。後此，柏林寺的名稱一直沿用到現在。

從唐代開始，柏林寺經常有高僧駐錫這裡，觀音院的名稱因此而大揚天下。其時，有六祖慧能三傳，人稱「趙州和尙」的趙州高僧從諗禪師來院弘揚佛法，達四十年之久，一時玄理禪風，布於天下，有「趙州門風」之稱。

五代以後，觀音院在戰亂中荒廢不堪，此後歷經宋、元、明、清等朝，雖時有興廢，一度成爲北方重要叢林，然而自從北洋軍閥在趙州混亂以來，又經八年抗戰，十年文革，至此，柏林寺殿宇傾廢殆盡，僧衆逃散的逃散，被逐的被逐，遂使千年古剎，掃地以盡，僅留下眞際禪師塔，屹立於瓦礫堆邊。每當黃昏時分，斜陽投影，古柏無語，使人發無限的感慨。

眞際禪師塔俗稱柏林寺塔，初建於元文宗天曆三年（公元一三三〇年）。塔高約四十公尺，分爲七級，外表呈八角形，磚木結構。下方有方形塔基，塔基上有束腰式須彌座，上刻金剛、力士、伎樂，以及龍、象、樂、牡丹等圖案紋飾，有著較高的藝術價值。

自改革開放以來，爲了重視昔日古佛道場的盛況，由河北省佛敎協會發起，中國佛敎協會和美國佛性法師等多方資助，經河北省人民政府批准，終於在一九八八年五月十九日，在柏林寺舊址上舉行了奠基儀式，進行重建。重建後的柏林寺，現已頗具規模，全寺建築，主要有山門殿、天王殿、大雄寶殿、藏經樓、禪堂、念佛堂、客堂、齋堂、僧房等。此外，從諗禪師塔也在恢復之中。寺中所供，以釋迦牟尼佛、西方三聖，以及文殊菩薩等爲主。

在「古佛道場」的恢復過程中，柏林寺還建立了兩幢兩層樓的佛慈安養院。院裡可供一百位老年僧尼修禪養老。此外，並建有蓮池海會塔，以安放僧、尼的骨灰。

重建後的柏林寺殿宇嵯峨，寶塔入雲，在參天古柏掩映下，每天接待國內外香客遊客觀光遊覽。

禪宗寶剎靈隱寺

浙江杭州市西湖西北靈隱山腳下，碧樹花枝，春榮冬茂，翠嵐清籟，朝融夕凝，風景極其清幽。著名的天下佛教禪宗十剎之一——靈隱禪寺，就坐落在這裡。

早在東晉成帝咸和元年（三二六），有印度僧人慧理來到這裡，看到山腳下一峰矗立，秀出塵寰，不禁深深嘆道：「此乃天竺國靈鷲山之小嶺，不知何以飛來？佛在世日，多爲仙靈所隱，今復爾耶？」於是便面對此峰，築寺修禪，取寺名爲「靈隱」，峰名爲「飛來」。

清朝初年以來，靈隱寺又名「雲林禪寺」。原來，當年康熙皇帝南巡，文臣高士奇隨鑾在旁。當巡幸到杭州靈隱寺時，住持諦暉跪求皇上御筆賜題寺額。康熙帝高興之下，舉筆先寫「灵」字，（「灵」字繁寫體作「靈」），不料一時失於考慮，把「雨」字寫得太大了點。看到康熙帝正在躊躇，不知如何是好之際，侍立一旁的高士奇假裝磨墨，暗中在手底心裡給寫了「雲林」兩字，以示皇上。（「云」字繁體寫爲「雲」），康熙帝一時大悟，於是就把「灵隱」賜題爲「雲林」。爲此之故，「雲林寺」的名稱，便就慢慢地被叫開了。

在歷史的流程中，靈隱寺屢經興衰。先是五代吳越國時，靈隱寺曾作過二次大規模的擴建，當時有九樓、十八閣、七十二殿，房屋一千二百多間，僧衆三千餘人，可謂盛極一時。其後則時毀時建，閱盡滄桑。現存寺院建築，多半建於清朝末年。然而民國年間，靈隱寺又遭二次大的劫難：

一次爲一九三六年寺院失火，羅漢盡被焚毀；另一次爲一九四九年七月，大雄寶殿棟樑因爲年久失修，又被蟲噬，所以突然倒塌，佛像被毀。

建國以來於五十年代，七十年代，八十年代，靈隱寺曾先後三次進行大規模修建，故而梵宇淨殿，氣派非凡，頓復舊觀。

踏進靈隱寺，首先看到的東西二個山門和中間天王殿一字並列，稱之爲三門殿。三門殿內，第一重爲天王殿，殿的正面是笑口常開，大肚能容的彌勒佛。彌勒佛的背面，韋馱菩薩莊嚴威武地肅立如山，全像系由香樟木精雕而成，據說舊爲南宋遺物，距今已有七百多年。天王殿的兩旁，四大金剛形態威猛，氣勢嚇人，看去極爲魁偉。

靈隱寺的大雄寶殿，重建於五十年代，其殿高甍重檐，屋頂由琉璃瓦砌成，高三三·六公尺，形勢極爲壯觀。大殿正中高坐在蓮花座上的釋迦牟尼佛莊嚴慈和，金光四射，由中央美術學院雕塑系教師和民間藝人在五十年代以盛唐禪宗佛像爲藍本，取香樟木精雕而成。整個佛像高達九·一公尺，如果連同蓮台、須彌座、石壇和背部佛光，計高十九·六公尺，爲我國現存規模最爲宏大的木雕坐像。據說其時佛像裝金，花費的黃金足有六十餘兩之多。

大殿後壁背面爲「善財童子五十三參」海島立體群像。群像正中，觀世音菩薩腳踏鰲頭，手持淨瓶，端慈祥和，造形倩美。連同海島四周上下，姿態各異的大小佛像，計有一五〇尊之多。

大殿左右，另有護法「二十諸天」、「十二圓覺」等像，排列兩側，蔚爲大觀。

大雄寶殿左側有聯燈閣、大悲閣等，右側爲雲林藏室。雲林藏室之中，保存著西湖歷代寺院文物如緬甸玉佛、梵文貝葉經、菩提樹葉、法書名畫、翡翠瑪瑙等。

除天王殿南宋韋馱立像，以及雲林藏室所藏，靈隱寺的重要文物，尚有天王殿前的一對石幢，大雄寶殿前的兩座八角九層石塔等物。石幢建於北宋開寶二年（公元九六九年），當時安置在錢氏家廟奉先寺，後來才遷移到這裡。石塔爲北宋建隆元年（公元九六〇年），吳越王錢弘俶命永明延壽禪師重建靈隱寺時所造。

再有，靈隱寺對面的飛來峰造像石刻，也很有名。這些造像，大多出自五代、宋、元名匠之手，所以造型生動，姿態逼真。如臨溪岩壁上宋代鑿刻的袒腹彌勒坐像，一手拈持念珠，一手按著布袋，嘻笑顏開，造形生動，遊人至此，都愛在此攝影以留紀念。

靈隱寺周圍，洞壑玲瓏，環境幽雅。寺前靈隱澗橫貫寺前，叮咚作響，清澈可愛。爲此，歷代詩人到此多有題咏。唐代大詩人白居易《靈隱寺》詩，寫得很有特色：

一山分作兩山門，兩寺元從一寺分。
東澗水流西澗水，南山雲起北山雲。
前台花發後台見，上界鐘聲下界聞。
遙想吾師行道處，天香桂子落紛紛。

宋代蘇軾《聞林夫當徙靈隱寺寓居，戰作靈隱前一首》，也頗值得一讀：

靈隱前，天竺後，兩澗春淙一靈鷲。
不知水從何處來，跳波赴壑如奔雷。

無情有意兩莫測，肯向冷泉亭下相縈回。
我在錢塘六百日，山中暫來不暖席。
今君欲作靈隱居，葛巾草履隨僧蔬。
能與冷泉作主一百日，不用二十四考書中書。

名聞遐邇金山寺

民間傳說，白娘娘為救郎君許仙，曾經「水漫金山」與蠻橫的法海和尚鬥法。為此，金山寺的附近，至今留有法海、白龍兩洞。法海洞位於慈壽塔西側下，洞中有法海和尚塑像。白龍洞在金山北麓，洞口有白娘、小青青石像。

其實，白娘娘「水漫金山」，僅僅只是傳說而已，法海和尚也並非傳說中的反面人物。相傳法海和尚為河東人，原是唐宣宗大中年間丞相裴林的兒子。因為裴林篤信佛教，於是送子出家，取名法海。早先，法海在江西廬山學佛參禪，後來雲遊到此地，日住洞窟，後因開山得金，遂興建寺廟，人稱金山寺。

當然，法海開山得金，興建寺廟，也僅僅只是一種說法而已。史籍記載，金山寺始建於東晉時期，當時稱為釋心寺。為什麼要稱之為「澤心」呢？原來金山本為長江中的一個小山島，此後直到清朝道光年間，才開始和長江南岸相連成片。為此前人歌咏，曾有「千載江心寺」的說法，唐朝詩人張祜詩句「樹影中流見，鐘聲兩岸聞」，實為當年金山澤心寺的客觀寫照。

唐朝之時，由於受開山得金的傳說，所以通稱為金山寺。宋眞宗天禧年間（公元一〇一七～一〇二一年），因皇上夢遊來到此寺，遂賜名為龍遊寺。此後，清聖清康熙南巡，駐蹕寺內，因為親筆題有「江天禪寺」匾額，所以又名「江天寺」。

寺的布局，由於金山高只四三．七公尺，周約五二〇公尺，是個很小很小的小山，所以其寺便依山而築，有著把山裹了起來的特色。

縱覽整個寺宇，天王殿、大雄寶殿、藏經樓、念佛堂、留宿處、方丈室等主體部分，基本依著山麓興建；七峰亭、妙高台、楞伽台則高了一層，聯綴山腰而築；留玉閣、大小觀音閣則又高了一層，圍繞山頂而起；慈雲壽閣、江天一覽亭則處於山的巔頂，凌空而起。由於其寺拾級而造，曲廊回檐，漸遊漸高，妙趣無窮。北宋王安石遊金山寺後，曾乘興吟下了這樣的詩句：

數重樓枕層層石，四壁窗開面面風。

忽見鳥飛平地起，始驚身在半空中。

除了王安石，宋朝文人蘇軾和金山寺也很有緣分。據說當年蘇軾和金山寺方丈佛印鬥智，輸了玉帶，所以直到今天，東坡玉帶依舊和周鼎、銅鼓、《金山圖》（文徵明繪），一起被稱為「鎮山四寶」。

蘇軾《遊金山寺》詩，也頗值一讀」：

我家江水初發源，宦游直送江入海。
聞道潮頭高一丈，天寒尚有沙痕在。
中冷南畔石盤陀，古來出沒隨濤波。
試登絕頂望鄉國，江南江北青山多。
羈愁未晚尋歸楫，山僧共留看落日。
微風萬頃靴紋細，斷霞半空魚尾赤。
是時江月初生魄，二更月落天深黑。
江心似有炬火明，飛焰照山棲鳥驚。

悵然為卧心莫識，非鬼非人竟何物？
江山如山不歸山，江神見怪驚我頑。
我謝江神豈得已，有田不歸如江水。

詩中蘇軾眺望江景，觀看日落，夜深始歸，寫得景色瑰麗，波瀾壯闊，拓寬了對金山寺的視野。

金山寺名聞遐邇，不僅在於寺的風光、傳說，以及詩人的作詩以咏，並且還和位於金山西南，素有「天下第一泉」之稱的中冷泉有關。當年唐朝茶學大師陸羽品評天下名泉，中冷泉曾被評爲第七，可是比陸羽稍晚的劉伯芻卻不這樣認爲，他在《煎茶水記》一書中，破格地把中冷泉的水味提升爲天下第一。從古以來，人們在泉北築樓，泉南建亭，泉的四周圍，並有四方形的石欄圍護。石欄上面，赫然刻有清朝鎭江知府王仁堪所書五個大字：「天下第五泉」。

近代名刹玉佛寺

玉佛寺爲近代中國著名佛刹，位於上海市普陀區安遠路一七〇號，占地約八千四百平方公尺，內有屋宇殿舍二百九十九間，因寺裡主要供奉玉佛而得名。

清末光緒年間，普陀山僧人慧根朝禮名山，出西藏，入緬甸，在緬甸請得玉佛五尊。歸國之時，慧根途經上海，便就留下大玉佛兩尊，一臥一坐，並於光緒八年（公元一八八二年）在江灣建寺供奉。當年慧根募建玉佛寺序這樣寫道：「爰自普陀，遠遊竺國，禮拜玉佛，供養金龕……留在滬瀆，募建招提……庶幾舍衛城邊，現梵天之寶相，吳淞江畔，拓佛地之宏規云耳。」

辛亥革命後，寺屋毀廢。一九八二年起，由盛宣懷捐贈檳榔路（即現在的安遠路）土地基，住持可成率衆集資移址重建。經過十年苦心經營，終於在一九二八年重建畢工。因爲可成承嗣禪宗臨濟法乳，所以重建後的玉佛寺又名玉佛禪寺。

玉佛寺的主體建築仿照宋朝佛院結構，分三大進。前進天王殿，供彌勒佛、韋馱菩薩、四大天王；中進大雄寶殿，供三尊大佛、二十諸天、海島觀音；後進般若丈室，丈室上面建玉佛樓，樓上供奉用整塊白玉雕成的釋迦牟尼佛說法坐像。玉佛高一．九公尺，色澤晶瑩，神態莊嚴，爲玉佛寺的鎮寺之寶。

三大進之外，寺的東西兩側另有臥佛堂、銅佛堂、觀音堂、功德堂、齋堂、禪堂、法物流通處等。臥佛堂供五雕釋迦牟尼涅槃臥像。臥佛身高九十六公分，姿態優閑，神情自然，爲不可多得的佛教玉雕珍品。

玉佛寺所藏文物，除坐、卧玉佛堪稱稀世珍品，尚有北魏、唐朝佛像及寫經等多種；清雍正年間所刻《大藏經》一部，計七千多冊等。寺中素齋，向以風味獨特飲譽中外，博得四方來賓的好評。上客堂客房幽雅，浴室潔淨，爲來寺敬香禮佛的中外信衆，提供了生活起居上的方便。

爲了紹隆佛種，續佛慧命，上海市佛教協會主辦的上海佛學院，也設置在玉佛寺裡。

（姜玉珍）

禪與東方文明

禪是一種富有東方特色的社會性的精神現象和文化現象。它起源於印度，盛行於中國，又波紋式地擴散到日本、朝鮮、越南……禪在這些國度神奇地發展著，逐漸與當地社會生活、文化傳統融為一體，成為東方文明的一個重要組成部分。

禪宗是以參禪領悟佛法一個佛教宗派，主張憑直覺去認識人的本來面目，去體現宇宙的眞理，這似乎更接近佛初說法時的原旨。因為，如果過於拘泥經典，就難以體現佛法的眞諦，難以恢復佛教在東方的感召力。惟有禪，無論是「頓悟」還是「漸悟」，都有一股神奇的力量，感染著社會生活的方方面面。禪與東方文明有不解之緣，無論是哲學、理學、文學、還是書法、繪畫、醫學，都有禪的痕跡。

禪與哲學

禪是由菩提達摩從印度傳入中國的，據說這就是釋迦牟尼在靈山會上拈花示衆，傳給摩訶迦葉的心印。所以，禪宗口口聲聲稱「不立文字」爲佛法，稱「心即是佛」，甚至還有禪者將佛像劈掉，拿來焚燒取暖。這種做法雖極端，但自有其道理：「聰明的人不求佛，而求他自己的心；愚笨的人求佛，卻忽視了自己心。」這是極哲理之言，並深深地影響著中國哲學。儘管不少中國古代哲學家不遺餘力地攻擊禪宗，認爲佛法是印度傳入的舶來品，但同時卻依然使用佛學上的成語、邏輯及辯論方法。

禪宗有完整的哲學體系。釋迦牟尼是佛教創始人，同時也是一位偉大的哲學家。甚至可以說，每一位得道高僧，都是精通禪理的哲人。禪學蘊藏著深不可測的智慧。啓迪著人類的思維。它對宇宙世界的洞察，對生死因果的分析，對人類理性的反省，都有著深刻的揭示，獨到的見解。因此，恩格斯在《自然辯證法》中，將佛教徒置於人類辯證思維的較高發展階段上，這種稱譽是很客觀的。

禪自傳入東土，其哲學思想對中國民衆的影響，幾乎和儒家學說不相上下。禪宗重視「悟」、輕儀式，根器高的人，一旦明心見性，就可即身成佛。所以近代名士楊度在

《我佛偈序》中說：「又知佛與衆生本來同性，衆生心迷，自生煩惱。本無差別而生差別，失平等心；本無束縛，失自由心。佛心無爲而無不爲，因以一心幻成萬法，隨其根性與因緣……一切人事無非佛事，一切世法無非佛法。一旦豁然，我即是佛，死去活來，大徹大悟。則知衆生無所短欠，佛亦無所增加。……若復尚有毫毛異同，即非佛境……釋迦牟尼如是，我亦如是。」

楊度眞是參透了禪理，深諳佛即是心，心即是佛。禪的眞諦就是「我即是佛」，如果執著於「我」與「佛」的差別，就永遠也成不了佛。楊度敢於將自己與釋迦牟尼相提並論，這種氣度，眞是禪學對其哲學觀的影響所致。

在人生觀上，禪宗重視主體的自覺，並且將自己的解脱與拯救衆生聯繫起來。比如，當正法眼藏（普照一切的根本佛法）由印度禪宗第二十七祖般若多羅傳給第二十八祖菩提達摩時，般若多羅對他說：「希望你在我滅度六十年後，將這正法眼藏傳到中國去，普利衆生。」

還送給他一首偈詩：「路行跨水復逢羊，獨自栖栖暗渡江。日下可憐雙象馬，二株嫩桂久昌昌。」這首偈詩其實是一個預言：「跨水」指達摩將渡海東行，「逢羊」指達摩將在廣州登陸，「渡江」指達摩去北方傳法。

後來達摩遇到了大力扶持佛教的梁武帝，他問達摩：「我致力於建寺、寫經、度僧、造像，有多少功德？」達摩回答：「沒有功德」。梁武帝不解地問：「為什麼沒有功德？」達摩坦率地說：「這些是有為之事，不是實在的功德。」他又問：「什麼是聖諦第一義？」達摩回答：「廓然無聖。」梁武帝雖然信佛，卻尚未眞正懂得禪理，追求易行的「功德」，所以與達摩機緣不合，迫使達摩「一葦渡江」。北上傳法。

禪宗雖然以「禪」為名，但在原則上卻是反對坐禪的，如同達摩否認梁武帝以建寺、度僧為「功德」一樣，慧能開創的禪宗南宗也否認以坐禪為「功德」，甚至斷言坐禪不能成佛。慧能強調心性本覺、佛性本有、頓悟成佛，不僅為禪門弟子所接受，亦對世俗社會產生了極大的影響。禪學能在東土生根、發芽，應該承認，它適應華夏的氣候、水土，同時對融合了中國古典哲學，發掘了哲學新命題，推動了哲學的發展。

禪與理學

禪宗在唐太宗貞觀之後，可謂大出「風頭」：無論是南宗還是北宗，都大闡禪風，風靡朝野。如果說初唐文化便是禪宗文化，也許並不過分。中唐時韓愈闢佛，開啓了宋儒理學的先聲。宋仁宗景德年間，儒家理學盛行，大有取禪宗而代之的趨勢。然而，這些儒家學者卻很注意吸取、消化佛教和道教的思想，尤其重視禪宗的心性學說，從而建立和完善起理學這一新的哲學思想體系。宋儒的理學，原來是遠紹孔孟以來儒家的學術思想，起初並不將「理」字作爲專用名詞。

從自稱「窮禪客」的周敦頤開始，一變性與天命、夫子罕言的講學風格，常以天人之際的宇宙觀和形而上學的道體論作依據，並將此作爲一個新的人生哲學的理論基礎。爲發揮心性之理，理學家又頻繁使用「理氣」、「理欲」等新名詞，後世便將宋儒的儒學稱作「性理學」，簡稱「理學」。

理學家提倡和標榜的「內聖外王」，其實就是將儒釋道三者合一，即儒家的治世事功、佛教的精神境界、道教的形仙骨統一的理想標準。

從達摩提出「理入」法門起，佛教天台、華嚴諸宗都先後有了「理」的觀念，潙仰宗開派者靈祐更是以「實際理地」的名言勸勉後學。所以說宋儒以「理」說性的思想之形成，與佛門淵源甚深。據說周敦頤曾經從學於鶴林寺僧壽涯，參禪於慧南和祖人。他又去廬山，拜謁歸宗寺佛印、求學於東林寺常聰。感山在他的《雲卧紀談》中，作了這樣的記載：「周子居廬山時，追慕往古白蓮寺故事，結青松社，以佛印爲主。」而常聰弟子撰寫的《紀聞》中，則有這樣的說法：「周子與張子得常聰『性理論』及『太極、無極』之傳於東林寺。」

周敦頤在「太極」之上又加上「無極」，用意是爲了調和儒家的「太極」和道家的

「無極」，但含義中又傾注了佛學的內容：「太極」似乎有「依言眞如」之義，「無極」似乎有「離言眞如」之義。

比周敦頤稍後的張載，卻只提「太極」，並尖銳地批評佛學：「以山河大地爲見病，以六合爲塵芥，以人生爲幻妄，以有爲贅疣，以世爲蔭濁。」作爲一個儒者，他對於出世的佛學理論當然要予以指責，從而提出他的入世主張。張載經常提醒後學：「爲天地立心，爲生民立命，爲往聖繼絕學，爲萬世開太平」，這種觀念類似佛學的「衆生平等」理論。張載所著《正蒙》中使用的「大心」一詞，則是直接套用佛教的「大心菩薩」。而他闡述的不少觀點，有明顯的因襲禪宗六祖慧能的思想的痕跡。

程顥、程頤兄弟也是宋代著名的理學家。《宋史．道學傳》評述程顥：「少時，從於周濂溪，慨然有求道之念，後泛濫諸家，出入老、釋幾十年，返求諸六經而後得之云。」程顥雖然熟讀佛典，但對佛學的批評卻是十分尖銳的。如針對《涅槃經》要旨「一切衆生皆有佛性」，他評論道：「蠢動含靈，皆有佛性爲非是。」這幾乎是對慧能以來的禪宗學說的根本否定。他還評論了禪的方法：「唯覺之理，雖有敬以直內，然無義以方外，故流於枯槁或肆恣。」這個批評，倒是切中南宋以後禪家提倡參究及重視機鋒，並認爲是禪宗之眞諦的流弊，但也說不清什麼是眞正的「禪」。

程頤經常與禪師往來，交了一些佛教界的朋友；但又說：「一生正敬，不曾看莊、列、佛書。」」。也正因爲如此。所以他會鬧出一些學術上的笑話。如程頤曾說：「釋氏有『理障』之說，此把『理』字看錯了。天下惟有一個的『理』，若以『理』爲障，不免以『理』與自己分爲二。」他不知佛教的「理障」，其實是「所知障」，這種外行的批評，怎麼能令禪者信服呢？而他提倡的「靜坐」、「用敬」、「致知」三部工夫，正是受佛教「戒、定、慧」三學的啓迪變化而來。

朱熹是宋代的大儒，他對佛學持否定的態度，甚至說：「佛氏之學，原出楊朱，後附以老莊之說，佛典僅《四十二章經》爲古書，其他悉中國文士潤色而成。」這種批評，旣主觀，又膚淺，而且外行，所以便貽笑天下後世。

禪宗將佛學中國化，沖淡了佛教的宗教氣息，使之成爲一種人性的文化。集儒、釋、道三教之大成的理學，沿著禪宗人性自發的軌跡，回歸到先秦儒家修身、齊家、治國、平天下的人生目標。理學家雖然有不少排斥佛學的言論，但他們的思想、觀念、語言乃至講學方法等，無不帶有濃厚的禪宗色彩。

禪與詩歌

禪僧善詩者頗多，有別集傳世的就有數十家。這與唐宋文化高度發達有關。以詩喻禪，寓禪於詩，實在比念經拜佛自在得多、快活得多！寒山、拾得、皎然、貫休、惠洪等人，既是名重一時的高僧，也是才華橫溢的詩人。

禪僧作詩，善於從日常生活的細微瑣事中，挖掘出合乎禪理的主題；善於從幽谷古寺等冷寂環境中，反映出自我解脫的思想。他們身處寂寥閑適的佛門之中，抒寫的是甘於淡泊無爲的精神界。

寒山是唐朝貞觀年間的詩僧，他寫了六百多首詩，都刻在山石竹木之上。他的詩風幽冷，不僅以形象演說佛理，還反映世態人情、山水景物。

如《杳杳寒山道》一詩，很能代表他的風格：「杳杳寒山道，落落冷澗濱」。啾啾常有鳥，寂寂更無人。淅淅風吹面，紛紛雪積身。朝朝不見日，歲歲不知春」。詩僧處於山幽林茂，不見陽光的環境，心如古井，不再關心春去秋來。這首詩，反映出他超然物外的冷淡心情。

皎然是唐朝詩僧，爲南朝詩人謝靈運的十世孫。他的詩情調閑適，語言簡淡。如《尋陸鴻漸不遇》一詩，這樣寫道：「移家雖帶郭，野經入桑麻。近種籬邊菊，秋來未著花。扣門無犬吠，欲去問西家。報道山中去，歸來每日斜。」陸鴻漸即陸羽，著有《茶經》一書，被後世奉爲「茶聖」、「茶神」，皎然和他是好友。詩中描述了陸羽不以塵事爲念的高人逸士的襟懷和風度，也反映出皎然對他的讚賞。

宋代隨著文字禪的發展，禪僧也有了離經叛道之作，如惠洪詩云：「十分春瘦緣何事？一掬歸心未到家。」因此而被王安石女兒斥爲「浪子和尙」。至慧比這「浪子和尙」就更有過之而無不及了，他公然作詩云：「少年不肯戴儒冠，強把身心赴戒壇。雪夜孤眠雙足冷，霜天剃髮滿頭寒。朱樓美酒應無分，紅粉佳人不許看。死去定爲惆悵鬼，西天依舊黑漫漫。」佛門生活觸實清苦，既無美酒可飮，又無美女可伴，所以至慧最終還是告別了佛門，回到了燈紅綠酒的世俗社會。

既有逃離佛門的僧人，也有悟得禪理的俗人。唐代在仕途上遭受挫折後的詩人王維，就能用超然的眼光去看待世間的一切。如他在《飯覆釜山僧》一詩中說：「晚知清淨理，日與人群疏。將候遠山僧，先期掃㢡廬。果從雲峰裡，顧我蓬蒿居。藉草飯松屑，焚香看道書。燃燈晝欲盡，鳴磬夜方初，已悟寂爲樂，此生閑有餘。思歸何必深，身世獨空虛。」這種悟徹自性清淨，甘於以寂爲樂襟懷，正說明他獲得了禪宗空靈的智慧、遠離紅塵的妙趣。

唐代詩人白居易，也是由禪宗智慧啓迪而生出超然物外的創作靈感的。他修習禪定，飽讀佛典，豁達開朗，超然物外。他的兩句詩，高度概括了禪理：「榮枯事過都成夢，憂喜心忘便是禪。」

希望人們不要將榮枯得失看得太重，不要讓喜怒哀樂耿耿於懷。

禪與書法

書法是我國的「國粹」。遠在佛教傳入中原以前，我們的祖先在書法上的成就已相當卓越，充分顯示出中華民族優良的資質，但繼承有餘，開拓不足。禪宗打破佛門宗教儀式的條條框框，提出心、佛、衆三無差別，提倡直指人心的頓悟。首先將這種精神注入書法藝術的，是唐朝的張旭和懷素。這兩位書法家一僧一俗，異途同歸，一變漢代以來循規蹈矩的草書傳統，獨闢狂草一經，世有「張顛素狂」之說。

所謂「狂草」，比一般草書更爲寫意抒情，隨心所欲，字體大小隨意，筆畫省減自如，有的像急風暴雨，有的似飄忽欲飛，龍飛鳳舞，觀賞性遠勝於可讀性。

懷素自幼酷愛書法，廣植芭蕉，以葉代紙，刻苦練字，並將住處稱作「綠天庵」。他要比禪宗六祖慧能出世晚九十九年，但他的一些思想，是受到同是佛門中人、又同是南方人的慧能影響的。自慧能提出「本性是佛，離性別無佛」以來，禪僧呵佛罵祖有之，燒佛取暖有之，毀辱經典有之，喝酒吃肉有之，但這都無礙得證菩提，無礙入於佛的境界。懷素作爲出家人，眞是在悟出禪機後，才能將寧靜的書海掀起巨浪。他敢於破佛門的清規戒律，龍飲鯨吞，醉後揮毫，以眞率落筆，無拘無束，展現風姿，可謂得禪宗「直指人心，見性成佛」之眞諦。

所以戴叔倫在《懷素上人草書歌》中，有這樣精湛的評述：「楚僧懷素工草書，古法盡能新有餘。神清骨疏意眞率，醉來爲我揮健筆。始從破體變風姿，一花花開春景遲。忽爲壯麗就枯澀，龍蛇騰盤獸屹立，馳毫驟墨劇奔馳，滿壁失聲看不及。心手相師勢轉奇，詭形怪狀翻合宜。有人細問此中妙，懷素自言初不知。」

宋代多才多藝的蘇軾，被林語堂戴上了一大堆桂冠：秉性難改的樂天派、悲天憫人的道德家、黎民百姓的好朋友、散文作家、新派的畫家、偉大的書法家、工程師、假道學的反對派、瑜伽術的修煉者、佛教徒、士大夫、皇帝的秘書、心腸慈悲的法官、政治上的堅持己見者、月下的漫步者、詩人、生性詼諧愛開玩笑的人……他之所以能豁達開朗，與其接受佛學思想不無關係。處世如此，在書法理論上，他也受到禪宗頓悟理論的影響。他寫有一首和弟弟蘇轍談論書法的詩：「吾雖不善書，曉書莫如我，苟能通其意，常謂不學可。」

詩中說自己「不善書」當然是謙虛了，但他說不學而能知書法的深意，意即「心即是書」，分明是禪宗「心即是佛」的翻版。

如果說蘇軾的巧慧在於積累和頓悟兩者巧妙結合的話，那麼黃庭堅的成就則在於「有法」和「無法」兩方面辯證的統一。比如黃庭堅的草書取法於懷素，但比懷素的字結體多姿，扎實而有分寸，因此能將唐以來體現心靈刹那妙有爲主的狂禪書法，發揮得淋漓盡致。他曾自我評論道：「老夫書法，本無法也，但觀世間萬緣，如蚊蚋聚散，未嘗一事橫於胸中，故不擇筆墨，遇紙則書，紙盡則已，亦不計較工拙與人之品藻譏彈。」這種筆情墨趣，和禪宗追求的境界實有異曲同工之妙。

禪與繪畫

唐代禪學盛大，禪風吹至畫壇，造就了一個劃時代的名家——王維。他家世信佛，禪機悟境，常流於字裡行間。禪宗對繪畫的影響，不但在形式上的改變，更重要的是創作思想的突破。王維首創潑墨山水畫，變鉤研之法而用渲談，意境淡遠空靈。所以蘇軾評論道：「細味摩詰之詩，詩中有畫；細觀其畫，畫中有詩。」他的詩中之畫和畫中之詩，無非就是禪境。比如他的花卉畫，不分四季，將桃、杏、芙蓉、蓮花同入一幅。評論家認爲：「意在塵外，怪生筆端」；「得心應手，意到便成，故造理入神。迥得天機，此難與俗人論也」。可見王維被尊爲南宗始祖，絕非偶然。

王維還將其心法傳之於張璪、王墨等人。張璪在當時名氣甚響，自稱其畫「外師造化，中得心源」。所以評論家認爲：張璪之畫「非畫也，眞道也。當其有事，已遣去機巧，意冥造化，而物在靈腑，不在耳目。」

這種從胸中自然流出的筆墨技法，其實正是禪家心性修養功夫。王墨以善潑墨而得名，作畫多在酒酣之後，隨意潑灑，或濃或淡，隨其形狀，應手隨意，得造化之功，無墨污之痕。他平時優游江湖之間，性多疏野，作畫時更是或笑或吟，瘋瘋顚顚，完全是禪僧的風格。

這一畫派在宋元更進一步發展，禪風法雨吹拂畫壇，荊浩、關仝、董源、巨然、范寬、江參等名家輩出。當時畫家中如論對禪法參悟之深刻，當推米芾父子。米芾曾說：「山水古今相師，以有出塵格者，因信筆作之，多煙雲掩映石，不取細意以便己。」這種覺悟，分明就是超佛越祖的境界了。

明淸兩代，佛教萎縮，畫壇也盛行擬古之風。有識之士總結畫史，認爲禪宗對繪畫藝術的發展確有十分重要的影響。董其昌說：「行年五十，方知此派（北宗）畫殊不可學，譬之禪定，積劫方成菩薩，非如董、巨、米三家，可一超直入如來地也。」這是將參禪與繪畫混爲一談，故稱「畫禪」。石濤更是鮮明地指出：作畫「在於墨海中立定精神，筆鋒下決出生活，尺幅上換去毛骨，混沌裡放出光明。縱使筆不筆，墨不墨，畫不畫，自有我在。」這位畫僧，實在是禪者的風格。

唐以來的中國繪畫史，每當禪宗昌盛，畫壇亦興旺；禪宗衰微，畫壇亦冷淸。富有創造性的國畫大師，大多受到禪宗思想的影響，其作品便也滲透著禪意。因此，欣賞一幅優秀的古畫，也好像是在參禪。

禪與茶道

誰都知道，茶葉具有提神醒腦、去暑解熱、生津止渴、消除疲勞的功效，這對於長期坐禪的佛敎徒來說，是十分有吸引力的。於是乎，寺院栽茶、飲茶成風，尤以禪宗爲最。唐宋禪院中都設有「茶寮」，供衆僧吃茶，並將各個寮舍司煎點茶的專職人員，稱作「茶說」。唐代封演在所著《封氏聞見錄》中，記載北宗禪系統泰山靈岩寺降魔禪師大興禪敎，「學禪務於不寐，又不餐食，皆許其飲茶。人自懷挾，到處煮飲，從此轉仿效，遂成風俗。」南宗禪系統亦重視飲茶。

宋釋道原在所著《景德傳燈錄》中，有這樣一段描述：「晨起洗手面盥漱了吃茶，吃茶了佛前禮拜，歸下去打睡了，起來洗手面盥漱了吃茶，吃茶了東事西事，上堂吃飯了盥漱，盥漱了吃茶，吃茶了東事西事。」眞是一天到晚吃茶，幹什麼都離不開茶。

也許讀者會問：「爲什麼是『吃茶』，而不是『喝茶』呢？」這是因爲，古代確實是用茶作餐菜食用或用茶煮粥食用的，魏晉時的「茗粥」，就是將茶炙焦搗成粉末，然後與小米一起煮熬而成，唐代習慣將茶和其他佐料混在一起吃。宋代大多把珍菜、菊花，龍腦等香料和茶窨在一起，吃起來香味更加濃郁。當然，現在「撮泡法」的喝茶形式，古代也早已有之。

唐代「茶禪」盛行，由此而會產生像陸羽這樣的「茶聖」，寫出像《茶經》這樣的權威著作。《茶經》對於茶的歷史、種植、加工以及茶具、飲茶風俗等，都有詳盡的敘述。宋代圓悟克勤認爲「茶禪一味」，眞是道出了茶和禪之間的密切關係。當然吃茶也是爲了參禪，所以唐代詩僧皎然在《飲茶歌誚崔石使君》中說：「三飲便得道，何須苦心破煩惱。」飲茶飲到能破煩惱，就已進入了禪境。

日本的「茶道」，是從中國傳入的，帶有濃厚的禪味。尤其是千利休，聲稱「茶道的眞諦在於草庵」。他所說的「草庵」，是指獨立於房屋主體建築外的小茶室。茶室力求簡樸。讓人有一種寧靜、肅穆感。在這樣的氛圍中飲茶，更能體現內在精神。

禪僧深諳「茶令人清，酒令人昏」的道理，所以喝茶之風能延續至今，適量飲茶有益健康，這早已被證實。唐宣宗大中年間，東都僧一百二十歲，宣宗問他吃了些什麼靈丹妙藥，能夠長生百歲。東都僧回答：「臣少也賤，素不知藥，性本好茶，至處唯茶是求，或出亦日遇百餘碗，如常日亦不下四五十碗。」東都僧可謂「豪飲」，一般讀者大可不必去仿效。

禪與養生

佛教認為，禪定有治病之效。隋釋智顗《釋禪波羅蜜次第法門》指出：「夫坐禪之法，若能善用心者，則四百四病自然瘥矣。」他還根據佛經中的說法，將疾病分為六類，即四大不調、飲食不節、坐禪不得法、鬼魔所侵及業病等。佛教認為，病是一種「業報」，因此人所難免，甚至成了佛，也還可能得病，比如釋迦牟尼也患有背痛等病。按照大乘佛經的說法，修學佛道可以將今生後世應受的果報化為眼前的小病小災，因此修習禪定者有病，也就被解釋成是修得有了成效。

坐禪者因為長時間入定，其生理活動受到抑制，能量逐漸消耗，所以會引起身體虛弱虧損，必須加以補養。一般來說，補養的方法有飲食藥物和禪觀兩種。《禪秘要法經》說：出家人修「一門觀」時，「當乞好美食及諸補藥以補身體」；修「四大觀」時，「當學觀空故，身虛心勞，應服酥及諸補藥」。

《禪秘要法經》又介紹了禪觀補養。稱作「補想觀」，其方法是：首先觀自身空似皮囊，接著觀頂門洞開，有許多天神手持金瓶，依次將瓶中的天藥灌入自己頭頂，逐漸充滿全身。修習補想觀三個月，下坐後再配合飲食藥物補養，便能使身體復原。

佛學所說的「世間禪」，有依次升進的八個層次，稱作「四禪四定」，即初禪、二禪、三禪、四禪和空處定、識處定、無所有所定、非想非非想處定。按照佛教的說法，入「四禪」者能自然超離慾界衆生共具的飲食男女睡眠之慾，但還有固定形態的物質身體存在，所以叫「色界四禪」。入「四定」者已無物質身體存在的意識，所以叫「無色界四定」。

上述「四禪四定」，到底是怎樣的境界呢？據說最低級的初禪，已與氣功學所說「入靜」的中級以上層次相當；至於二禪以上的定境，現代氣功學極少涉及，也很少有人能達到。但修禪對於身心的益處，是不容懷疑的。

懷教比較客觀：既強調修禪有益身心，能夠延年益壽；又指出人的肉體不可能長生不死，即使得道成佛，也不能永遠住世。釋迦牟尼是佛教創始人，是佛教界公認的佛，他八十歲圓寂了。那麼，修禪到底有沒有作用呢？有。佛教宣揚，修禪定至得四神足者，可以延壽至經劫。如《增一阿含經》說：「如來言：若比丘、比丘尼修四神足，欲住壽經劫，亦可得耳。」

佛經稱天地的形成至毀滅爲一劫。一劫可分爲四個階段：成劫（世界與有情產生時期）、住劫（世界與有情生存時期）、壞劫（水、風、火等災難毀滅世界時期）、空劫（世界消亡期）。延壽經劫的修禪者是否有，難以找到實例；但超過一般「天年」（以一百二十歲為限），活到數百歲的修禪者，便不乏其人了。

《印度佛教史》說龍樹住世六百七十一歲。《宋高僧傳》說印度那爛陀寺達摩鞠多，「顏如四十許，其實八百歲，玄奘三藏昔曾見之。」該書又說慧昭二百九十歲後，遁去不知所終。

《宋高僧傳》載有不少高僧事迹，其中大多是高壽，如寶安一百八十二歲，志鴻一百零八歲，惠秀一百歲，神秀一百歲，善無畏九十九歲，金地藏九十九歲，圓修九十九歲，禮宗九十七歲，智慧九十五歲，懷海九十五歲，出家人長壽，除了他們修習禪定外，還有生活方式及心理、生理等多方面原因。

禪與文人

禪宗對世俗社會的影響，很重要的一點是文人學子盛行參禪。宋代周必大曾評述道：「自唐以來，禪學日盛，才智之士，往往出乎其間。」

唐代禪風盛行，文學家如韓愈、柳宗元，詩人如李白、王勃、白居易、劉禹錫，書法家如顏眞卿，畫家如王維……，等等，都與禪師交往，加入到參禪者的行列中。安史之亂前，唐王朝處於鼎盛時期，佛教只是點綴而已。安史之亂後，唐王朝走了下坡路，不少文人爲逃避現實，便轉向禪宗，以求精神上的寄托。甚至連偉大的現實主義詩人杜甫，也隨波逐流成爲禪宗信徒。

唐末五代長期的戰爭動亂，對文人士大夫的地位帶來威脅。宋代表面繁榮，無法掩蓋其嚴重的內憂外患。無休無止的新法舊法之爭、新黨舊黨之鬥，結局都一樣的殘酷無情。面對變幻莫測的人生、難以逆料的世事，歐陽修、王安石、富弼、楊億、楊杰、蘇軾、黃庭堅、張商英、張九成等文人士大夫，都有脫離世俗、潛心參禪之舉。

王安石晚年作詩云：「身如泡沫亦如風，刀割香涂共一空；宴坐世間觀此理，維摩雖病有神通。」

金元時代文人中，耶律楚材參禪最勤，成就最高。他拜著名禪師萬松行秀爲師，在跟隨成吉思汗西征途中，以「治天下匠」自居。後來他官居宰相，強調「以儒治國，以佛治心」。從政之餘，寫了不少與禪學有關的作品。

明代官方曾對佛教進行整頓，試圖割斷佛教與世俗的聯繫。禪宗雖已「江河日下」，但文人學士濳引禪宗教義、援用禪語者屢見不鮮。王陽明以禪學的心性論建立起「陽明學」，用禪宗的機鋒來宣揚儒家的倫理觀念，征引禪宗公案、模仿禪師動作進行講學。袁宏道則認爲王陽明以儒濫禪，後學以禪濫儒，結果弄得「不獨禪不成禪，而儒亦不成儒」。他主張參禪不必拘泥於形迹，應該有獨創的見解。

清代開國皇帝順治，據說有「逃禪」之舉。在流傳於佛教界的《順治皇帝悟道偈》中，有「吾本西方一衲子，爲何落在帝王家」的說法。從有清至現代，文人受禪宗影響者頗衆。如嚴復的禪學思想闡述變法維新的主張，康有爲糅合儒、佛及資產階級人性論而提出「大同」思想，胡適有以敦煌寫本研究中國禪宗史的首創之功。其他如譚嗣同、章太炎、蔡元培、梁啓超、丁福保、李叔同等近現代著名知識分子，都不同程序地受到禪學思想的影響。

（羅偉國）

禪與人生

什麼是「禪」？這是梵文的意譯，如果譯成漢語，意思是「靜慮」、「棄惡」或「思維修」等。「禪」起源於印度，其原意即指靜坐斂心，正思審慮，以達定慧均等狀態。「禪」的實質是體驗人生，貼近人生的，它無非是要使人們的思想合於眞理，行爲合於道德，旨在教人持戒修善，息滅煩惱。

「禪」自傳入中國後，幾經改造與演變，盛行上千年，至今綿延不絕。它同政治、經濟、軍事、法律、文學藝術等，有著千絲萬縷的聯繫。並滲透到人類生活的各個層次，從而對人的品德、智慧、才幹、意志、感情、倫理、言行等，產生了或深或淺的影響。

禪與品德

古往今來，一切正直之人，都注重品德修養。《尚書·周官》云：「作德，心逸日休；作僞，心勞日拙。」這裡將「德」與「僞」對舉，有德之士總是能順利，虛僞之人畢竟會困窘。

《老子》云：「行於大道，唯施是畏。」智者若老子，在大道上行走，還萬分警惕，惟恐走入邪道。《孟子·公孫丑上》云：「君子莫於乎與人爲善。」孟子是將「與人爲善」作爲君子的標準。《韓非子·說林上》云：「巧詐不如拙誠。」韓非子認爲智巧而詐僞不如笨拙而誠實。韓愈《鄆州溪堂詩序》云：「惡絕於心，仁形於色。」他強調的是杜絕惡念，爲人仁厚。歐陽修《三年無改問》云：「爾心貴正，正則不敢私。」他主張的是做人以正直爲貴。

上述先哲所云，從不同的角度，講述了作爲一個高尚的人所應具的品德。品德，與禪有什麼關係呢？請不要忘了，「禪」可意譯爲「棄惡」。棄惡即是一種美德——反映智者內心世界的美德。

人們經常談到心，無論是心地善良的人，心懷叵測的人，人人都有一顆心。高興了稱「心花怒放」，失望了稱「心灰意懶」，焦急了稱「心急火燎」，害怕了稱「心驚肉跳」，理解了稱「心神領會」，服意了稱「心悅誠服」，滿意了稱「心滿意足」，洞察事物稱「心明眼亮」，性情直爽稱「心直口快」，思緒不定稱「心猿意馬」，突然想做某事稱「心血來潮」，甘願受苦吃虧稱「心甘情願」，向往某個地方稱「心馳神往」……心是人和高等動物身體內推動血液循環的器官，它的形狀如同一朵倒掛的蓮花。

但我們平時所說的「心」，並不是肉團的心，而是一種意識。正是這種意識，代表了一個人的道德品質。

佛教認為，人心充滿虛空，周遍法界。《楞嚴經》云：「十方虛空，在我心內，如同片雲，點太清裡。」虛空無邊無際，但它在我們心裡，如同一片小小的雲朵在清明的太空一樣，顯得十分渺小，內而根身，外而器界，都是由心所產生出來的。一個人的品德，當然是心的派生，心的體現。佛教的品德要求，就是自度度他，普渡眾生。既要普渡眾生，就必須「諸惡莫作，眾善奉行」。

人是自然人，同時又是社會人。作為社會的一份子，離開社會其他成員的奉獻、服務，就無法生存；作為圖報，每個人都應該奉獻於社會，服務於他人。當國家召喚的時候，當別人需要幫助的時候，就應該義不容辭地挺身而出，報效國家，幫助他人。這才是眞正高尙的品德！禪要求人們無私，如確能做到無私，則能品嘗心安理得、毫無煩惱的眞味。

禪與智慧

每個人都想聰明一點，充滿智慧。從古到今，人們都在追求智慧，探討智慧。《老子》云：「知人者智，自知者明。」韓愈《與衛中行書》云：「智能謀，力能任。」蘇軾《代侯公說項羽辭》云：「夫智貴乎早決，勇貴乎必爲。」智慧所要度脫的，是世人的愚痴。但並不是智者便絕無愚蠢之處。《詩經·大雅·抑》就說：「靡哲不愚」，意謂沒有一個聰明人沒有愚昧的時候。《壇經》則反過來說：「下下人有上上智」，意謂社會層次再低的人，也會有很高的智能。我們從古人的論述中，可以了解什麼是智慧，也看到了智慧與愚蠢的辯證關係。

佛教將智慧作爲「六度」之一，認爲它就像一艘船，能把人們從愚痴無知的此岸，渡到聰明徹悟的彼岸。但智慧有「眞智」與「俗智」之分。《佛性論》指出：「般若有二：一無分別眞智，二有分別俗智。」所謂「眞智」，是以「假有性空」爲前提，並將這種理論作爲觀察世界一切事物的基本觀點，從而使之不起分別之想。所謂「俗智」，就是將世界看作有尊卑貴賤差別，認爲官比民好，富比窮好，高比低好，大比小好，美比醜好，從而常起分別之想。只要有這種「分別之想」，就會處卑賤而不安份，處尊貴而不滿足，時時攀比，常常有「此山望著那山高」的痛苦，而無法享受「知足常樂」的歡愉。有些人確實很聰明，但他爲了升官、發財等目的，便把「聰明」用在吹牛、拍馬、偷竊、貪污、騙人等上面，這便是「俗智」扭曲的反映了。有些人雖有一技之長，卻不去充分發揮，看到人家發財了，便心理不平衡，遂隨波逐流、揚短避長，這也是「俗智」的反映。

人如果存有「分別之想」，實質上就是套上了精神枷鎖。人一旦被貴賤、榮辱、貧富、美醜、智慧、善惡等困擾，智慧就不起作用，更無快樂可言。只有徹底打碎「分別之想」，才能無所牽掛，無所煩惱，活得自在，活得瀟灑了。

禪與意志

人們都知道，要做大事者，沒有堅強的意志是不行的。在現實生活中，沒有鍥而不捨的精神，做任何事都不可能成功。

《周易·乾》云：「天行健，君子以自強不息。」強調了奮進的重要意義。《老子》云：「勝人者有力，自勝者強。」這是說：能戰勝別人的，只有力而已；能戰勝自己的，才是眞正的強者。《荀子・勸學》云：「騏驥一躍，不能十步；駑馬十駕，功在不捨。」說明要達到目的，一定要不斷地努力。《抱朴子・崇教》云：「學之廣在於不倦，不倦在於固志。」這說的是：要想知廣博，必須學而不倦；能夠做到學而不倦，必須有堅定的意志。賈島《劍客》詩云：「十年磨一劍」。說明做成一樁事多麼不易。古人從各個不同的角度，闡述了奮進、專一的精神狀態，對於成功是何等重要！而且，即使取得了一定的成功，意志也不能鬆懈，正如《景德傳燈錄》中所說的：「百丈竿頭不動人，雖然得入未爲眞；百丈竿頭須進步，十方世界是全身。」

佛教認爲，世上的一切，都是隨心所感，隨願所成。省庵大師《勸發菩提心文》指出：「……入道要門，發心爲首；修行急務，立願居先。」釋迦牟尼能夠得道成佛，就是發廣大心、立堅固願，並通過精進修行而成功的。善財童子能夠得「一切佛剎微塵數三昧門」，就是立願參悟，不辭艱辛，遍訪五十三位「善知識」，而成就「菩薩行願」的。

清代學者彭端淑《爲學一首示子侄》中，講了這樣一個故事：在四川一座山上，有兩個和尙，一個貧窮，一個富有。一天，窮和尙對富和尙說：「我想到觀音菩薩道場普陀山去朝聖，你看怎麼樣？」富和尙問道：「你有盤纏嗎？」窮和尙回答：「我只要一隻瓶子和一隻飯鉢就行了。」富和尙不屑一顧地說：「我多年來積蓄錢財，想買條船去普陀山，至今還沒有辦到；你憑一隻瓶子一隻飯鉢就想遠行，怎麼辦得到呢？」沒想到，第二年窮和尚從普陀山回來了，當他將朝拜普陀山的經過告訴富和尚時，富和尚的臉上露出了羞愧的神色。從四川到普陀山，有數千里之遙，富和尚去不了，窮和尚卻去成了。他憑的是什麼？無非是堅定的信仰和意志。

歷史上，無論是有作爲的政治家、軍事家，如卧薪嘗膽的勾踐、草船借箭的諸葛亮，還是有成就的文學家、科學家，如撰寫《史記》的司馬遷、撰寫《夢溪筆談》的沈括，無不有堅強的意志。在現實生活中，要想闖一番事業、出一些成果，沒有必勝的信心、堅強的意志，是不可能成功的。意志也是禪的土壤中生出的一片綠葉，它不是用幻想，不是用僥幸，而是用辛勤的汗水澆灌而成。

用禪的方法去思考，就能夠悟出：只要有百折不回的毅力，就會有水到渠成的一天。也不要爲成功到來太晚而慚愧，現代大文豪魯迅說得好：「即使慢，馳而不息，縱令落後，縱令失敗，但一定可以達到他所向的目標。」其間的禪味，值得玩味。

禪與感情

人皆有七情六慾，這一點連主張「四大皆空」的佛家也不否認。在詩人騷客的筆下，歡樂、憂愁、悲痛、怨恨、憤怒、後悔、恐懼等各種情感，都有充分的展示。說到歡樂，唐代王維云：「花迎喜氣皆知笑」，唐化孟郊云：「春風得意馬蹄疾」，眞是心曠神怡，好不自在；說到憂愁，唐代李白云：「一水牽愁萬里長」，宋代辛棄疾云：「欲上高樓去避愁」，眞是愁思綿綿，何以爲避；說到悲痛，元代高明云：「好似和針吞卻線，刺人腸肚繫人心」，清代曹雪芹云：「失意人逢失意事，新啼痕間舊啼痕」，眞是痛苦難熬，度日如年；說到怨恨，唐代白居易云：「紅顏未老恩先斷」，南唐李煜云：「人生長恨水長東」，眞是沉恨細怨，誰人能知？這些帶有豐富感情色彩的詩句，其實都是人們在特定環境中的心理反映。

如果沉緬於某種感情中不能自拔，就有可能使自己越陷越深：太高興，會得意忘形；太憂愁，會「白了少年頭」；太傷心，會有損健康。而且，感情也是會轉化的，豈不聞「樂極生悲」的說法？禪的奧義，就是不靈聲色地告訴人們：「夢幻泡影，知既往之無本；地水風水，悟本來之不有。」按照禪的說法，喜怒哀樂，皆是妄念所生，將此參透，也就心安理得，無所煩惱了。

在這個世界上，快樂不一定人人有，而煩惱卻每個人都有。窮人的煩惱，是愁吃愁穿；富人的煩惱，是害怕財產被盜，是考慮遺產怎樣分配才不至於親人反目；單身漢的煩惱，是沒有找到終身伴侶；結婚以後的煩惱，是有家庭的束縛……煩惱大多是主觀感情，有時是自尋煩惱。

《中國佛門的大智慧》中，有這樣一個充滿禪理的故事：從前有個老太，不管天晴也哭，天雨也哭，一年三百六十五天，幾乎天天都在哭泣中度過，人家都管她叫「哭婆」。一次，有個高僧問她：「大媽，你幹嘛每天哭個不停？」「我生了兩個女兒，大女兒嫁給賣鞋的，小女兒嫁給賣傘的。」「這不很好嗎？」「虧你說好。天晴了，小女兒的傘賣不出去；天雨了，誰來買大女兒的鞋？眞是愁死我了。」「大媽，一點也別愁。你應該這樣想想：天晴了，大女兒的鞋店生意就興隆；天雨了小女兒的雨傘就來了銷路。這不很好嗎？」「啊，原是這樣！我怎麼沒想到呢？」老太經高僧一點撥，不禁喜上眉梢，樂滋滋的。

從此，她天晴也笑，天雨也笑，臉上的愁雲不知跑到哪兒去了。同樣一樁事物，你從不同的角度去看待它，你用不同的思維方法去研究它，便會得出全然不同的結論。那位老太天晴也哭，天雨也哭，實在是自尋煩惱。高僧並沒有改變現狀，只是調整了她問題的視角，就使她破涕爲笑、轉憂爲喜。

禪的奧妙之處，就是盡力地去體察，體察生活是美好的，人生是多彩的，前途是光明的，千萬不要被煩惱所困擾。

當然，人生難免受到煩惱的糾纏，問題是怎樣從這種糾纏中解脫出來。而且，煩惱也是一種鍛鍊人的過程。佛教認爲：「煩惱即菩提」，這是說，煩惱是通向智慧、覺悟的必由之路。我們每個人，一旦陷入煩惱，就會顯得煩躁、不安；而從煩惱中走出，就顯得深沉、成熟了。

禪與倫理

中國人對倫理之看重，是舉世聞名的。作爲一個歷史悠久的文明古國，作爲一個文化發達的禮儀之邦，中國人講究的就是道德、道義、仁義和禮儀。《論語·里仁》云：「朝聞道，夕死可矣。」可見在孔夫子眼裡，「道」比生還重要。《墨子·耕柱》云：「義，天下之良寶也。」墨翟將義比作天下最寶貴的東西。《孟子·公孫丑上》云：「惻隱之心，仁之端也；羞惡之心，義之端也；辭讓之心，禮之端也；是非之心，智之端也。」孟子對仁、義、禮、智的萌生，可謂說得言簡意賅，透徹明瞭。《春秋繁露·仁義法》云：「仁之法在愛人，不在愛我；義之法在正我，不在正人。」董仲舒對仁義的看法，強調的是注重自我的要求。《禮記·曲禮上》云：「禮尚往來。往而不來，非禮也；來而不往，亦非禮也。」這裡強調的是人際交往的重要性。蘇轍《王衍》云：「由禮以達道，則自得而不眩。」這是蘇轍由禮達道的心得。

上述智者所云，都是爲人處世的倫理：做人不可無道，交友不可無義，行事不可無禮，……而一個「仁」字，則是當一個正人君子的基本標準。

在中國封建社會，仁、義、禮、智、信「五常」是倫理觀念的根本。而佛教的「五戒」，與這「五常」有異曲同工之妙：一、「不殺生」，反對以任何方式傷害各種生命，強調生命都是平等的，同於「仁」；二、「不偸盜」，反對侵犯、非法獲取他人財物，強調不要不義之財，同於「義」；三、「不邪淫」，反對不正當的男女關係，強調純潔的倫理關係，同於「禮」；四、「不妄語」，反對虛僞客套，強調個人和群體的互相信任和了解，同於「信」；五、「不飮酒」，反對烈酒的刺激，強調保證個人的精神安寧和社會氣氛的和諧，同於「智」。

當然，以今天的眼光來看，「五常」與「五戒」都有其局限性，帶有封建的或宗敎的色彩。但如果我們撇開其糟粕，擷取其精華，就可以獲得不少有益的東西。比如「仁」，我們確實應該與人爲善，保護人民的利益，保護對人類有益的生物；而對於社會渣滓、民族敗類必須打擊，對危害人類的生物必須消滅。對壞人講「仁」，那是愚蠢的，反而會害人、害己。

在封建社會，注重綱常倫理，其實是爲了維持一種封建秩序。而佛門別具慧識，以禪理析解倫理，以免偏執之心，分別之想。禪學認爲：一切衆生悉皆平等。父子之間、夫妻之間、朋友之間、同事之間、師生之間、幹群之間，都應該是平等的。然而這種平等，不是無原則的。以父子關係而言，按照中國封建的倫理觀念，兒子應該絕對服從老子，不然便被視爲忤逆。

一九九三年四月二十五日《新民晚報》，有一篇題爲《炒老子》的文章，頗有意思：

「某個體業主承包了一家生麵加工廠，由於打出的的麵條細白光滑，受到了附近一帶居民的青睞，生意紅火得很，個體戶主也忙得夠嗆，不得已，把六十開外的老子請來打工，相幫做些稱秤、收款、拌粉、揉麵的事情，兒子頓覺輕鬆了許多。誰料好景不長，來自農村的老子不知是愛惜糧食還是別的什麼原因，幾次三番把昨天剩下的麵條摻和在當天的麵條裡賣出去，因而引起了顧客的不滿，退貨的退貨，吵架的吵架，甚至要到工商管理部門去告狀。兒子一火，便責令老子立刻打道回府，硬是一點不留情面。」

我覺得這個個體戶主很有魄力，炒魷魚炒到有養育之恩的老子頭上。

有些人會認爲他冷酷無情，但如果他恪守古禮，消費者的利益就會受到損害，這家生麵加工廠也遲早會完蛋。這個兒子做出果斷的抉擇，不受封建倫理束縛，不在乎流言，實在很有點禪味。

禪與言行

人的言行，反映一個人的思想、情操、修養、學識。當然，也有人言不由衷，口是心非；或者說違心話，做違心事。但這也是一個人在特定環境中的表現，從而反映出一個人的品格和處世哲學。

所以《春秋穀梁傳》云：「人之所以爲人者，言也。人而不能言，何以爲人。」也許這種說法是過分了一點，但言行的重要性古人確實屢屢論及。

《老子》云：「美言可以市云，尊行可以加人。」說的是漂亮的言辭可以換取信任，漂亮的行爲可以出人頭地。《論語・子路》云：「一言而可以興邦」。說的是一句話可以振興國家。《韓非子・初見秦》云：「不知而言，不智；知而不言，不忠。」道出了言與不言該掌握的準則。

《史記・孫子吳起傳》云：「能行之者未必能言，能言之者未必能行。」分析了言與行的難以兩全。宋代蘇軾《上文侍中論強盜賞錢書》云：「人微言輕，恐不見省。」說出了地位低下的人，言論主張不被重視的苦衷。

宋代蘇轍《劉摯右丞》云：「以言責人甚易，以義持己實難。」點明了人們在處理言行時的一個弱點。明代朱柏廬《治家格言》云：「處世戒多言，言多必失。」這又說出了出言須愼重的道理。對於言行的分析，先哲所云極是。

佛門提出「不妄語」，也是對出家人言辭的告戒。當然，佛教所有的戒律，都是對其信徒言行的約束。禪宗的「不立文字」、「以心傳心」，其實是一種無聲的語言，是在更高層次上的傳授，故而能心領神會，燈燈相傳。

據說從前有一位老和尙，雲遊四方，參訪明師。有一天，他趕了許多路，途中到一戶居士家化齋。這家主人是一位女居士，見有大德高僧光臨，便熱情地設齋供養，並恭敬地請老和尙升座說法。哪裡知道這位老和尙卻是不會說法的。他面紅耳赤，慨嘆自己的尷尬，在不知不覺中，嘆出一個「苦」字來。說來也奇怪，那位女居士，正恭恭敬敬地伏跪在地，一聽老和尙發出個「苦」聲，立刻回光返照，靜心思維。

她想道：自己小時候受父母管束，不得自由；長大出嫁，又被丈夫管束，也不自由；後來生兒育女，受著家庭的束縛和生活的煎熬，可謂吃盡了苦頭。想到這裡，不覺悲從心底起，失聲痛哭不停。

此時老和尙好像墮在五里霧中，不知她爲何而哭，又無從勸起，乾脆不辭而別。那位女居士因思維苦而忘情，竟入了苦諦的三昧，當她沉思幾個小時後從地上站起，正要禮謝老和尙，但已不見他的人影。

她便對家人說：「這位高僧開示我一個『苦』字，讓我終身受用不盡。」從此，這位女居士知道要斷生死的苦果，必須先斷惑業的集因，並勤奮修習戒、定、慧「三學」，找到了通達涅槃的門戶。

那位老和尚無意中說出的一個「苦」字，居然能影響一個人的人生之路，可見言語的作用是多麼大！而哲言妙語要發揮作用，關鍵是受者怎樣去理解、怎樣去領悟。

在日常生活中，老師的一言一行，對學生有巨大的示範作用；父母的一舉一動，對子女有潛移默化作用。孩子在模仿中領悟，在領悟中模仿，豁然開朗，從而昇華到一個新的境界——這也是禪的一種思維的方式。人們時或被某句話或某種行爲所啓發，忽然明白了一樁事理，看透了一個問題，常喜歡說「恍然大悟」，這也是一種禪的境界。

禪與處世

作爲一個社會人，難免有人際交往：家庭、同學、同事、朋友……各種錯綜複雜的社會關係，像一張巨大的網，把你罩在裡面，任你有天大的本事，也掙脫不了。於是，公關之學、處世之道，在每個人面前都放著一份答卷。

答案呢？古人的論述，可供參考。

《老子》云:「禍莫大於不知足，咎莫大於欲得。」確實，災禍常因不知足而引起，罪過皆爲貪婪而造成。

《左傳·閔公二年》云:「無德而祿，殃也。」沒有才德而享受俸祿，能平安無事嗎?

《禮記·曲禮上》云:「入境而問禁，入國而問俗，入門而問諱。」到了一處你所不熟悉的地方，先了解法令或風俗不允許的事項及所忌諱的事物，總是有利的。

南朝梁代周興嗣《千字文》云:「禍因惡和?福緣善慶。」這說的是善惡終有報應。

《北史·袁聿修傳》云:「瓜田李下，古人所慎。」若人嫌疑之處，總是少去爲好。

《世說新語·識鑒》云:「以明防前，以智慮後。」凡事確實應該思前顧後，考慮周到。

明代馮夢龍《驚世通言·王安石三難蘇學士》云:「勢不可使盡，福不可享盡，便宜不可占盡，聰明不可用盡。」這說的是物極必反的道理。

清代程允升《幼學瓊林·歲時》云:「可憎者人情冷暖，可厭者世態炎涼。」世態人情如果冷若冰霜，確實讓人憎惡。處世、交友、待人，都應以誠爲宗旨，以信爲支柱。如果採用欺騙手法，存有害人之心，再加上永難滿足的貪慾，即使得逞於一時，但最終必然沒有好結果。

處世的一個重要點，是處理好人際關係。在生活中，我們可以感覺到，無論是誰，他的每一種行爲，都會產生相應的作用力，從而引起反作用力，反饋到行爲者的身上。如果你是一個營業員，對顧客笑臉相迎，周到服務，一般來說，顧客也會以笑臉回報。如果你是一個領導，與下屬同甘共苦，肝膽相照，一般來說，下屬也以赤誠回報。

佛教所宣揚的「因果報應」，其實也是這個道理，即認爲某人現在所遭受的災難，是自己或祖先的現世或前世的惡行的後果。因而要解脫痛苦，必須積德行善，爲自己、也爲子孫造福。

處世之道，首先必須重視道德修養，尊重他人，即使與比自己地位低的人相交，也要以禮相待。比如《容齋隨筆》中敘述了一個「風度儒雅，立身清肅」的陸慧曉，他位居王府長史，但從不盛氣凌人。每逢下屬僚佐造訪，他都要離座親自迎送，即使對最低級的小吏也很禮貌。

曾有人問他：「您位居長史高位，下屬對您恭敬是應該的，您何必要屈尊就卑呢？」陸慧曉回答：「謙屈有禮，是我們文明古國的傳統美德。一個人不管官位多高，如果粗暴待人，便會產生刺傷對方自尊心、貽誤公事以及敗壞社會風氣等弊端，同時也暴露出自己情操之猥瑣。」

陸慧曉說得有一定道理，自高自大，眼睛長在頭頂上的人，怎麼可能有知心朋友呢？禪宗強調衆生平等，何況人與人之間呢？

人生在世，既要證實自身存在的價值，亦要重視別人存在的價值。以平等心待人，便能享受同甘共苦的樂趣。處世的學問，也充滿了禪機。

宗教是一種社會歷史現象，是人的社會意識的一種形態，感到不能掌握自己命運的人們面對自然、社會和人生時的自我意識或自我感覺，因而企求某種超自然的力量作爲命運的依托和精神歸宿。

這裡並非提供人人都去學禪，而是旨在說明禪與人生關係之密切，人們也可以從禪宗所提倡的某些思想和行爲規範中吸取某些有益的哲理。

（羅偉國）

附一　新譯白話《壇經》

行由品第一

當時慧能大師到寶林寺，韶州地方長官韋璩刺史的屬官們進山，禮請大師出山，到城中大梵寺講堂，爲信衆開導人生宣講佛法。

六祖大師登上講台，韋刺史和屬官們三十多人，儒士學者三十多人，比丘、比丘尼，以及老百姓一千多人，一齊向慧能大師行禮，希望能夠聽到佛法的要旨。

慧能大師告訴大家說：各位善知識，佛的本性，原本清淨，只要運用這心，就可直接成佛。各位善知識們，且聽我慧能怎樣獲得佛法。

我慧能的老爸，原籍范陽，後來被遷降流放到嶺南地方，從此爲新州百姓。我慧能不幸，父親早死，留下老母和我孤兒，遷來南海地界。只因生活貧困無著，所以從小就在集市上幹起了賣柴的活。當時有個客人買柴，讓我送到客店。客人收柴，慧能得錢，回身走出店門，撞見有個客人正在誦經，我慧能一聽經上的話，心就開悟。於是問道：「客人你誦的是什麼經？」

客人回答：「我誦的是《金剛經》。」

我又問道：「你客人從哪裡來？能夠奉持這佛經？」

客人答道：「我從蘄州黃梅縣東禪寺來，東禪寺是禪宗五祖弘忍大師主持教化衆生的地方，弟子們多達一千多人。我到弘忍大師那兒禮拜，就聽受了這部佛經。弘忍大師經常勸導僧衆百姓：只要誦持《金剛經》，就能夠自己認識佛性，直接成佛。」

我聽了客人的話，也是前生有緣，承蒙有位客人，拿了十兩銀子，送給我慧能，讓我回去安置老母衣食生活，然後到黃梅縣東禪寺參拜五祖大師。

我慧能安置好老母後，就辭別母親。走了不到三十多天，終於來到黃梅縣，拜見五祖弘忍大師。

五祖問：「你是何方人氏？想求什麼？」

我慧能回答說：「弟子是嶺南新州百姓，從大老遠趕來拜見師父，只求成佛，不求其他。」

五祖說：「你是嶺南人，又是沒有開化的獦獠，怎麼能夠成佛？」

我慧能聽後說：「人雖有南北，佛性沒有南北。沒有開化的獦獠與你大和尚雖然不一樣，可是佛性又有什麼差別？」

五祖還想和我交談，因見邊上站著好多徒弟，隨侍左右，於是就讓我跟大家一起幹活。

慧能說：「慧能啓稟和尙，弟子自心常常生出智慧，認識到不離開自己的本性，就是福田。不知和尙教我幹什麼事？」

五祖說：「這個沒開化的人根性很聰明。現在你別再說，就到後院槽廠裡去。」

我慧能從五祖那裡退出來到後院，有個行者，派我劈柴踏碓，這樣過了八個多月。

五祖一天忽然看到慧能說：「我想你的看法很有道理，因爲怕有壞人害你，所以不再和你交談，你知道嗎？」

我慧能回答說：「弟子也知道大師心願，不敢來到大堂前頭，這樣別人就覺察不到。」

五祖一天把弟子們全都召來說：「我告訴你們，世上人把生死問題看得很重。你們整天只是追求福田，不考慮脫離生死苦海。如果迷失自性，福田怎麼能夠救你？你們各位回去自己看取智慧，用自己本心的般若佛性，各做一首詩偈，拿來呈給我看。如果有誰悟徹佛法大意，就交付給你們衣鉢，成爲第六代祖師。你們趕快去做，不得遲誤。費心思量就不頂用，因爲見到佛性的人，言談之間就能明白。假如這樣的人，就是輪刀上陣，也能見佛。」

僧衆們聽完吩咐，回來互相議論道：「我們這些人，不必澄下心來搜索枯腸作偈，交呈和尙，有何用處？神秀上座現在是教授師，六祖之位一定由他獲得。我輩亂作偈頌，白費心力。」

僧衆們聽到這些議論，全都死了心兒，都說：「我們今後依靠神秀師父，何必煩心作偈？」

神秀心想：

「大家不交偈的意思，是因爲我是他們的教授師，我必須作首偈頌呈交五祖和尚。如果不交偈，五祖和尚怎麼知道我心裡見解的深淺呢？我呈交偈頌的目的，要是在於求法心就向善，如果爲了獲取祖師地位心就向惡了，這和普通人爭奪聖位又有什麼不同？假如我不呈交偈頌，終將不能獲得佛法。眞是實在太難了。」

五祖大師堂前，有三間走廊，打算請畫師盧珍供奉給畫上《楞伽經》經文故事，以及禪宗五位祖師血脈傳承關係圖，以便流傳世間受人供養。

神秀做好偈頌，好幾次想呈交五祖，每次走到祖堂前，總是心裡恍惚不安，滿身是汗，想呈又不敢呈。這樣前後經過四天，一連十三次都沒有勇氣將偈呈上。

神秀又想，不如把偈寫在走廊壁上，由他和尚自己來看。如果五祖看後忽然說做得好，我就出來行禮叩拜，說是我神秀所說；假如五祖說這偈不行，那就算我白白在山多年，受人尊敬，還不知修到了什麼道行。

這天半夜三更，神秀不讓別人知道，親自執燈燭，把偈寫在走廊南牆上面，呈上自己心裡的見解。偈說：

身是菩提樹，心如明鏡台。
時時勤拂拭，勿使惹塵埃。

神秀寫完偈頌，回到房裡，沒人知道。

這時神秀又想，五祖明天天亮，要是看到偈頌高興，那就算我神秀和佛法有緣分；如果說不行，那就是我迷惑不悟，前生罪孽深重，不該獲得佛法。眞是聖人心意難測。神秀在房裡思來想去，坐也不好睡也不好，一直折騰到五更天。

五祖早就知道神秀還沒眞正走進禪門，看不到自己的本性。天亮後，五祖把盧供奉叫到寺裡，請他在走廊南面牆上繪製經變圖畫，抬頭忽見神秀所寫偈頌。五祖見此抱歉地對盧供奉說：「供奉請不必再畫了，勞駕你從大老遠趕來。佛經說：『大凡所有形相，都屬虛妄不實。』現在且留下這首偈頌，好讓人們誦讀學習。要是照著這首詩偈修行，將可避免墜進惡道；按照這首詩偈修行，就有很大利益。」

說完，五祖讓弟子們焚香敬禮，全都誦讀這首偈頌，就可以獲見自性。弟子們念頌此偈，紛紛歡喜稱嘆：「好啊！」

五祖半夜三更把神秀叫到法堂，問道：「這首偈頌可是你做的嗎？」

神秀說：「確實是我神秀所做，我不敢妄想求得祖師之位；希望大和尚慈悲爲懷，看看弟子多少還有點智慧嗎？」

五祖說：「你做的這首偈頌，還沒認識本性，只是到了門外，尙未進門。若是如此見解，想覓至高無上佛道，全不可得。至高無上的佛道，須能當下認見自己本心，看到自己本性。無生無滅，在任何時候，每一個念頭裡都能自己認見。萬物相通無阻，一樣眞了樣樣都眞。萬種境界彼此相同如一，相同如一的心，就是眞實。假如有了這樣的見解，就是至高無上佛道的自性。你暫且回去，再思考一、二天，重新做首偈頌，拿來我看。你的偈如果做得入門，就交付你衣鉢佛法。」

神秀向五祖行禮後退了出來。又過了幾天，偈沒做成，心裡恍恍惚惚，神思不安，就像夢裡一樣，不管是行是坐都悶悶不樂。

又過了兩天，有個孩子從碓坊走過，孩子高聲唱頌神秀寫的那首偈頌。慧能一聽，就知道這首偈頌沒有獲見本性。慧能雖然沒有受過誰的教授，可是早就認識佛法大意，於是就問孩童：「你誦的是什麼偈？」

小孩說：「你這沒開化人不知道。五祖大師說：世上把生死問題看得很重，他想傳付本門衣鉢，讓弟子們作偈來看，如果誰能悟明佛法大意，就傳付給他衣鉢，成爲第六代祖師。神秀上座在走廊南牆壁上，寫了一首《無相偈》，五祖大師讓大家都來誦讀，然後按照這首偈頌修行，可以避免墮進惡道；按照這首偈修行，可以獲得很大利益。」

慧能說：「我也要誦讀這首偈，以結來世的緣分。上人，我在這裡踏碓，已有八個多月沒到祖師堂前。希望上人將我帶到這首偈前行禮叩拜。」小孩就把慧能帶到偈前行禮叩拜。慧能說：「我慧能不識字，請上人給我讀一遍。」

這時有江州別駕官，姓張名叫日用，就高聲朗讀起來。慧能聽後，就說：「我也有一首偈頌，希望你別駕替我寫下來。」

別駕說：「你也要作偈，眞是希罕事。」

慧能對別駕說：「想要學習至高無上的佛道，不可輕視初學的人。地位最低的人有超常的智慧，地位最高的人常會埋沒智慧。如果輕視別人，就會有數不盡看不到邊的罪過。」

別駕說：「你只管讀偈，我爲你寫。你如果獲得佛法，先應該幫我解脫，不要忘了這話。」

慧能偈頌說：

菩提本無樹，明鏡亦非台。
本來無一物，何處惹塵埃。

別駕寫好偈頌，弟子們全都爲之驚嘆，無不感到嗟訝，都彼此說：「眞是奇跡呀，人不可貌相。他來到這裡沒有多久，莫非就是肉身菩薩？」

五祖看到大家驚訝，恐怕有人害他，於是拿鞋將偈擦掉。並對大家說：「這偈也沒有窺見佛性。」大家也覺得是這樣。

第二天，五祖悄悄來到碓場，看到慧能彎著腰在那裡舂米，就對他說：「追求佛道的人，爲了佛法，忘了自己，應該這樣嗎？」於是就問：「米熟了沒有？」

慧能說：「米已熟了好久，就欠篩子。」

五祖用柱杖敲了三下石碓就走了。慧能當下明白了五祖的心意，三更敲響，悄悄來到五祖住室。

五祖用袈裟將慧能圍裹起來，不讓別人看到，爲慧能講說《金剛經》，當講到「應無所住而生其心」時，慧能立時徹底明白，一切事物都離不開人的自性，於是啓問五祖：「我爲何沒有想到自性原本淸淨，我爲何沒有想到自性原本不生不滅，我爲何沒有想到自性原本自足圓滿，我爲何沒有想到自性原本不動不搖，我爲何沒有想到自心能生萬物？」

五祖知道慧能已經悟到本性，就對慧能說：「不認識本心，學習佛法沒有好處。假如認識了自己的本心，就叫做大丈夫，天上、人間的導師，也就是佛。」

五祖半夜三更給慧能傳授佛法，人們全都不知，接著又把頓教法門和本宗衣鉢傳給了他，授畢叮嚀：你現在是第六代祖師。你要好好保護惦念，廣渡衆生，使本門佛法流傳後代，不要讓它斷絕，現在且聽我偈：

有情來下種，因地果還生；
無情亦無種，無性亦無生。

五祖又說：「從前達摩大師初來東土，人們都不相信他，所以傳授這件袈裟，作爲信物，一代一代地傳承下去。頓教的方法以心傳心，都要讓他們自己覺悟自己理解。自古以來，諸佛相傳，只傳本性，每一代祖師密付就是本心。袈裟衣是引起爭端的原因，傳到你爲止就不要再傳下去了。假如再傳袈裟，那就生命猶如懸絲般的非常危險，你必須趕快離開，怕有人會傷害了你。」

慧能啓問：「向什麼地方去呢？」

五祖說：「到懷集縣就停下來，到四會縣就躲起來。」

慧能在三更之際，領受到頓教衣鉢，對五祖說：「我慧能本來是海南人，向來不熟悉這裡的山路，怎麼能走出江口呢？」

五祖說：「你不必擔心，我親自送你。」

五祖把我慧能一直送到九江潯陽驛。五祖讓我上船，拿起船槳就親自搖了起來。

慧能說：「請大和尚你坐著，應該由我弟子來搖。」

五祖說：「應該由我渡你才對。」

慧能對答：「痴迷時由師父渡我，醒悟後自己渡自己。雖然同樣叫「度」，可卻用途不同。我慧能生在邊遠地方，說話語音不正，承蒙師父傳我佛法，現在我已覺悟，就應該以自性來度自己。」

五祖說：「是這樣，是這樣，以後佛法，將由你而大行天下。你離開這裡三年後，我才逝世。你現在好好前去，努力南下，但是不宜急著宣講，因爲佛法是從艱難中興起的。」

慧能辭別五祖，一路向南行進。兩個月裡，來到大庾嶺。忽然感到嶺後隱隱有好幾百人追趕上來，要搶衣鉢。

有個僧人，俗姓陳，名叫慧明。慧明未出家時官至四品將軍，爲人性情粗暴。他一心一意要搶回衣鉢，因而跑在衆人前頭，很快地趕上了慧能。

慧能把衣鉢丟到石頭上說：「衣鉢只是一種信物，怎麼可用武力爭奪呢？」說完就躲進草叢裡去了。

慧明趕到，看到石上衣鉢，伸手去拿，可卻無論如何也拿不起來。於是慧明喊道：「行者！行者！我爲佛法而來，並不是要來搶奪衣鉢！」

慧能於是從草叢裡鑽了出來，盤坐在石頭上。這時慧明施禮說：「希望你行者爲我說法。」

慧能說：「你既然爲佛法而來，就要止息一切塵緣，啥也不想，我才爲你宣講。」

慧明聞言，沉默了好一會。

慧能說：「不思善，也不思惡，正是什麼時候，那個是你明上座本來面目？」

慧明聽慧能開解，當場大悟，又問：「從來密語密意之外，還有其它密意嗎？」

慧能說：「我給你說出來的，就不是秘密。你如果能反身觀照，秘密就在你身邊。」

慧明說：「我慧明雖然身在黃梅五祖那裡，可是確實還未省悟到自己的本來面目。現今蒙你指點迷津，就像人們飲水，是冷是熱，自己明白。現在你就是我慧明的師父了。」

慧能說：「你要是這樣想，那我就和你同拜黃梅五祖爲師。你要好好保護踐行佛法。」

慧明又問：「我慧明今後向何處去呢？」

慧能說：「到了袁州就停止，到了蒙山就居留。」

慧明聽完向慧能施禮告辭而回。慧能後來到了曹溪南華寺，又被惡人追尋驅逐。爲了避難，於是，慧能來到四會地界混在獵人隊裡。這樣經過十五個年頭，平時常爲獵人們說法。獵人常派慧能幹守網活。可是慧能只要看到飛禽走獸闖進網裡，便就一律放生了事。每到吃飯時分，慧能總是把蔬菜放在獵人的肉鍋裡煮。要是有人問他爲什麼這樣，慧能就答：「我只吃肉邊的菜。」

一天，慧能心想：這時應當弘揚佛法了，我不能就這樣一直隱藏下去。於是，慧能離開四會，來到廣州法性寺。這時，正好印宗法師在法性寺開講《涅槃經》。

講經時，有風吹動旗幟，一個僧人說：「這是風在動。」

另一個僧人說：「這是旗幟在動。」

正當兩人爭論不下，慧能卻說：「不是風在動，也不是旗幟在動，是你們的心在動啊！」

聽衆們聽他這麼一講，都感到十分驚奇。印宗法師把慧能請上上座，向他求教佛的奧妙道理。但見慧能所講言辭簡切，道理確當，並不只從經文字句著眼。

印宗法師聽罷問道：「修行人，你一定不是個平常人。我久聞黃梅衣鉢向南傳來，這個人是不是就是你呢？」

慧能回答說：「不敢當。」

印宗法師聽他果然是五祖衣鉢的傳人，就要求慧能把五祖所傳衣鉢拿出來給大家看看。

印宗又問：「黃梅五祖傳給你衣鉢時，是如何指點傳授您的呢？」

慧能回答：「沒什麼指授，只是談了認識本性的問題，也沒談論禪定和解脫的方法。」

印宗法師問道：「為什麼不談禪定和解脫呢？」

慧能回答說：「因為禪定和解脫是兩種方法，不是佛法。佛法不是兩種法，只是一種法，所以叫不二法。」

印宗法師又問：「什麼是佛法的不二法？」

慧能說：「法師你宣講《涅槃經》，若能明了佛性，就是佛法的不二之法。就像高貴德王菩薩向佛請教：如果有人犯殺、盜、淫、妄四重禁，並且又犯殺父、殺母、殺阿羅漢，破壞三寶，出佛身血五逆罪，還有一闡提等，這些人是否會斷除善根佛性呢？佛回答說：善根有兩種：一種是常，一種是無常，可是佛性沒有常和無常之分，所以不斷，名為不二法門。再加五戒十善是善，五逆十惡是惡，但佛性並沒有善和惡的分別，所以稱為不二法門。又如蘊和界，一般人認為是兩種，但智慧人明了其實只是一回事，在性質上並沒有什麼兩樣。如此無二的性，就是佛性。」

印宗法師聽了慧能說法，歡喜得合掌恭敬地說：「我印宗講經，就像磚頭瓦塊，您，仁者講經，就像眞金。」於是印宗法師在光孝寺爲慧能落髮，並且願意拜慧能爲師父。這樣，慧能就在光孝寺菩提樹下，開講東山法門。

慧能在黃梅馮茂山得法後，受盡艱難困苦，性命猶如懸絲那樣危險。現在能夠和韋刺史、各位官員、僧人、比丘、比丘尼、居士聚會一堂，都是我們幾生幾劫積下來的緣分，也是你們往昔生生世世供養諸佛，同種善根，所以才能聽到如上所說頓教法門，和我得法的因緣。佛教是歷代佛、菩薩所傳，不是慧能自己的智慧。你們如果願意聽以前佛所說的教理，先要各自清淨自己的心。聽完佛法之後，又要各自除掉心頭的疑惑，就像聽佛、菩薩說法那樣。」

大家聽了慧能說法，歡天喜地，施禮而散。

般若品第二

第二天，韋刺史請慧能開講佛法。慧能坐到講台上，對大家說：「大家一起清淨心意，誦念，摩訶般若波羅蜜多。」

接著，慧能又說：「各位善知識，覺悟佛的般若智慧，世人本來自己就有，只是因爲心迷，所以不能夠自己悟明佛法。必須借助於高明的大善知識，指示引導他們認見佛性。但是應該知道，無論笨人，還是有智慧人，他們的佛性原本並沒有什麼差別。只是因爲有著迷和悟的不同，所以才有愚笨和智慧的分別。我現在爲你們講說摩訶般若波羅蜜法，使你們各位都能夠獲得智慧。你們專心細聽，我們爲你們宣講。

「善知識們，世人整天滿嘴念著般若，卻沒有認識到自性的般若，就像一天到晚讀食譜塡不飽肚子那樣。要是只是口裡講空，那就經過一萬劫也無法見到佛性，這樣終將沒有好處。

「各位善知識，摩訶般若波羅蜜是梵語，用中國話來講就是大智慧到彼岸。這種佛法必須用心修行，不在於口頭上的誦念。要是口裡念著而心裡卻不修行，那就好比幻、好比化，好比露水，好比閃電那樣，轉瞬即逝。要是口裡念誦，心裡修行，那就心口相應了。人的本性就是佛，離開人的本性，就再也沒有什麼佛了。

「什麼叫做『摩訶』？摩訶就是大。人的心量廣大，如同虛空，沒有邊際，也沒有方圓大小，也沒有青、黃、赤、白，也沒有上下長短，也沒有嗔恨和歡喜，沒有是沒有非，沒有善沒有惡，沒有頭沒有尾。諸佛所在的刹土就如虛空一般。世人具有的妙性本來就是空的，所以沒有一法可以獲得。所謂自性眞空，也是這樣。

「各位善知識，不要聽我講了空就執著於空。第一要緊就是不執著於空，假如用這種一切都空的心去靜坐，就會執著於虛妄的無記空。

「各位善知識，世界虛空，能夠蘊含萬物像，日月星辰，山河大地，泉源溪澗，草木叢林，惡人善人，惡法善法，天堂地獄，一切大海，所有須彌諸山，都在這虛空之中。世人本性虛空，也是這樣。

「各位善知識們，自己本性蘊含萬物就是大。萬物在於各人自性之中，如果看到一切人的惡和善，都能夠不取不捨，也不能沾染執著，心如虛空，就叫做大，所以說是摩訶。

「各位善知識，迷人只是口裡說著佛法，智者全在用心修行。還有迷人，空著心在那裡靜坐，百事不想，自己稱這爲大。這一種人，不能夠和他們宣講佛法，因爲他們心裡懷有偏見。

「各位善知識，人的心量廣大，遍及到整個自然界，運用起來就歷歷分明，一旦應用便可以知一切事物。一切就是一，一就是一切。來去自由，心體無阻，就是般若。

「各位善知識，一切般若智慧，就是從人的自性中產生出來，不從外界進入，不要錯用了心思，就叫做眞性自用。一樣眞了，一切都眞。心量這件大事，不是通過行小道就能夠弄明白的。口裡不要整天講空，心中卻不這樣修行。就像小小老百姓嘴巴裡自稱國王；到頭來終究不可獲得，這種人不是我的學生。

「各位善知識，什麼叫做般若？所謂般若，就是中國人所說的智慧。在任何時候，一切地方，每個念頭都不愚痴，經常用智慧處理事情，就是修行般若的法門。只要一念愚痴，就會讓般若斷送，一念智慧就會讓般若產生。世人因爲愚迷，所以認識不到般若，每個念頭都在講空，可實際上就是不認識眞正的空。般若沒有形狀相貌，人的智慧心就是般若。如果有了這種見解，就叫做般若智慧。

「什麼叫波羅蜜？這是西方國家的語言，用唐朝的話來講就是到彼岸，它的佛義解釋是離開生和死。如果執著於世俗之境就會產生生和死的分別，如同水有波浪一樣，就叫此岸；離開世俗境界便就不起生死之想，就像水流通行，叫做彼岸，所以稱波羅蜜。

「各位善知識，迷人只在口裡念佛，當他念時，心生妄想是非；如果即念即行，叫做眞性。明悟這個佛法道理的，就是般若法；修習這個佛法的，就是般若行。如果不這樣修行就是普通人，一心念佛修行，自己的身體等於就是佛身。

「各位善知識，凡夫就是佛，煩惱就是覺悟佛道，假如從前心念迷誤就是凡夫，後來心地明悟就是佛；從前心思執著於世俗境界就是煩惱，後來心念離開了世俗之境就是覺悟。

「各位善知識，摩訶般若波羅蜜是最尊貴最至高無上最爲第一的佛法，無住無往也無來，過去、現在、未來三世諸佛都從這裡產生。應當用大智慧來破除五蘊煩惱和塵勞。假如這樣修行，一定能夠成就佛道，使貪、嗔、痴三毒變成爲戒、定、慧。

「各位善知識，我的這個法門，從一種般若可以產生出八萬四千種智慧。爲什麼呢？因爲世人有八萬四千種塵勞，如果沒有塵勞，智慧就會經常顯現，不離自己的本性。悟到這種佛法的，就是無所念，無所憶，無所執著，不起虛誑妄想之心，用自己本就具備的眞如佛性，以智慧加以觀照，對於一切事情，既不取用也不捨棄，這就是認識本性成就佛道。

「各位善知識，如果想要深入極深佛法，以及般若三昧，就必須修持般若行，踐行念誦《金剛般若經》，就可以獲見自性。應該知道這部《金剛經》的功德無法估計量，漫無邊際，經中已經很清楚讚嘆，無法具體地叙說。這種法門是最上乘法，專門爲具有大智慧的人宣說，爲具有上等根器的人宣說；要是小根器，小智慧人聽了，心裡不會相信。爲什麼呢？就像天龍在閻浮提降雨，城邑村落，全被沖毀，就像草葉漂流一樣；假如雨水落進大海，那就既看不到增加也看不到減少。如果是大乘人，以及最上乘人，聽到有人宣講《金剛經》，便就豁然領悟知曉。所以我們知道本性之中自有般若智慧，自己運用般若智慧，經常觀察審視，就可不必借助文字，譬如雨水，不是因爲天上才有的，而是龍能興雲降雨，才使一切衆生，一切草本，一切有情和無情之物，全都受到雨水的滋潤。百川千流，全都流入大海，和大海合爲一體；衆生本性的般若智慧也是這樣。

「各位善知識，小根器人，聽到這個頓教法門，就像淺根性的草本，如果遇到大雨，全都自己倒伏，不能生長；小根器的人，也是這樣。其實，小根器人原有自己的般若智慧，和大智慧人並沒有什麼差別，爲什麼小根器的人聽到佛法不能自己開悟呢？這是因爲偏見太重，煩惱的根長得太深，就像大片雲層遮住太陽，不經過風吹，太陽光顯不出來。人的般若智慧也沒大小之分，都是因爲一切衆生自心有著迷和悟的不同，迷人心裡總是看到事物外在現象，從心外來修行尋找佛道，沒有悟明自己的本性，這就是小根器人。如果豁然悟明頓教法門，不執著於外在的修行，只是從自行裡經常產生正確的見解，那就一切煩惱塵勞，都不沾染，就是認識到了本性。

「各位善知識，不執著於內和外，來去自由，便能排除固執之心，使之四通八達，而無所阻礙。如果能夠這樣修行，就和《般若經》原本沒有什麼差別了。

「各位善知識，要是心裡不悟，那就佛是衆生，要是一念開悟，便就衆生是佛。所以當知萬種佛法都在自己心裡，爲什麼人們不從自己心裡，立刻認識到佛的眞如本性呢？《菩薩戒經》說：『我本無自性淸淨，若識自見性，皆成佛道。』《淨名經》說：『即時豁然，還得本心。』

「各位善知識，我在弘忍和尙那裡，一聽到佛法當下就悟明白了，頓時看到了佛的眞如本性。因此將這樣佛法廣爲推行，讓求佛學道的人能夠立刻覺悟佛道，各自觀照自心，自己認識到自己本就具有佛性。如果自己不能覺悟明白，那就必須尋找精通上乘佛法的大善知識，直接指出學習佛法的正確道路。這種善知識和佛法有著很大的因緣，所謂教化開導，使人獲見佛的本性。一切有效的好方法，都是因爲有了善知識方才能夠發起的緣故。過去，現在，未來三世諸佛，十二部經，在人的本性中本來自己就已具有，只是因爲有人不能自己省悟明白，所以必須尋找那些善知識來指示引導，才能獲見，要是自己能夠省悟明白，那就不必借助他人。如果一味固執地認爲學習佛法必須依靠其他善知識，希望依靠善知識的指示才能求得解脫，那就一無是處了。爲什麼呢？自己心裡本來就有知識可以自己體悟。如若固執偏見，迷誤，妄想紛紛，外在的善知識即使可以教你，可卻仍然不能把你解救出來，如果自己心裡生起眞正的般若智慧並因此進行觀照，那就會在一刹那裡，消除一切妄念。如果認識自己的本性，一旦悟徹就會立刻達到佛的境界。

「各位善知識，用智慧來進行觀照，就會身心內外透徹明亮，認識到這一切都出自本心；如果認識本心，那就從根本上獲得了解脫，如果獲得了根本的解脫，就是般若三昧，所謂般若三昧，就是無所繫念。

「什麼是無所繫念？明白認識到一切佛法，心裡不沾染不執著，就是無所繫念。這種般若三昧可以運用於任何地方，但又不執著於任何地方，只要清淨自己的本心，讓眼、耳、鼻、舌、身、意六識，從眼門、耳門、鼻門、舌門、身門、意門六門而出，在色、聲、香、味、觸、法六塵之中所沾無所染，無所挾染，來去自由，通行無阻，就是般若三昧，自在解脫，稱之為無念行。要是你們什麼事物都不想，讓自己的思念斷絕，就是被佛法所縛，就叫偏見。

「各位善知識，明白了無念佛法，便就通於一切佛法；明白了無念佛法，便就認識了諸佛界；明白了無念佛法，便就達到了佛的地位。

「各位善知識，後代如有得到我這佛法的，並且把這頓教法門，和其他人共同認識共同修行，發下誓願，接受遵循，就像侍奉佛那樣，終身堅信而不後退，那就一定要進入聖位，但是必須像以前釋迦牟尼佛傳法給迦葉，並一代代默契地傳下去那樣，將此佛法繼續傳授下去，不準把這正確的佛法給隱匿了。如果是碰上了不同認識不同修行的，這些人屬於其他法門，那就不傳給他，以免有損先輩，終究沒有什麼好處。恐怕愚痴人不理解，誹謗我這頓法門，在百劫千生裡斷了佛種佛性。

「各位善知識，我有一首《無相頌》，各自必須誦取運用，無論是在家還是出家，只能根據這首偈頌進行修行。如果自己不修，只是記住了我說的話，那也沒有什麼用處。現在且聽我這首偈頌，頌說：

說通及心通，如日處虛空，
唯傳見性法，出世破邪宗。
法即無頓漸，迷悟有遲疾，
只見此性門，愚人不可悉。
說即雖萬般，合理還歸一，
煩惱暗宅中，常須生慧日。
邪來煩惱至，正來煩惱除，
邪正俱不用，清淨至無餘。

菩提本自性，起心即是妄，
淨心在妄中，但正無三障。

世人若修道，一切盡不妨，
常自見己過，與道即相當。

色類自有道，各不相妨惱，
離道別覓道，終身不見道。

波波度一身，到頭還自懊，
欲得見真道，行正即是道。

自若無道心，暗行不見道，
若真修道人，不見世間過。

若見他人非，自非卻是左，
他非我不非，我非自有過。
但自卻非心，打除煩惱破，
憎愛不關心，長伸兩脚卧。
欲擬化他人，自須有方便，
勿令彼有疑，即是自性現。
佛法在世間，不離世間覺；
離世覓菩提，恰如求兔角。
正見名出世，邪見名世間；
邪正盡打卻，菩提性宛然。

此頌是頓教，亦名大法船，
迷聞經累劫，悟則剎那間。

慧能大師說：「今天在大梵寺宣講這個頓教法門，希望天下芸芸衆生，當下便能徹見本性，成就佛道。」

這時，韋刺史和官員僚屬出家人、在家人，聽了慧能大師的宣講，沒有不省悟明白的，大家同時向慧能行禮道謝，全都興高采烈地讚嘆：「眞是說得太好了，沒想到嶺南地方竟然有佛出世！」

疑問品第三

一天，韋刺史爲慧能大師準備了素食大會餐。飯後，韋刺史請慧能大師登座，並和官僚、學者、老百姓們恭敬地向慧能大師叩拜禮。拜畢問道：「弟子聽和尙講解佛法，眞是不可思議，現在有點小小疑問，還望大師慈悲爲懷，特別爲我們解釋一下。」

慧能大師說：「有疑難就問，我可以爲你們解釋。」

韋刺史說：「你大和尙講的，是不是達摩大師的宗旨呢？」

慧能大師說：「正是。」

韋刺史說：「弟子聽說達摩大師最初度化梁武帝時。武帝問道：『我一生興建寺廟，剃度僧人，布施窮人，供養比尼，可有什麼功德？』達摩說：『實在沒有功德。』弟子不明白這是什麼道理，希望大和尚能夠解釋一下。」

慧能大師說：「的確沒有功德，不要懷疑先代聖人的話。武帝心理懷著偏見，不懂得眞正的佛法。所謂修建寺廟，剃度僧侶，布施窮人，供養比丘，只能稱為求福。不能把福當作功德，功德在於自己身上，不在於修福。」

慧能大師又說：「認識自性是功，平等待人接物是德。每個念頭都通達無滯，經常認識到佛的本性，實實在在地運用靈妙，叫做功德。內心謙虛是功，行為有禮是德；在自性中建立萬種佛法是功，心體離開妄念是德；不離開自己的本性是功，運用沒有沾染是德。若如想要尋覓功德法身，只要根據這個原則進行，就是眞正的功德。那些修習功德的人，心裡就不輕慢，經常普遍地對他人他事心存敬意。如果心裡經常看輕別人，自我膨脹私心不斷，那就談不上功；自己本性虛妄不實，那就談不上德，這些都是因為驕傲自大唯我獨尊，經常看輕一切的緣故。

「各位善知識，念念清淨接連不斷是功，心裡公平正直是德；自我修性是功，自我修身是德。

「各位善知識，功德必須從自己本性中去認識，不是靠布施供養所能求到的。所以說福德和功德不同。梁武帝不明白這個道理，並非是我祖達摩大師說錯了。」

韋刺史又問：「弟子經常看到僧人百姓口念阿彌陀佛，希望往生西方極樂世界。現在請你大和尚說說看，念佛能夠往生西方極樂世界嗎？希望你爲我們破解疑惑。」

慧能大師說：「刺史，你請聽仔細了，我慧能給你講。釋迦牟尼佛在舍衛城中，引度教化衆生往生西方極樂世界，經文說得非常明白，西方極樂世界離開這兒不遠。如果按道路里程計算，約有十萬八千里，這是就自己十惡八邪來講，所以說西方極樂世界離開我們很遠。說它很遠是對那些悟性較差的下根器人而說，說它很近，是對那些人智慧人而說的，人可以有兩種，佛法並沒兩樣。迷和悟有所差別，認識理解有快有慢。迷人口念阿彌陀佛希望求生極樂世界，悟人自己清淨自己的心。所以佛講：隨著其人心裡清淨，就是佛土清淨。

「使君，東方人只要心裡清淨就無罪過，否則即使生活在西方極樂世界的人，如果心不清淨也就有罪。東方人有了罪過，可以通過念佛法來求西方極樂世界，西方人有了罪過，那麼，佛又求生到哪個國度去呢？愚笨人不明白自己的本性，不認識自己身上的淨土，一心想著求生東方，求生西方；明悟人無論在哪裡都是一樣的。所以佛說：隨你所在之處永遠安樂。

「使君，你心裡只要沒有不善的念頭，西方極樂世界就離開這裡不遠；要是懷著不善的心念，就是念佛往生也難到達。如今天奉勸各位善知識們，先要除掉十惡，就是走了十萬里路；接下來再鏟除八邪，就是又過八千里。每個念頭都認識自性，行爲經常公平正直，到達西方極樂世界只在彈指之間事，便可看到阿彌陀佛。

「使君，只要常行十善，何必非要發願往生西方極樂世界？如果不斷斷十惡之心，哪個佛會來邀請你去西方極樂世界呢？如果悟明無生無滅的頓教法門，看到西方極樂世界只是一刹那間的事，要是不悟，那麼念佛求生西方極樂世界，路途遙遠又如何到達得了？

「我慧能爲大家把西方極樂世界移到這裡，只在刹那之間，眼前就可看到，不知各位願意看一看嗎？」

大家都行禮說：「如果在這裡能夠看見，何必非要發願往生西方極樂世界？希望大和尚慈悲爲懷，現在就把西方極樂世界顯現出來，讓我們大家都能看到。」

慧能大師說：「各位大衆，世人自己的物質之身是城，眼睛，耳朵，鼻子、舌頭是門。外面有五個門，內裡有個意門。心是土地，本性是國王，國王住在地上，本性在，國王也在，本性離開，那麼國王也就沒有了。本性在，身心就存在；本性離開了，身心也就壞了。佛是從本性裡產生的，不要向身外去求佛。

「自性迷失就是衆生，自性覺悟就是佛，心地慈悲就是觀音菩薩，歡喜布施就是大勢至菩薩，能夠清淨無染就是釋迦牟尼佛，公平正直就是彌陀佛。

「人的自我就是須彌山，偏見就是大海水，煩惱就是波浪，毒害就惡龍，虛妄就是鬼神，塵勞就是魚鱉，貪欲嗔恨就是地獄，愚痴就是畜生。

「各位善知識，常行十善，天堂就在眼前；除卻別人自我的分別，須彌山便就崩倒；拋棄偏見之心，海水自然枯竭；煩惱全無，波浪消失，忘卻毒害，魚龍絕種。自己心地上的覺悟本性如來，放射出大光明，外照眼、耳、鼻、舌、身、意六門清淨，破除四天王天，忉利天，夜摩天，兜率天，樂變化天，他化自在天等六欲諸天。自己本性內省自照，就可以消除貪、瞋、痴三毒，並且同時消滅獄等罪過，這樣內外明亮通徹，就和西方極樂世界沒有兩樣。要是不這樣修行，哪又怎麼能夠到達西方極樂世界呢？」

大家聽慧能大師這樣一講，明白地看到自性，全都恭敬行禮，紛紛讚嘆：「眞是講得好極了！」接著又高聲唱道：「希望天下一切衆生，聽到佛法全都豁然而悟。」

慧能大師說：「各位善知識，如果要修行，在家也能修到佛法，不一定非要在寺廟裡。在家如果能夠修行，就像東方人心懷善良；在寺廟裡如果不修行，就好比西方人心懷惡意。只要一心清淨，就是自己本性裡的西方極樂世界。」

韋刺史又問：「在家怎樣修行，希望大和尚教導一下。」

慧能大師說：「我給大家說一道《無相頌》，只要按照偈頌修行，就像和我常在一起一樣；如果不這樣修行，那麼就是剃髮出家，對於學習佛道又有什麼好處？

《無相頌》說：

心平何勞持戒，行直何用修禪。
恩則孝養父母，義則上下相憐，
讓則尊卑和睦，忍則衆惡無喧。
若能鑽木取火，淤泥定生紅蓮。
苦口的是良藥，逆耳的是忠言。
改過必生智慧，護短心內非賢。
日用常行饒益，成道非由施錢。
菩提只向心覓，何勞向外求玄。
聽說依此修行，天堂只在目前。

慧能大師又說：「各位善知識，總要按照偈頌修行，認識到自己的本性，直接成就佛道。佛法不能互相代替。大家現在暫且散會回家，我也返回曹溪。大家如果還有疑問，可以再來問我。」

這時，韋刺史和衆官員，參加法會的善男信女，各自明白開悟，相信接受，躬行實踐。

定慧品第四

慧能大師指示大家說：「各位善知識們，我的這個頓教法門，以定慧作爲根本。大家不要糊塗，認爲定和慧有所區別。定慧本是一體，不是二種。定是慧的本體，慧是定的運用。當慧之時定就在慧，當定之時慧就在定。如果明白這個道理，就是定慧平等，定慧同體的學問。你們各位學習佛的人，不要說先有了定，再由定產生了慧，或者先有了慧，再由慧產生定，這樣就把定和慧看成了各別的兩個方面。懷有這種看法的人，認爲佛法有二種現象，口裡說好話，心裡卻想著不好的事，那就空有定慧的虛名，把定慧割裂成爲不相等的兩個方面；假如心裡想的口裡說的都是善事，那就內外一致，把定和慧融爲一體了。自己的悟徹修行佛道，並不在於高低先後的爭論，如若爭論誰先誰後，那就和迷誤人一樣沒有分別。要是爭執誰勝誰負之心不斷，那就平添了我執和法執，落進我相、人相、衆生相、壽者相的執著了。」

「各位善知識，定慧像什麼呢？就像燈光。有燈就有光，沒有燈就黑暗了。燈是光的本體，光是燈的運用。燈和光雖然名稱有兩種，可是本體卻只是一個。這種定慧之法，也是這樣。」

慧能大師開示大家說：「各位善知識們，所謂一行三昧，就是在任何地方任何時候，無論是行，是住，是坐，是臥，都要用正直的心進行修行。《淨石經》說：『正直心就是佛法的道場。』『正直心就是佛國的淨土。』不要心裡想著諂媚邪曲的事，口裡卻說著公平正直的話；口裡說著一行三昧，卻也不用正直的心進行修行。要用正直的心進行修行，對於任何佛法，都不要有所執著，迷人學佛執於事物的表面現象，執著於一行三昧，總是說要常坐不動，不要亂起心念，認爲這樣就是一行三昧。懷有這種見解的人，就和無情木石一樣，都是因爲偏見太重遮住眞佛的緣故。

「各位善知識，佛道必須通遠無阻，爲什麼會阻塞呢？要是心裡不執著於佛法，佛道便就通達流動；如果心裡執著於佛法，這就叫做自我束縛。如果認爲長時間地打坐不動就是佛法，那就和舍利弗死坐在樹林裡，卻被維摩訶斥一樣，沒能眞正懂得入定的道理。

「各位善知識，又有人教人們坐禪，看住自己的心，讓它靜著，不讓動不讓起，認爲要從這裡去下功夫。迷誤人懂坐禪眞義，便就這樣執著地把正確和錯誤顛倒了過來。像這樣的人很多，如果都這樣相互教化下去，那就大錯特錯了。」

慧能大師開示大家說：「各位善知識們，本來正確的教化方法，沒有頓教和漸教的區別，都是因爲人們的秉性有聰明有愚笨。迷誤的人慢慢修行，明悟的人當下領會。如果自己認識本心，自己看到本性，那就沒有什麼頓教漸教的差別了。所以建立頓教、漸教，不過只是借以爲名而已。

「各位善知識，我的這個頓教法門，從釋迦牟尼佛到現在，先立無念作爲宗旨，無相作爲本體，無住作爲基礎。所謂無相，就是從相上離開相；所謂無念，就是從念上不著念；所謂無住，就是人的本性，在世間不論善、惡、好、壞，乃至冤家親友，要是因爲說話刺激引起欺瞞爭吵，便就把它當作空來看待，因此不再想著打鬥傷害之事。在每個念頭裡，不再追想過去的事。如果總在想著過去，想著現在，想著將來，前念後念，接連不斷，這就叫做捆綁束縛。要是能夠在一起法上，在每個念裡都不執著，那就無所束縛了。這就是以無住作爲基礎。

「各位善知識，離開一切事物的現象，叫做無相。要是能夠離開現象，便就法體清淨了。這就是以無相作爲根本。

「各位善知識，在任何境界上心不沾染，叫做無念。那就是自己的心念上，經常離開各種境界，或者不在境界上產生念。如果認爲無念是什麼都不想，把個心念完全消除乾淨。其實一點心念全都絕滅就是死，這裡死了，那裡就又生了出來，所以持有這種想法是很錯誤的。學習佛法的人應該認眞思考這個問題，如果不明白佛法大意，自己錯了還說得過去，可是若是再用錯誤的觀點去勸導別人；自己迷誤不識本性，回過頭來便就誹謗佛經。所以要立無念作爲佛法宗旨。

「各位善知識，爲什麼要立無念作爲佛法的宗旨呢？只是因爲那些口裡說著認識佛性的迷人，在境界上有所心念，又由心念上產生偏見，一切塵勞妄想，都從這裡產生。自己本性本就沒有任何佛法可以獲得，如果有所獲得，由此亂說禍福，就是塵勞偏見。所以我這法門，要立無念作爲宗旨。

「各位善知識，無者無爲是什麼？念者念的是什麼？所謂無，就是沒有二種相，沒有各種塵勞之心。所謂念，就是念的眞如佛性。眞如佛性就是念的本體，念就是眞如佛性的運用。眞如佛性由自性之中產生心念，並非是眼、耳、鼻、舌所能產生心念。眞如佛性本有，所以產生心念。眞如佛性如果消失，眼、耳、色、聲當時便就錯壞。

「各位善知識，眞如佛性從自性中產生心念，因此人的六根雖然有所見聞，感覺認知，可卻不會被任何環境所染，並且眞正的如來佛性是常隨常在的。所以佛經說：能夠善於區別各種事物的現象，是由於如來佛性第一義不動的緣故。」

坐禪品第五

慧能法師啓示大衆說：「這個法門的坐禪，原是不執著於心，也不執著於清淨，也不是常坐不動。假如說執著於心，心本來就屬於虛妄；得知心如空幻，所以不必執著。如果說執著於清淨，人的本性原本清淨，只是由於妄念的緣故，方才遮蓋了自己的眞如本性；只要沒有妄想，本性就自然清淨。假如著意追求清淨，反而生出對清淨的錯誤想法。邪妄的東西沒有處所，如果執著追求就是邪妄。清淨原本沒有形也沒有相，現在卻要定出個淨的相狀，說這便是學佛的功夫。持這種見解的人，障礙來自本性的迷誤，因而反被清淨的執著束縛住了。

「善知識，如果修行不動，只要碰到一切人時，不去理會人們的是非、好壞、過失，這樣就是自己本性不動。

「善知識，迷誤的人身體雖然坐在那裡不動，可是一開口就議論別人是非、長短、好壞，這樣就和修行佛道相違背了。如果執著於心，執著於清淨，那就障礙正道了。」

慧能大師開示大衆說：「善知識，什麼叫坐禪呢？在這個法門中，無所遮障無所阻礙，在外對於一切善念境界不起心念，叫做坐；在內明了自己眞如佛性堅持不動，叫做禪。

「善知識，什麼叫禪定？在外超脫形相，叫做禪。在內一心不亂，叫做定。在外如果執著於形相，就會引起內心的惑亂；在外如果超脫於形相，內心便就定而不亂。人的本性原本清淨，自來就定，只是因爲執著境界戀於境，便就惑亂。如果見到各種境界心不惑亂，那就是眞正的定。

「善知識，在外離開形相就是禪，在內一心不亂就是定。正因爲是外禪內定，所以叫做禪定。《淨石經》說：即刻豁然貫通，還得本體佛性的心悟。《菩薩戒經》說：「我本性原自清淨。」

「善知識，在每個念頭裡，自己明了本性清淨，那就自己修，自己行，自然就可以成佛道了。」

懺悔品第六

當時慧能大師看到廣州、韶關等四面八方好多知識分子和老百姓們，紛紛集中到山裡聽講佛法，於是升上法座告訴大衆說：「來吧，各位善知識，修行之事一定要從自己本性發願，在任何時候，每個念頭都要自己清淨自心，自己端正行爲，明白自己的法身，明白自己心裡的佛，自己度脫自己守戒，這樣方才不負來到這裡，既然大家從老遠趕來，會聚到這裡，說明大家都是有緣的。現在大家可以各自右膝著地，我先爲你們傳授自性五分法身香，然後再給你們傳授無相懺悔。」

大家胡跪右膝著地，恭聽慧能講法。

慧能大師說：「第一戒香，就是自己心裡沒有是非，沒有善惡，沒有嫉妒，沒有貪嗔，沒有劫掠傷害，名叫戒香。第二定香，就是觀看各種善惡境界的形相，自己內心不爲所亂，名叫定香。第三慧香，就是自己心裡無所遮礙，常用智慧觀照自己的本性，諸惡不作，即便修了好多善，可是心裡並不執著，尊敬長輩，關懷小輩，名叫慧香。第四解脫香，就是自己心裡沒有什麼牽掛攀連，不想善，不想惡，自由自在，無所阻礙，叫做解脫香。第五解脫知見香，就是自己即沒有彼此攀連的善惡因緣，也不耽溺空妄固守寂寥，應該廣學多聞，認識自己的本心，通達各種佛理，謙虛和藹地待人待物，不執著我，我也不執著於別人，直至達到菩提境界，讓眞如佛性永不改變，叫做解脫知見香。

「善知識，這五分法身香各自在內心裡薰燃，不要到外界去尋覓。

「現在給你們傳授無相懺悔，除滅過去、現在、未來三世的罪孽，使各位獲得身、口、意三業的清淨。善知識，大家一起跟我說。」

衆弟子等就一齊跟著慧能大師說：「弟子等人從前的念，現今的念，以及後來的念，每個念頭都不被愚痴迷妄染上，從前所有惡業愚痴迷妄等罪。全都懺悔，希望在一剎那間立時消滅，永遠不再生起。弟子等人從前的念，現今的念，以及後來的念，每個念頭都不被驕傲狂妄沾染，從前所有惡孽驕傲狂妄等罪，全都懺悔，希望在一剎那間立時消滅，永遠不再生起。弟子等人，從前的念，現今的念，以及後來的念，每個念頭都不被嫉妒沾染，從前所有惡孽嫉妒等罪，全都懺悔，希望在一剎那間立時消滅，永遠不再生起。

「善知識，以上所說就是無相懺悔。什麼叫懺？什麼叫悔？所謂懺，就是坦白以前的過失。從前所有的惡孽、愚痴迷妄、驕傲狂妄、嫉妒等罪過，全都坦白，永遠不再生起，這就叫做懺。所謂悔，就是追思後來可能發生的過失。從念以後，所有惡孽、愚痴迷誤、驕傲狂妄、嫉妒等罪過，現在已經覺悟明白，全都永遠斬斷，決不再生起，這就叫做悔。所以稱爲懺悔。凡夫俗子愚痴迷妄，只知道坦白他們從前的罪過，不知道追思他們後來可能發生的罪過。因爲不加追思悔改，所以從前的罪孽沒有消失，後來的過錯重又生起，以前的罪過既然不消滅，後來的過錯重又生起，這樣怎麼能夠稱爲懺悔呢？

「善知識，既然懺悔已畢，現在和善知識發四弘誓願，各位必須用心仔細聽著自己心裡無邊衆生誓願度脫，自己心裡無邊煩惱誓願斷除，自己本性無盡法門誓願學習，自己本性至高佛道誓願成就。

「善知識，大家不是發出誓願說衆生無邊誓願度脫嗎？怎麼度脫呢？這可不是由我慧能來度脫的。

「善知識，心裡的衆生，所謂邪迷的心，狂妄的心，不善的心，嫉妒的心，惡毒的心，像這樣等等的心，統統都是衆生。各位必須從自己本性自己度脫，所以叫做眞正的度。

「什麼叫自己本性自己度脫？就是自己心裡的偏見、煩惱、愚痴衆生，要用正確的見識加以度脫，既然有了正確的見識，就用般若智慧打破愚痴、迷妄的衆生，每個人各自自己度自己。偏見來時用正見度脫，迷妄來時用覺悟度脫，愚痴來時用智慧度脫，惡行來時用善行度脫。像這樣度脫的人，叫做眞正的度脫。

「又如『煩惱無邊誓願斷』，就是將自己本性的般若智慧，驅除虛妄的思想之心。又如『法門無盡誓願學』，就是必須自己看到本性，經常修行正確的佛法，叫做眞學。又如『無上佛道誓願成』，就要經常懷著體恤百姓的心，行事眞誠端正，脫離尋覓，脫離惡覺，不斷生出般若智慧，既消除眞也消除妄，這樣就可以看到佛性了，就可以當場成就佛道了。經常惦著按四弘誓願修行，就是四弘誓願的有力佛法。

「善知識，現在已經發過四弘誓願了，再給你們這些善知識傳授無相三皈依戒。善知識，皈依佛覺，福慧充足；皈依正法，離開貪慾；皈依僧人，大衆尊敬。從今天開始，以佛爲師，不再皈依邪魔外道，用自己本性三寶經常自我證明。

「奉勸各位善知識，皈依自己本性裡的佛、法、僧三寶。佛，就是覺悟；法，就是正法；僧，就是清淨，自己的心皈依覺悟，偏見迷妄就不產生，清心寡慾知足常樂，遠遠離開財離開色，這就叫福慧充足。自己的心皈依正法，就令每個念頭都無偏見，因爲沒有偏見，便就沒有人我、自大、貪愛、執著，這就叫做遠開貪慾。自己的心皈依清淨，一切塵世煩勞，愛慾境界，就都不會在自性上沾染執著，這就叫做大衆尊敬。如果照此修行，就是自然皈依。

「凡夫俗子不懂其中道理，從早到晚，受三皈依戒。如果說皈依佛，那麼佛在哪裡？如果沒見到佛，那麼又憑什麼皈依呢？如果說見到了佛，那就是說假話打妄語。

「善知識們，各位自己觀察，不要用錯了心，經文明明說皈依自己本性固有的佛，不講皈依其他的佛；不皈依自己的本性固有的佛，那就沒有什麼皈依處了。現在既然已經自己覺悟，自各必須皈依自己心裡的佛、法、僧三寶，在內調理心性，在外禮尙他人，這就是所說的自皈依了。

「善知識，既然已經皈依自性三寶完畢，各位必須各自誠心，再聽我給你們講解一體三身自性佛，讓你們等人看到三身佛，明了自己覺悟自己的本性。現在請大家一齊跟著我說：用自己的色身皈依清淨法身佛，用自己的色身皈依圓滿報身佛，用自己的色身皈依千百億化身佛。

「善知識，色身就是宅屋，不能說是皈依。向來所說的三身佛，就在自己本性之中。世上每個人都有三身佛，只是因爲自心迷失，看不到內在佛性，就向外界尋覓三身如來劍，不知自己身上原有三身佛。你們且聽我說，讓你們等人在自己身上認識到自性之中本來就有三身佛。這三身佛，從自己本性書裡生出來，不是從外面所能求到。

「什麼叫清淨法身佛呢？世人本性原自清淨，萬種佛法都從自己本性產生。思想上想到任何惡事，就會產生惡的行爲；想到一切善事，就會產生善的行爲。像這樣各種佛法都在自性之中。就像天色常清，日月常明，因爲被浮雲遮蓋，所以才上面明朗下面昏暗；要是忽然一陣風來吹散雲霧，便就天上地下全都明亮，萬事萬物全都清晰顯現。世人心性經常浮動，恰如天上浮雲一般。

「善知識，智就像太陽，慧就像月亮，所以智慧經常明亮。要是在外執著境界，那就會被自己雜念的浮雲遮掩，使自性無法明亮朗照。如果碰上善知識，聽到眞正的佛法，自己鏟除心頭的迷妄之霧，那就內明外徹，讓自己本性裡的萬種佛法統統顯現。覺悟到本性的人，也是這樣，這就叫做清淨法身佛。

「善知識，自心皈依就是皈依自己的本性，如是皈依眞正的佛。皈依自己本性的人，除掉本性裡的不善心、嫉妒心、諂曲心、唯我心、誑狂心、輕視心、傲慢心、偏見心、自大心，以及任何時候的不善行爲。經常自己看到自己的過錯，不說別人的好壞，就是皈依自己的本性。經常保持謙虛的心，對人們恭敬如儀，就是明白本性，通達事理，就是皈依了自己的本性。

「什麼叫做圓滿報身？比如一盞燈可以消除千年黑暗，一點智慧可以滅盡萬年愚昧。不要總是追思從前，已經過去了的不可再得；要經常思念未來，每個念頭都圓融通明，自可照見自己的本性，善惡雖然有殊，本性卻沒有二樣。沒有二樣的本性，叫做實性。在實性裡，不沾染善，不沾染惡，這就叫做圓滿報身佛。如果自性裡生起一點惡念，就會消除萬劫的善因；如果自性裡生起一點善念，就可以讓恆河之沙一樣多的惡孽消失盡淨，直到成就天上佛覺，每個念頭都自我返照，不失掉本來的善念，名叫圓滿報身佛。

「什麼叫做千百億化身？如果不思量萬事萬物，本性就如虛空；如果有一思量，就叫變化。思量惡事，便就化爲地獄；思量善事，便就化爲天堂。毒惡傷害變化成爲龍和蛇，慈悲變化成爲菩薩，智慧變化成爲高尚，愚蠢變化成爲卑下，人的自性變化很多，迷誤人不能反省自覺，總在每個念頭裡生起惡的念頭，經常做出惡的行爲，走向惡的道路，如果能在惡念裡回生出一個念頭的善，智慧就會立時產生，這就叫做自性化身佛。

「善知識，人的佛法之身本自具有。在每個念頭都讓自己看到自性，就是報身佛。

從報身佛的角度思考，就是化身佛。自己明悟，自己修行自性的功德，就是眞正的皈依。人的皮肉就是色身，色身就是房舍，這是不能稱爲皈依的。只要明悟到自己本性裡的清淨，報身、化身三身佛，那就認識到了自己的本性佛。

「我有一篇《無相頌》，如果能夠念誦修持。即刻之間就會讓你們久遠以來的迷失罪過，消滅在一剎那。

頌說：

迷人修福不修道，只言修福便是道；
布施供養福無邊，心中三惡元來造。
擬將修福欲滅罪，後世得福罪還在；
但問心中除罪緣，各自性中真懺悔。
忽悟大乘真懺悔，除邪行正即無罪；
學道常於自性觀，即與諸佛同一類。

吾祖唯傳此頓法，普願見性同一體；
若欲當來覓法身，離諸法相心中洗。
努力自見莫悠悠，後念忽絕一世休。
若悟大乘得見性，虔恭合掌至心求。

慧能大師說：「善知識，大家必須誦念記取，按照《無相頌》來修行，就能當場認識到自己的本性，即便離開我有千里之遠，猶如常在我的身邊。如果當場仍然不悟，即便你我對面猶如相隔千里，何必非要辛勤地從老遠趕來這裡，大家珍重自愛各自好去。」

大家聽了佛法，沒有不開悟的，即便皆大歡喜，各自奉行。

機緣品第七

慧能大師從黃梅縣五祖弘忍那裡獲得佛法，回到廣東韶關曲江縣曹侯村，當時沒人知道他就是五祖弘忍的傳人。當時有讀書人劉志略，對慧能非常尊敬禮待，劉志略有個姑媽出家為尼，法名無盡藏，無盡藏經常念誦《大涅槃經》，慧能大師偶爾聽到便就理解經文妙義，於是為她講解此經，無盡藏於是拿了經卷請教慧能經中文字。

慧能大師說：「我不識字，你就問我經裡的道理吧。」

無盡藏說：「連字都不識，又怎麼能夠懂得經裡的道理呢？」

慧能說：「各種佛法的微妙道理，和文字沒有什麼關係。」

無盡藏對此非常驚訝詫異，於是把此事一個個告訴了村裡德高望重的長輩說：「慧能是個有道的人，應該讓大家供養起來。」

村裡有個魏武侯曹操的玄孫曹叔良，和其他居民一起競相都趕來瞻仰禮拜慧能大師。那時這裡的寶林古寺，因為已被隋朝末年兵火裡燒毀，於是眾人便在舊址上重新修建寺院，禮請慧能大師居住，不久這裡就成了宣講佛法的寶地。

慧能大師在這裡住了九個多月，因為被搶奪衣鉢的惡徒追尋，於是大師就隱遁到前山之中；惡徒們隨之又放火焚燒草木。

慧能大師鑽進大石縫藏身，方才避過這場災難。這塊大石頭上至今留有大師趺坐的膝痕，以及所穿衣服的印紋，為此，此石名為避難石。慧能大師回想起五祖弘忍「逢懷則止，遇會則藏」的囑咐，就又到新州懷、會二邑隱藏了一段時間。

僧人法海，韶州曲江人。當他初次參拜慧能大師，就問：「什麼叫即心即佛？希望你能開導。」

慧能大師說：「從前的念不生是心，今後的念不滅是佛；成就一切相的是心，超脫一切相的是佛。我如果詳盡解說，就是窮盡所有劫數也解說不完。現在你且聽我一首偈頌：

即心名慧，即佛乃定。
定慧等持，意中清淨。
悟此法門，由汝習性。
用本無生，雙修是正。

法海聽了，當場大悟，用偈稱讚說：

即心元是佛，不悟而自屈；
我知定慧因，雙修離諸物。

僧人法達。洪州人。七歲那年出家，經常誦念《法華經》。他來禮拜六祖大師時，平時叩頭卻不觸地。

六祖大師呵斥他說：「叩頭行禮不觸地，不如不要叩頭。你心裡一定有原故，平時你修習什麼呢？」

法達說；「我念誦《法華經》已經有三千部了。」

六祖大師說：「你如果念誦到一萬部，獲悟經中大意，並且不以此驕傲自大，那麼就可以和我一齊修習佛法。你現在自恃念誦了三千部《法華經》就目中無人，竟不知道罪孽深重。現且聽我的偈頌：

禮本折慢幢，頭奚不至地；
有我罪即生，無功福無比。

慧能大師又問：「你叫什麼名字？」

法達回答：「我叫法達。」

慧能大師說：「你名叫法達，哪裡通達佛法了呢？」於是又說偈頌道：

汝今名法達，勤誦未休歇。
空誦但循聲，明心號菩薩。
汝今有緣故，吾今為汝說。
但信佛無言，蓮花從口發。

法達聽過偈頌，懺悔謝罪說：「從今以後，一定一切謙虛恭敬。弟子誦習《法華經》，可是，沒有理解經文的義理，心裡常有疑惑。大和尚智慧廣大，希望能大概地講解一下經裡的義裡。」

慧能大師說：「法達，佛法本來就很通達，只是你的心還沒有通達；佛經本就沒什麼疑惑，只是你自己的心裡有疑惑。你念誦這部《法華經》，是以什麼作宗旨？」

法達說：「學生根性遲鈍不明，從來只是依照經文字句念誦，哪裡懂得什麼宗旨意趣？」

慧能大師說：「我不識文字，你試著取出經來誦讀一遍，我一定爲你解說。」

法達就高聲朗讀經文，念到《譬喻品》時，慧能大師說：「停下來。這部經原來以因緣世作爲宗旨，即便是講了好多譬喻，也沒有超出這個宗旨。是什麼因緣呢？經文說：『諸佛世尊，只是以一件大事因緣的緣故，方才出現於世。』這件大事就是佛的知見。世人在外迷失執著於相，在內迷失執著於空，如果能在相上離開相，在空上離開空，就是內外都不迷失。如果悟到這個法門，一念之中心竅豁然而開，就是明白了佛的知見。」

「佛就是覺，分爲四個門類：開啓覺的知見，指示覺的知見，契悟覺的知見，深入覺的知見，如果聽到覺的開啓、指示，就能契悟、深入，這就是覺的知見，讓本就具有的眞正佛性得以顯現出來。你必須愼重切莫要錯誤理解了佛經的眞正意義，見到別人就說佛的開覺知見，示覺知見，悟覺知見，入覺知見，這些自然只是佛的知見，與我們這等人是沒有什麼緣分的。如果生起這種理解，就是誹謗佛經佛陀。

「那人既然是佛，已經具備佛的知見，哪裡還用得著開啓覺的知見呢？你現在應當相信佛的知見，只在你的自心裡面，此外再沒有什麼別的佛。這都是因爲一切衆生，自己遮蔽了光明。貪戀於塵世生活，在外攀爭，在內煩憂，甘心忍受世間的驅馳。所以才勞動諸佛世尊，從定中起來，用各種各樣的苦口婆心，勸喩世人，靜下心來，不要向外追名求利，那就和佛沒有兩樣，所以說是開啓佛的知見。

「我也勸喩世間所有的人，從自己心裡，經常洞開佛的知見。世人心裡懷有偏見，愚昧迷失生出罪過，嘴巴講善，心裡懷惡，貪慾嗔恨，嫉妒別人，諂媚妄害，驕傲自大，損害他人，破壞物產，這是自己心裡開啓著衆生的知見；如果能夠正心誠意，就會經常產生智慧，觀察審視自己的身心，停止作惡，廣行善事，這就是自己開啓佛的知見。

「你必須每個念頭都開啓佛的知見，不要開啓衆生的知見。開啓佛的知見，就是超脫塵凡；開啓衆生的知見，就是落進煩惱人世。你如果只是辛辛苦苦執著地念誦佛經，作爲學佛的功課，那和牦牛愛惜自己尾巴有什麼兩樣？」

法達說：「要是這樣，那不就是只須了解義理，不必再辛苦讀經了嗎？」

慧能大師說：「經文有什麼過錯，怎能影響你來念誦？只是因爲迷失和開悟全在於人，損失和收益也由著自己。如果口裡誦經，心裡修行，就是轉動了佛經；口裡誦經，心不修行，就是被佛經所轉動。現在你且聽我說首偈頌：

心迷《法華》轉，心悟轉《法華》。
誦經久不明，與義作仇家。
無念念即正，有念念成邪。
有無俱不計，長御白牛車。

法達聽罷偈頌，情不自禁悲泣起來，當即豁然大悟，轉而告訴慧能大師說：「我法達從過去到現在，的確沒有轉動過《法華經》，相反被《法華經》轉動。」

法達又啓問道：「《法華經》說：諸位佛的大聲聞弟子以至菩薩，都盡他們的思維共同估量，無法測到佛的廣大智慧。現在您讓凡夫俗子只要開悟自心，就叫佛的知見，假如不是上等根器的人，以免因爲懷疑而生誹謗。另外《法華經》還說三車，就是羊車，鹿車和牛車，這三車和白牛車又怎樣區別呢？希望大和尙再能爲我解釋一下。」

慧能大師說：「佛經義理淸楚明白，是你自己迷失背離聲聞，緣覺，菩薩三乘諸人，他們不能測知佛的智慧，毛病就出在估量上面。任憑他們用盡心思共同推測，反而更加越來越遙遠。佛本來就爲凡夫俗子說法，並非爲佛說法。如果有不肯相信這個道理的人，那就由他自由退席，難道不知自己坐著白牛車，卻偏偏要在門外尋覓羊車、鹿車和牛車。何況經文已經明白告訴了你：只有一種佛法，沒有其他什麼佛法，至於或者兩種，或者三種，以至無數種方便法門，各種各樣因緣契機，各類譬喻和言詞，都是因爲只有一種佛法的緣故。你爲什麼不省悟，羊車、鹿車、牛車這三種車只是一個假名，爲了說明以前。只有一種佛法實在的，爲了說明現在，講有三乘車只是教你離開假名歸到眞實。歸到眞實以後，眞實也就沒有什麼名稱了。應該明白所有珍寶財富，全都於你自己，由自己享用，既不要想這是父親的財產，也不要想這是兒子的財產，根本用不到想什麼，這就叫做持奉《法華經》。要是能夠這樣，就是從一個劫到另一個劫，手不釋卷，從白天到黑夜，沒有一刻不是在念著《法華經》。」

法達受到啓發，歡喜得跳了起來，作偈稱讚道：

經誦三千部，曹溪一句無。
未明出世旨，怎歇累生狂？
羊鹿牛權設，初中後善揚。
誰知火宅裡，原是法中王。

慧能大師說：「你今後方才可以稱爲念經僧。」

法達從此領悟到了佛的玄妙旨趣，也不停止誦讀經文。

僧人智通，壽州安豐人。早先看了《楞伽經》大約一千多遍，可就是不懂什麼叫做三身四智，於是專程禮拜慧能大師請求講解《楞伽經》的義理。

慧能大師說：「所謂三身，就是淸淨的法身，這是你的本性；圓滿的報身，這是你的智慧；千百億的變化之身，這是你的行爲。如果離開本性，單獨談論三身，就叫有身沒有智慧；如果契悟到三身沒有自性，就叫四智菩提。現在聽我爲你說首偈頌：

自性具三身，發明成四智。
不離見聞緣，超然登佛地。
我今為你說，諦信永無迷。
莫學馳求者，整天說菩提。

智通又問：「四智的意義，能聽到嗎？」

慧能大師說：「既然領會了三身，也就明白了四智，何必再問呢？如果離開三身，單獨談論四智，這就叫做有智慧沒有身，這樣就算有了智慧，也等於沒有智慧。」這時慧能又說偈頌道：

大圓鏡智性清淨，平等性智心無病。
妙觀察智見非功，成所作智同圓鏡。
五八六七果因轉，只用名言無實性。
若在轉處不留情，繁興永處那伽定。

智通頓時悟徹了本性的智慧，於是給慧能呈上一偈道：

三身原我體，四智本心明。
身智融無礙，應物任隨形。
起修皆妄動，守住非真精。
妙旨因師曉，終無染污名。

僧人智常，信州貴溪人，從小出家，立志追求認識佛的本性，一天參見拜見慧能大師，大師問道：「你從哪裡來？想求什麼事？」

智常回答說：「學生近日到洪州白峰山拜見大通和尚，承蒙講授認識本性就佛道的義理，可是仍然沒有解決的疑惑，所以遠來投拜大師，懇望大和尚慈悲爲懷，爲我指點迷津。」

慧能大師說：「大通和尚都講了點什麼話，你試著舉些出來聽聽。」

智常說：「我智常到大通和尚那裡，待了三個月，還沒獲得他的指點教誨。因我求法心切，一天晚上單獨闖進方丈室，請問大通和尚什麼是我智常的本心和本性。

大通和尚就說：「你看到虛空了嗎？」

我回答說：「看到了。」

大通和尚說：「你看到的虛空有沒有相貌？」

我回答說：「虛空沒有形狀，哪來相貌？」

大通和尚說：「你的本性，就像虛空，看不到任何形狀的物體，這就叫正確的見解；沒有任何形狀的物體可以認知，這叫做眞正的認知；沒有青和黃，沒有長和短，只看到本性的清淨，覺體的圓融通明，這就叫做認知本性成就佛道，也叫如來認知見解。」

「學生雖然聽了大通和尚這樣解說，可卻仍然沒有徹底明了，還望大和尚開導指點。」

慧能大師說：「大通和尚的解說，仍然存有需要理解認知的地方，所以讓你沒能徹底明了。我現在指給你一首偈頌：

不見一法存無見，大似浮雲遮日面。
不知一法守空知，還如太虛生閃電。
此之知見瞥然興，錯認何曾解方便？
汝當一念自知非，自己靈光常顯現。

智常聽罷偈頌，心裡豁然開朗，於是也說偈道：

無端起知見，著相求菩提。
情存一念悟，寧越昔時迷？
自性覺源體，隨照枉遷流。
不入祖師室，茫然趣兩頭。

智常有一天問慧能大師道：「佛講聲聞、緣覺、菩薩三乘之法，又講上乘佛法，弟子不懂這是什麼意思，希望大師爲我講授。」

慧能大師說：「你要觀照自己的本心，不要執著於外在的法相，佛法沒有四乘，只是人心有所等差。看見、聽見並且跟著念誦是小乘法，契悟佛法理解義理是中乘法，依照佛法修行是大乘法；一切佛法全都通曉，一切佛法全都具備，一切佛法全都不沾，離開各種法相，一無所得叫做最上乘法。乘的本意在於踐行，不在於口頭上的爭論。你一定要自我修行，不要問我。在任何時候，自性自是如來。」

智常禮謝實踐，一直侍候慧能大師直到他老人家逝世。

僧人志道，廣州南海人。他請教慧能道：「弟子自從出家以來，閱讀《涅槃經》已經十多年，可是仍然沒有明白經中大意，希望大師指點教誨。」

慧能大師說：「你什麼地方沒明白？」

志道說：「經中說，『諸行無常，是生滅法；生滅滅己，寂滅爲樂。』我對這裡存有疑惑。」

慧能大師問道：「你爲什麼生出疑惑？」

志道說：「一切衆生都具有兩身，所謂色身和法身。色身變化無常，有生也有死；法身亘古不變，無知也無覺。經說『生滅滅己，寂滅爲樂』，不知道是什麼身寂滅，什麼身受樂？如果說是色身，那麼色身死時，地、水、火、風四大分散，全是痛苦，是痛苦就說不上樂；如果是法身寂滅，那就如同草木瓦石，無知無覺，又該誰去受樂呢？另外實相眞如是生死的本體，色、受、想、行、識五蘊是生滅的使用。人的本體有五種具體使用，有生有滅這就是常。假如是生，就從本體生出五種使用，假如是滅，就收攝使用回歸本體。如果聽到再生，就是有情衆生之類，那就生死循環無有窮盡；如果聽到不再生，那就永遠歸於寂滅，如同草木瓦石無情之物。假如這樣，那就一切萬物都被涅槃禁止制伏，無法獲得再生，又有什麼樂呢？」

慧能大師說：「你是釋迦牟尼的弟子，怎麼學習外道生死偏見，用來議論最上乘佛法呢？按照你的說法，就是在色身之外另有個法身，離開生死追求涅槃，又推論涅槃常樂我淨的道理，說有身體受用快樂，這是執著吝惜生死，沉溺於世俗的享樂。你現在應該知道佛認爲世上一切迷人，把五蘊和合看成爲人的自體實相，對於一切事物的分別看成爲是外界迷世相狀，貪生怕死，一個念頭接著一個念頭，不知這一切全都如夢幻一般的虛假不實，枉自在生死輪迴中往復循環，反把永恆的涅槃之樂，變成爲了一種痛苦，整天追求就是苦。佛因爲憐憫這些迷人的緣故，才顯示涅槃的眞樂，在剎那之間既沒有生的相狀，也沒有滅的相狀，更沒有生死可以滅除，這樣便就涅槃的寂滅之樂出現在眼前。當涅槃之樂出現在眼前時，也沒有多出現眼前的是多是少是長是短，這才叫做永恆的快樂。這種快樂沒有享受者，也沒有不享受者，怎麼還能有一種法體，五種運用的名稱呢？何況還講什麼涅槃禁止制伏一切萬物，讓其永不產生。這眞是毀謗佛法的謬見。現在且聽我爲你說首偈頌：

無上大涅槃，圓明常寂照。
凡愚謂之死，外道執為斷。
諸求二乘人，目以為無作。
盡屬情所計，六十二見本。
妄立虛假名，何為真實義。
惟有過量人，通達無取捨。

以知五蘊法，及以蘊中我，
外現衆色像，一一音聲相。
平等如夢幻。
不起凡聖見，不作涅槃解。
二邊三際斷，常起諸根用，
而不起用想。
分別一切法，不起分別想。
劫火燒海底，風鼓山相擊。
真常寂滅樂，涅槃相如是。
吾今強言説，令汝捨邪見。
汝勿隨言解，許汝知少分。

志道聽偈，大徹大悟，歡喜得跳躍行禮而退。

行思禪師，出生在吉州安城劉氏家裡，聽到曹溪寶寺佛法興盛，化度衆生，就直接來到這裡，進行參禮。

行思問道：「應當怎樣修行，才不至落入有階次之分的漸修法門？」

慧能大師問他：「你以前曾經修過什麼法？」

行思回答：「我連聖諦都不修。」

慧能大師說：「那你落進了哪個階次呢？」

行思回答：「連聖諦都不修，還有什麼階次可落呢？」

慧能大師非常器重他，讓他做衆僧之首。

一天，慧能大師對行思說：「你應當單獨到一處去弘揚佛法，教化衆生，不要讓佛法給失傳了。」

行思既然獲得了慧能的頓悟法門，於是返回吉州青原山，在那裡弘揚佛法，化度衆生。寂滅後，敕謚「弘濟禪師。」

懷讓禪師，金州杜氏之子，早先曾去嵩山拜謁安國禪師，安國打發他來曹溪參見慧能大師。

懷讓來到曹溪拜見慧能大師，慧能問他：「從哪裡來？」

懷讓回答說：「從嵩山來。」

慧能大師說：「什麼東西？憑什麼來？」

懷讓說：「若說像個東西就說不中了。」

慧能大師問：「那麼還可以有所修，有所證嗎？」

懷讓回答說：「修證就不是無，污染就不是有。」

慧能大師說：「只要對此無所污染，就是諸佛維護惦念的，你既如此，我也這樣，印度般若多羅法師有個預言：在你門下將出現一個馬駒子，他的才智將會征服天下人，這個預言應該放在你的心裡，不必急著講出來。」

懷讓豁然契悟，心裡領會，於是留在慧能身旁請教侍候了十五年，修行日見玄妙廣大。

後來，懷讓來到南嶽衡山，大力闡揚禪宗。寂滅後，敕謚「大慧禪師」。

永嘉地界玄覺禪師，溫州戴氏之子，少年時玄覺學習佛法經論，精通天台宗止觀法門，因爲閱讀《維摩經》，從而明白心地法門。一次，偶有慧能大師弟子玄策拜訪，兩人談得投機，玄策聽他所講暗合各位祖師的眞義，就問：「你拜誰爲師父獲得佛法？」

玄覺說：「我聽到大乘經論，各有師承關係，後來讀《維摩經》，方才悟到佛心的宗旨，可是還沒獲得誰的證明。」

玄策說：「如果是在威音王以前就有所收穫，如果是威音王以後，沒有師父傳授自己獲得契悟，都屬於是天然外道。」

玄覺說：「希望你能爲我作證明。」

玄策說：「我人微言輕，曹溪寶寺有六祖大師，四面八方學人雲集，都是些聽受佛法的弟子，假如你願意去，我就和你一塊上路。」

玄覺於是同著玄策來到曹溪參拜慧能，玄覺初見慧能繞他轉了三圈，然後振動錫杖站立一旁。

慧能大師說：「出家比丘，具備著三千種威嚴的禮儀，八萬種細微的言行，你大德從哪裡而來，對我如此輕慢不敬？」

玄覺說：「生和死是人生的大事，這種大事無常並且變化迅速。」

慧能大師說：「那爲什麼不領悟無生無死的道路，明白本性坦然並無迅速變化呢？」

玄覺說：「體會了就無所謂生死，明白了就無所謂遲速。」

慧能大師說：「是這樣，是這樣。」

玄覺這才整備儀容禮拜慧能，不一會後就向大師告辭。

慧能大師問：「你回去得是否太快了？」

玄覺說：「本來我就沒來沒有去，哪有什麼快不快呢？」

慧能大師說：「誰知你動了沒有？」

玄覺說：「這是你自己生出來的區別。」

慧能大師說：「你很透徹地獲得了無生的眞意。」

玄覺說：「難道無生還有意義嗎？」

慧能大師說：「誰在區別有意還是無意呢？」

玄覺說：「這種區別也非有意無意。」

慧能大師說：「說得好！」

於是慧能留玄覺禪師在山上住了一宿，當時人們稱爲一宿覺。

後來玄覺禪師寫了一首《證道歌》，盛行世間。玄覺寂滅後被追謚爲「無相大師」，時人也稱他爲「眞覺」。

修習禪學的智隍，起先參拜五祖弘忍，自稱已經獲得佛法正道，住在庵裡長期打坐，已經有二十年。慧能大師的弟子玄策，外出遊方來到河北河朔一帶，聽到智隍大名，於是到庵拜問：「你在這裡幹什麼？」

智隍回答：「修習入定。」

玄策說：「你說入定，是心有所想入定呢，還是心無所想入定？如果是心無所想的入定，那麼一切草木瓦石，都應當獲得入定；如果是心有所想入定，那麼一切有感情有思想的芸芸衆生，也都應該獲得入定。」

智隍說：「當我正在入定的時候，感覺不到有什麼有無之心。」

玄策說：「感覺不到有什麼有無之心，就是常定，那就是又有什麼出定入定呢？假如眞有什麼出定入定，就稱不上是眞正的大定。」

智隍一時答不上來，沉思好久才問：「你拜誰人爲師？」

玄策說：「我拜曹溪寶林寺六祖大師爲師。」

智隍問道：「六祖大師用什麼來作爲禪定？」

玄策回答：「我師父所講的禪定，微妙淸湛圓融寂靜，本體運用如一，色、受、想、行、識五蘊本就空無一物，色、聲、香、味、觸、法六坐並非眞實存在，沒有出也沒入，沒有定也沒有亂，禪的本性無有留滯，所以不執著於寂滅，禪的本性無有生死，所以也不萌生禪想，人心就如虛空，也沒有度空的度和量。」

智隍聽玄策這樣一說，就直接前來謁見慧能大師。

慧能大師問道：「你從哪裡來？」

智隍就把遇到玄策的事細說一遍。

慧能大師說：「正像你所說那樣，只要心如虛空，又不執著於空妄的見解，那就是應用靈活無所障礙，是動是靜都不存心，凡人聖人全然忘情，能動和所動全都消失，本性相狀表裡如一，這樣就無時無刻不處在定中。」

智隍從此大徹大悟，二十年修行所得，在他心裡頓時都無影蹤。那天夜裡，河北地方官員和百姓聽到空中有聲音說：「智隍禪師，今天成就佛道。」

智隍後來作禮辭別慧能大師，又回到河北，開悟敎化廣大佛弟子。

有個僧人問慧能大師說：「黃梅五祖的衣鉢，誰得到了？」

慧能大師說：「領會佛法的人得到了。」

僧人又問：「大和尚你得到了，還是沒有得到？」

慧能大師說：「我不懂佛法。」

慧能大師一天想洗五祖大師所傳法衣，可是近處沒有清美泉水，因此來到離寺後五里多的地方。只見這裡山林茂密，上有瑞氣盤旋，慧能大師舉起錫杖朝下一插，泉水便就隨手湧了出來。不久積成一個水池。於是慧能大師就跪著在石頭上浣洗法衣。這時，忽然有位僧人前來禮拜，說道：「我叫方辯，是西蜀人氏。昨天在南印度國，看到達摩大師。達摩大師囑咐我方辯說：『趕快去中國，我所傳的大伽葉正法眼藏以及九品大衣，現在傳到了第六代，在韶州曹溪。你可前去瞻仰禮拜。』我方辯遠道趕來，希望看到達摩師父所傳的衣鉢。」

慧能大師於是出示衣鉢給他看，又問：「上人研究什麼事業？」

方辯回答：「我擅長於雕塑。」

慧能大師一本正經地對他說：「你試著塑個給我看看。」

方辯一時不知如何是好。

過了幾天，方辯塑了一個慧能大師的眞像。高約七寸，塑得維妙維肖。

慧能大師笑著對他說：「你只懂塑性，不懂佛性。」

慧能大師伸手撫摩方辯頭頂說：「願你永遠成就人間天上的福田相。」

慧能大師說完，就把五祖所傳法衣送給方辯，表示謝意，後來方辯把法衣分爲三份：一份披在慧能大師的塑像上，一份自己留著，一份用棕葉包好後埋進地裡。接著方辯發誓說：「以後如果有人獲得法衣，那就是我的再生出世，這人就將在這裡作爲住持，重新建造殿廟。」

有個僧人舉出卧輪禪師所作偈頌說：

卧輪有伎倆，能斷百思想；
境鏡心不起，菩提天天長。

慧能大師聽完偈頌說：「這首偈頌還沒有眞正明白佛法，如果按照這首偈頌修行，就等於是加上了束縛。」因此，慧能另示偈頌道：

慧能沒伎倆，不斷百思想。
對鏡心數起，菩提作麼長。

頓漸品第八

那時慧能大師居位曹溪寶林寺，神秀大師住持荆南南玉泉寺。當時兩大宗派興盛宣化，人們都稱爲「南能北秀」，所以有南北二宗頓修、漸修的區別，可是參禪修學的人卻不了解兩宗的宗旨和意趣。慧能大師於是就對大家說：

「佛法原本只有一家，人卻有南有北；佛法就只一種，領悟有快有慢。爲什麼稱頓悟漸悟呢？佛法本來並沒有頓悟漸悟，因爲學佛的人有聰明有愚鈍，所以就有了頓悟和漸悟的不同。」

可是神秀的徒弟們，往往譏諷南宗慧能祖師，認爲他連字都不識一個，會有什麼能力？可是神秀卻說：「慧能大師具有無師自通的智慧，深刻領悟上乘佛法的精髓，我不如他。況且我老師五祖弘忍，親自傳給他衣鉢佛法，這難道是偶然的嗎？我恨不能遠去曹溪親近他，眞是徒有國師的虛名，你們各位不要再滯留在我這裡，可以前往曹溪參拜慧能，解決心中的疑慮。」

一天，神秀吩咐徒弟志誠說：「你聰明有智慧，可以替我到曹溪聽慧能說法。如果聽到什麼，用心牢記心頭，回來講給我聽。」

志誠稟受神秀之命來到曹溪，跟著大家一起參拜請教慧能，卻不說出自己從哪裡來。

當時六祖大師告訴大家說：「現在有個偷盜佛法的人，潛伏在這個法會裡。」

志誠聽慧能大師這樣一說，當即出列參拜，把自己接受神秀大師命令來此聽法的事細說一遍。慧能大師說：「你從玉泉寺來，當然是間諜。」

志誠答道：「我不是間諜。」

慧能大師說：「為什麼不是呢？」

志誠回答：「我沒有說出身份是間諜，現在表明身份就不是了。」

慧能大師說：「你師父怎樣教誨大家？」

志誠回答說：「我老師經常指示教誨大家要集中注意力，觀照心地清淨，經常打坐，不要躺倒。」

慧能大師說：「集中注意力觀照心地清淨，這是錯誤的做法，而非眞正的禪，經常打坐，損傷身體，這對於修習佛理有何幫助？現在請聽我的偈頌。頌說：

生來坐不臥，死去臥不坐；
一具臭骨頭，何為立功課？

志誠再次向慧能大師叩拜說：「弟子在神秀大師那裡學習佛法幾年，沒有能夠獲得契悟，現在聽你大和尚一講，便就契合了本性。弟子以爲生命的存在和死亡是件大事，希望你和尚大慈悲，給我教誨指點。」

慧能大師說：「我聽說你師父教誨指示學生戒定慧的方法，不知你師父說的戒定慧是怎麼個樣子，請給我說說看。」

志誠回答說：「神秀大師說：各種惡事不做，叫做戒；一切善事奉行，叫做慧；自己清淨心意，叫做定。這就是神秀大師講的戒慧定，不知你大和尚用什麼方法教誨學生？」

慧能大師說：「我如果說沒什麼方法教給別人，就是騙你，只不過是隨著各人見識不同，幫助他們解脫束縛，這種方法本無名稱，姑且借用三昧爲名，像你老師所講的戒定慧，實在讓人難以理解。我所認識的戒定慧，又和這不一樣。」

志誠說：「戒定慧只應該有一種，怎麼還有另一種呢？」

慧能大師說：「你師父講的戒定慧適合於接待一般智慧的大乘人，我講的戒定慧適合接待超常智慧的最上乘人，由於衆人契悟理解不同，所以照見本性就有快有慢，你聽我講，是否和神秀大師講的一樣還是不一樣。我講的佛法，離不開人的自性，如果離開事物本體進行說法，叫做表皮之說，這會使事物的本來面目迷忽不清。應該知道天底下一切事物，都是因爲事物的自性才能生起作用，只有這才是眞正的戒定慧法；你聽我說首偈頌：

心地無非自性戒，
心地無痴自性慧，
心地無亂自性定。
不增不減自金剛，
身去身來本三昧。

志誠聽了偈頌，知錯稱謝，於是呈上一偈說：

五蘊幻身，幻何究竟。
回趨真如，法還不淨。

慧能大師肯定了這首偈頌，又對志誠說：「你師父講的戒定慧，勸導小根器的普通人；我講的戒定慧，勸導大根器的上乘人。如果契悟自性，也可以不追求菩提涅槃，也可以不追求解脫生死認知見解。沒有一法可以獲得，方才能夠建立千法萬法。如果懂得這個意思，也可以叫做佛身，也可以叫做菩提涅槃，也可以叫做解脫知見。察覺到本性的人，有方法也可獲得佛法，沒有方法也可獲得佛法，來去自由，無阻無礙，隨機應變，應聲答語，隨時隨地都能觀照到佛的化身。萬變而不離開自性，就能夠獲得自由自在的廣大神通，進入到遊戲三昧的境界之人，這就叫做照見到了本性。」

志誠再次啓齒請教慧能大師說：「什麼叫做不立義？」

慧能大師說：「自性沒有是非，沒有愚痴，沒有惑亂，每個念頭都是般若智慧的觀照。經常超脫於事物的表面現象，自由自在，縱橫都得，又有什麼門派可以建立呢？自己本性自己契悟，頓悟，頓修，那就並無漸進等次之分，所以不立一切門派之法。各種事物全都寂滅，還有什麼等級階次呢？」

去誠禮拜慧能大師，情願侍候慧能大師，從早到晚學法不怠。

僧人志徹，是江西人，原本姓張，名叫行昌，年輕時喜歡做俠義的事。自從禪宗有了南宗北宗的分化，二位宗主雖然沒有他我高低的心思，可是徒弟們卻分分生起僧愛之意。當時北宗弟子門人自作主張，立神秀大師爲禪宗第六代祖師。因爲忌諱六祖大師傳到衣法的事天下皆知，於是派行昌前來行刺慧能大師，慧能大師心裡明白，預先料到這事就把十兩黃金放在座上。

一天夜晚，行昌潛進六祖內室，準備加害，慧能大師伸出脖子，讓他下手，行昌揮刀連砍三次，都沒能對慧能有所損害。

慧能大師說：「正直的刀劍不偏邪，偏邪的刀劍不正直，我只欠你黃金，並不欠你性命。」

行昌見狀大驚昏僕，好久才蘇醒過來，哀求慧能大師，表示悔過自新，並且願意出家皈依佛法。

慧能大師就送他黃金，對他說：「你且離開這裡，怕我的徒弟們知道後反過來會加害你，你可以過幾天化裝後再來，我將收你爲徒。」

行昌領受慧能旨意後，連夜逃之夭夭。後來行昌皈依佛法出家爲僧，受具足戒，努力進取。

一天，行昌想到慧能的話，從老遠趕來禮覲慧能大師。慧能大師說：「我一直在想念你，你爲什麼這麼晚才來？」

行昌說：「從前承蒙大和尚恕我罪過，現在雖然出家，刻苦修行，終歸難以報答你的大恩大德，唯一辦法豈非就是繼承佛法，教度衆生嗎？弟子經常閱讀《涅槃經》，尚未明白常和無常的含義，還望大和尚慈悲爲懷爲我稍作解釋。」

慧能大師說：「無常就是佛性，有常就是識別一切善法和惡法的心。」

行昌說：「大和尚所說道理，與經上講的大相違背。」

慧能大師說：「我傳授佛的以心印心法門，哪敢違背佛經的道理？」

行昌說：「經上說佛性是常，你和尚卻說佛性是無常；善惡諸法以至成就佛的覺悟，都是無常，和尚卻說是常。這就和經文相違背，讓我更加疑惑了。」

慧能大師說：「《涅槃經》，我從前聽比丘尼無盡藏誦讀一遍，就爲她講解，沒有一字一義不符合經文大意，就是給你講，也始終沒有二種講法。」

行昌說：「弟子學識淺薄，希望和尚詳細講解。」

慧能大師說：「你知道不知道，佛性如果不變，還說什麼善惡各種法，就是窮盡劫數，也沒有一個會發佛的覺悟心的人。所以我說佛性無常，正是佛所講的眞正不變的道理。另外，一切各種法如果無常的話，那麼任何事物都具有自己的本性，又如何容受生，容受死呢？而事物眞正不變之性也就處處不會都有了。所以我講的不變，就是佛講的眞正意義上的無常之義。佛因爲凡夫俗子，邪門外道執著於偏邪的不變，各種二乘人將不變看成變，總共形成八種顚倒，所以佛在涅槃經的徹底教義中，破除他們的偏見，從而闡揚眞正的不變，眞正的歡樂，眞正的本性，眞正的清淨。你現在執著於經文所說反而違背了佛的本義，斷送了佛的無常，以及由此反而肯定了偏邪不變的死常，從而錯誤理解了佛的圓通微妙和最高不變的奧妙之言，這樣就即使你把《涅槃經》看了一千遍，又有什麼用處呢？」

行昌聽到這裡忽然大悟，說偈頌道：

因守無常心，佛說有常性。
不知方便者，猶春池拾礫。
我今不施功，佛性而現前。
非師相授與，我亦無所得。

慧能大師說：「你如今是徹底明白了，應該名叫志徹。」志徹作禮感謝而退。

有個少年，名叫神會，是湖北襄陽高氏的兒子。十三歲時，從玉泉寺神秀大師那裡來曹溪參禮慧能大師。

慧能大師說：「你從老遠到來一定很辛苦，是否還帶來了本性嗎？如果你了解到本性，就該認識主人（佛性），你且試著說給我聽聽。」

神會說：「我以無所住爲本性，認識到這一點就是主人。」

慧能大師說：「這個沙彌只是學了別人說過的話。」

神會就問：「你和尚坐禪，見還是不見？」

慧能大師用柱杖打了神會三下，說是：「我打你，是痛還是不痛？」

神會回答：「也痛也不痛。」

慧能大師說：「我也見，也不見。」

神會問道：「什麼是也見也不見？」

慧能大師說：「我的所見，就是經常觀照自己心裡的過失；不見，就是不思量他人的是非好壞，所以說是也見也不見。你說也痛也不痛怎麼樣？你如果不痛，那就和木塊石頭一樣；如果是痛，那就等於凡夫俗子，就會生出嗔恨。你且過來，見和不見，落進兩頭的偏見，痛和不痛是沒有破除生死。你自己的本性尚且沒認識到，居然敢來捉弄人！」

神會致禮作拜，在悔過中深表謝意。

慧能大師又說：「你如果心裡迷惑認識不到本性，應該請教有學問的善知識尋找道路；你如果心裡悟徹，就能自己認識到自己的本性，那就可以依照佛法進行修行。你自己迷惑看不到自心，卻反過頭來問我見還是不見。我見不見自己明白，難道代替你迷惑不成？你如果自己認識到本性，也不能替代我的迷惑。爲什麼不自己認識自己觀照，卻來問我見還是不見？」

神會又致禮向慧能大師拜了一百多次，請求慧能大師寬容他的過失，並且表示謝意，從此並殷勤服侍，不離慧能左右。

一天，慧能大師告訴大家說：「我有一樣東西，沒有頭也沒有尾，沒有名也沒有字，沒有背也沒有面，你們各位還能認識嗎？」

神會從衆人中走出來說：「這是諸佛的本源，神會的佛性。」

慧能大師說：「給你說沒有名也沒有字，你卻偏要叫做本源佛性。你去找把茅草蓬蓋了頭，也只能成爲一個知見解釋的宗門弟子。」

六祖大師寂滅後，神會來到京城洛陽，大力弘揚曹溪頓教法門，並著《顯宗記》一文，盛行於世，被人們稱之爲荷澤禪師。

慧能大師看到諸多宗派中人發難責問，都生起了惡心，於是就把他們召集座前，憐憫地對他們說：

「學習佛道的人，對於一切善念惡念，都應當要消除乾淨，直到沒有名相可以稱謂，這就叫做自性。沒有二種不同的性，叫做實性。在實性上建立起一切的宗教門派，這就要求在我講後，各自自己去觀照了。」

大家聽了慧能大師的話，一齊行禮，請求拜他爲師。

護法品第九

神龍元年正月十五日，武則天和唐中宗頒詔說：「朕迎請嵩嶽慧安大師，當陽玉泉山神秀大師來宮中供養，在日理萬機的餘暇，經常研究佛法。二位大師推讓說：南方廣東有慧能禪師，受到弘忍大師密傳衣鉢，獲得以心印心的微妙法門，可以向他請教疑問。現在派宮中內侍薛簡，帶著詔書迎請大師，希望大師慈悲，速來京城。」

六祖大師獲詔向武則天唐中宗呈上表章，托病推辭不出，表達了自己終老山林的心願。

薛簡說：「京城禪師大德都說：『要想領會佛道，一定要坐禪習定，假如不由禪定而獲得解脫，那是沒有的事。』不知大師所講佛法怎樣？」

慧能大師說：「佛道從心裡獲得開悟，豈在於坐禪？佛經說：『如果說如來的意思是如坐如臥，那是入了偏見。』什麼原因呢？沒有從什麼地方來，也沒有從什麼地方去，沒有生也沒有死，這就是如來的清淨禪；萬事萬物本就空空寂寂，這就是如來的清淨坐。這道理深奧莫測，推究到底也無所映證，何況單靠坐禪？」

薛簡說：「弟子回到京城，皇上一定要問佛法，希望師父大發慈悲，指示心得，讓我回去傳告兩宮，以及京城學習佛法的人。譬如一盞燈點亮千百盞燈，使黑暗都顯光明，讓光明相傳沒有窮盡。」

慧能大師說：「佛道沒有明暗，明暗具有代謝的含義。明明無盡，也有窮盡的時候，因爲這從相對角度而說，所以《淨石經》說：『佛法沒有什麼可以比擬。』原因就在於沒有相對。」

薛簡說：「明比喻智慧，暗比喻煩惱，修習佛道的人，如果不用智慧照破煩惱。沒有開始，沒有結束，那又靠什麼來解脫呢？」

慧能大師說：「煩惱就是覺悟，二者並無區別，如果用智慧照破煩惱，這是聲聞、緣覺二乘的見解，羊車鹿車一類的根器。具有超常智慧的大根器人，完全不像這樣。」

薛簡說：「什麼是大乘的見解？」

慧能大師說：「明與無明，凡人認爲是二種；智慧的人明白通達，知道其性並沒二樣。沒二樣的性，就是實性。所謂實性，處在凡人百姓而不消滅，留在賢人聖者而不增加，處於煩惱之中而不散亂，居於禪定之境而不空寂。不中斷也不永恆，沒有來也沒有去，不在當中，也不在內外，不生不死，本性和表像眞實如一，存留在宇宙之中而不變遷，就叫做道。」

薛簡說：「大師說的不生不死，和外道講的有什麼不同？」

慧能大師說：「外道說的不生不死，是將滅停止生，用生來顯示死，所以他們將生和死講成爲是兩種。我所講的不生不死，是本來就沒有生，現在也沒有死，所以和外道有所不同。你如果要知道佛法的要領，只要對一切善事惡事都不去想，自然就能進入清淨的心的本體，通明澄澈永遠寂靜，那微妙的運用好比恆河沙數無有窮盡。」

薛簡經慧能大師指教，豁然大悟，向慧能大師致禮告辭返回京城，向皇帝匯報了慧能大師的談話。

這年九月三日，朝中頒詔獎諭慧能大師說：「大師因年老有病辭謝召請，爲朕修習佛道，這是國家的福田。大師就像維摩詰居士那樣，托病在毗耶離城，闡揚大乘佛法，傳授諸佛心要，開講不二法門。薛簡給我們帶來了大師指示傳授的如來眞理，這是朕多年行善積德的慶幸，前世種下的菩提善根，才會碰上大師出世，讓我們頓時領悟到上乘佛法。我們感激大師的恩惠，對你無比崇敬，並且奉上磨衲袈裟，以及水晶鉢，敕命韶州刺史整修裝飾佛寺，賜大師舊居出生地爲國恩寺。

付囑品第十

慧能大師一天召集門徒法海、志誠、法達、神會、智常、智通、志徹、志道、法珍、法如等人說：「你們和一般弟子不同，我寂滅後，你們應當各自成爲一方的師表。我現在教導你們，該怎樣宣講佛法才能夠不失本門宗旨。講學必須先列舉三種法門，使用三十六對概念，這樣是出是沒就脫離兩道偏見，開講任何佛法，不離開自性。假如一旦有人向你請教佛法，講話都要成雙作對，採用針對法則，來和去相因相循，最後來去二法全都消除，再也沒有可去之處。

「所謂三科法門，指的是陰、界、入。陰是五陰：就是色、受、想、行、識。入是十二入：外六塵色、聲、香、味、觸、法，內六門眼、耳、鼻、舌、身、意。界是十八界：就是六塵，六門加上六識。自性能夠包含萬事萬物，叫做含藏識；如果心裡生起思量，就是轉識。如果生起六識，就可以走出六門，認識到六塵，這樣就是十八界，都從自性生起作用。自性如果偏邪，就會產生十八種邪見；自性如果正直，就會產生十八種正見。自性如果惡用就是衆生的運用，自性如果善用就是佛的運用。運用從什麼地方生起？因爲自性本就具有。

「所謂對法，外界境物無情的有五種相對：天和地相對，日和月相對，明和暗相對，陰和陽相對，水和火相對。這就是五種相對。

「事物相狀和語言有十二種相對：語和法相對，有和無相對，有色和無色相對，有相和無相相對，有漏和無漏相對，色和空相對，動和靜相對，淸和濁相對，凡和聖相對，僧和俗相對，老和少相對，大和小相對，這就是十二種相對。

「自性起用有十九種相對：長和短相對，邪和正相對，痴和慧相對，愚和智相對，亂和定相對，慈和毒相對，戒和非相對，直和曲相對，實和虛相對，陰和平相對，煩惱和菩提相對，常和無相對，悲和害相對，喜和怒相對，施捨和吝嗇相對，前進和後退相對，生和死相對，法身和色身相對，化身和報身相對。這就是十九種相對。

慧能大師說：「這三十六種相對法則，如果懂得運用，就本質精神貫穿一切佛經佛法，無論是出是入就是能脫離兩邊的偏見。

「自性起動運用，在和他人交談時，從外在相狀上離開相狀。從內在空虛中離開空虛。如果全都執著事物外在的相狀，就會增長偏見，如果全都執著於空，就會增長無明。執著空虛的人誹謗佛經，直接指出，不需運用文字。既然說不需運用文字，那麼人也就用不該使用語言，因爲僅僅這種語言，就是文字的相狀。又說直接成就佛道不用立什麼文字。就是這『不立』兩個字，也是文字。看到別宣說，就誹謗他說是執著了文字。你們應當明白自己迷誤尙還可以，可是卻又誹謗佛經，千萬不要誹謗佛經，那是天大的罪過。

「如果執著於事物的表面現象，從而以此追求佛法眞理，或者到處建立道場，談論有和無的過錯，這樣的人，幾輩子也認識不到自性，只是聽憑他去按法修行。又不要什麼事物也不思量，這樣會讓佛性阻塞不通，如果只是聽佛法而不修行，讓人反而產生偏見邪念，只要按法修行，不執著於事物的相狀和說法布施，你們如果契悟，按照這樣宣講，按照這樣運用，按照這樣修行，按照這樣修行佛法，按照這樣做事，就不會失掉佛的根本宗旨。

「如果有人問你佛義，他問有你就用無回答，問無你就用有回答，問凡你就舉聖回答，問聖你就舉凡回答。在這種相對事物相因相循的二道之中，就產生了眞正的中道佛義。如果是一問一答，其他問題都可照此類推，那就不失佛理了。假設有人問：什麼叫暗？你就回答：明是原因，暗是機緣，明沒有了就暗。用光明顯示黑暗，用黑暗顯示光明；這樣你來我去互爲因果，便就成就中道佛義。其他的問題也全都這樣。你們各位將來傳授佛法，按照這個原則輾轉教授，不要丟失我的宗旨。」

慧能大師在唐睿宗延和元年壬子年七月，吩咐門徒到新州國恩寺造塔，督促及早完工。第二年夏末國恩寺塔落成。慧能大師說：「你們還有什麼疑問，應該盡早提出，我爲你們破疑除難，使你們不致再有迷惑。我如果離開後，就再也沒人教導你們了。」

法海等聽慧能說完，全都泣不成聲，只有神會一人神情如常，也不流淚哭泣。

慧能大師說：「神會小師父，已經獲得了善和不善相等，毀和譽不動於心，哀和樂不生波瀾的佛法。其他人沒有眞正獲得佛法，幾年來住在山裡，竟不知你們修了些什麼佛道？你們現今悲傷哭泣，爲了擔憂誰呢？如果是擔憂我今後不知去到哪裡，可我卻知道我自己將去到哪裡；如果我不知道我將去到哪裡，也就不會預先告訴你們我要去了。你們悲傷哭泣，是因爲不知道我將去向何方，如果知道我的去處，那就不該悲傷哭泣。法性本就無生無死，無去無來。」

略一停頓，繼續說道：「你們各位都請坐下，我爲你們說首偈頌，名叫《眞假動靜偈》。你們背誦這首偈頌，就和我的意思相同；要是按照這首偈頌修行，便就不失我的宗旨。」

衆僧人向慧能致禮，請祖師作偈。偈說：

一切無有真，不以見於真，
若見於真者，是見盡非真。
若能自有真，離假即心真，
自心不離假，無真何處真。
有情即解動，無情就不動，
若修不動行，同無情不動。

若覓真不動，動上有不動，
不動是不動，無情無佛種。
能善分別相，第一義不動。
但作如是見，即是真如用。
報諸學道人，努力須用意，
莫於大乘門，却執生死智。
若言下相應，即共論佛義；
若實不相應，合掌令歡喜。
此宗本無淨，淨即失道意；
執道淨法門，自性入生死。

當時徒衆們聽完這首偈頌，大家都向慧能致禮，並且體會了大師的心意，各自收攝心神，依法修行，再也不敢爭執。也知道慧能大師不久將離開人世。其時法海上座再次作禮又拜問道：「大和尚圓寂之後，衣法將傳付給什麼人呢？」

慧能大師說：「我從大梵寺開講佛法，直到現在，所講之法被人抄錄流行，叫做《法寶壇經》，你們各位遵循維護這經，互相傳授，要是超度衆生，只要按照《壇經》所說修行，就叫正法。今天爲你們宣講佛法，並不傳付衣鉢，原因是你們信仰根深、淳篤、成熟、堅定地學習佛法再不回頭，所以堪當大任。根據先祖達摩大師所咐偈頌原意：衣鉢不該再傳。偈說：

吾本來茲土，傳法救迷情。
一花開五葉，結果自然成。

慧能大師又說：「各位善知識，你們各自清淨本心，聽我宣講佛法。假如想要成就一種智慧，必須通達一相三昧，一行三昧。如果在一切處所不停留在相狀上面，在那個相狀上面又不產生恨不產生愛，既沒有取也沒有捨，再也不思念利益得失成敗等事，安適閑靜，虛融淡泊，這就叫做一相三昧。如果在一切處所，無論是行是住，是坐是臥，都懷有純正單一的眞直之心，並且讓這純正單一的正直之心，不變不動，眞正成爲一方淨土，這就叫做一行三昧。假如人們一旦具有一相三昧，一行三昧，就像地裡有了種子，埋藏地下生長養育，成熟結果。一相三昧，一行三昧的道理，也是這樣。「我現今宣講佛法，猶如及時雨，遍潤土地。你們的佛性，如同各種種子，遇到這雨露的滋潤，都會發芽生苗。領受我宗旨的，一定能夠獲得菩提正道；按照我的佛法修行的，一定會證成微妙佛果。現在且聽我的偈頌：

心地含諸種，普雨悉皆萌。
頓悟花情已，菩提果自成。

慧能大師說完偈頌，說道：「這種頓悟法門沒有二種，這種自心也是這樣，這種道理清清靜靜，也沒有什麼各種相狀。你們要謹慎，不要著意用心觀靜，以及空卻自己的本心。人的這種本心原就清淨無染，沒有什麼可以取捨。各位自己努力，隨著你們的機緣去吧。」

當時徒眾們聽了，一齊向慧能行禮後告退出來。

慧能大師在七月八日那天，忽然告訴徒眾們說：「我想回到新州，你們趕快準備行船。」

大家苦苦哀求，堅決挽留慧能，可是慧能大師卻說：「諸佛出現世間，也都顯示涅槃，有來必定有去，這是理之常情。我的這副身體，回歸必定有所去處。」

徒衆們說：「大師此番去後，什麼時候可以回來？」

慧能大師說：「葉落歸根，來時無口。」

又有人問：「大師的衣鉢，傳付給什麼人？」

慧能大師說：「有佛道的人可以獲得，沒有妄心的人必定通達。」

又有人問：「將來沒有什麼災難？」

慧能大師說：「我圓寂後五六年，會有一人前來偷我腦袋。聽我說幾句預言性授記：

頭上養親，口裡須餐。
遇滿之難，楊柳為官。

又說：「我離開人間七十年後，有二個菩薩，從東方來，一個出家，一個在家，他們同時振興宣化佛法，建立我的宗門，修建伽藍寺廟，使佛法獲得昌盛興隆，傳之久遠。」

徒衆們又問：「不知從佛祖開時到現在，已經傳了幾代，希望能夠開示。」

慧能大師說：「從古佛出世到現在，已經無法度量，難以計算。現在從過去七佛作爲開始講起；在過去莊嚴劫時，出現了毗婆尸佛、尸棄佛、毗舍浮佛；現今賢劫時，出現了拘留孫佛、拘那牟尼佛、迦葉佛、釋伽文佛、這是七佛。

釋伽牟尼佛首傳第一代祖師是摩訶迦葉尊者，第二祖阿難尊者，第三祖是商那和修者，第四祖是優婆毱多尊者，第五祖是提伽多尊者，第六祖是彌遮迦尊者，第七祖是婆須密多尊者，第八組是佛馱難提尊者，第九祖是優馱密多尊者，第十祖脅尊者，十一祖是富那夜奢尊者，十二祖是馬鳴大士，十三祖是迦毗摩羅尊者，十四祖是龍樹大士，十五祖是迦那提婆尊者，十六祖是羅睺羅多尊者，十七祖是僧伽難提尊者，十八祖是伽耶舍多尊者，十九祖是鳩摩羅多尊者，二十祖是闍耶多尊者，二十一祖是婆修盤頭尊者，二十二祖是摩拏羅尊者，二十三祖是鶴勒尊者，二十四祖是師子尊者，二十五祖是婆舍斯多尊者，二十六祖是不如密多尊者，二十七祖是般若多羅者，二十八是菩提達廣尊者，二十九祖是慧可大師，三十祖是僧璨大師，三十一祖是道信大師，三十二祖是弘忍大師，傳到我慧能是第三十三祖。以上各位祖師，各有稟承關係，你們各位將來，也要代代相傳，不要讓佛法有所乖離中斷。」

慧能大師在先天二年，癸丑年八月初三這一天，在國恩寺用完齋飯，對各位徒衆們說：「你們各位按照位次坐好，我和你們告別。」

這時，法海說道：「不知大和尙留下什麼教法，使後代迷人能夠認識佛性？」

慧能大師說：「你們認眞聽著。後代迷人，如果能夠認識到什麼是衆生，那就有了佛性；如果不認識什麼是衆生，那麼即使在一萬劫的漫長時間裡也難以尋覓到佛。我現在教你們認識到自己心裡的衆生，認識自己心裡的佛性。要想認識到佛，必須認識衆生。只是因爲衆生不認識佛，並非是佛不認識衆生。自己本性如果覺悟，那麼衆生就是佛；自己本性如果迷失，那麼佛是衆生。自己本性如果平等，那麼衆生就是佛；自己本性如果偏見，那麼佛就是衆生。你們如果心中險惡邪曲，那麼就是佛在衆生之中；如果有個念頭公平正直，那麼就是衆生成就佛道。我的心裡自然有佛，自己的佛才是眞正的佛；自己如果沒有佛心，又去哪裡尋求眞佛？你們各位的目的就是佛，再不要有所狐疑了。本心之外沒有一件事物能夠建立，這都是由於本心能夠產生萬種事物的緣故。所以佛經說：『心生就種種法生，心滅就種種法滅』。我現今留給你們一首偈頌，和你們告別。這首偈叫《自性眞佛偈》。後代的人，如果能夠理解這首偈頌的含義，自己見到本心，自然就會成就佛道。偈說：

真如自性是真佛，邪見三毒是魔王，
邪迷之時魔在舍，正見之時佛在堂。
性中邪見三毒生，就是魔王來住舍，
正見自除三毒心，魔變成佛真無假。
法身報身及化身，三身本來是一身。
若向性中能自見，就是成佛菩提因。
本從化身生淨性，淨性常在化身中，
性使化身行正道，當來圓滿真無窮。
淫性本是淨性因，除淫就是淨性身，
性中各自離五欲，見性剎那就是真。
今生若遇頓教門，忽悟自性見世尊，
若欲修行覓作佛，不知何處擬求真。
若能心中自見真，有真就是成佛因，
不見自性外覓佛，起心總是大痴人。

頓教法門今已留，救度世人須自修，
報汝當來學道者，不作此見大悠悠。

慧能說完偈頌，告訴衆僧道：「你們好好生活。我圓寂後，不要像普通人那樣悲哭掉淚，接受世人憑吊慰問，如果身穿孝服，那就不是我的弟子，也不是眞正的佛法。只要認識自己的本心，看到自己的本性，沒有動沒有靜，沒有生沒有死，沒有去沒有來，沒有是沒有非，沒有停留沒有變化。恐怕你們心裡迷惑不理解我的心意，現在再囑咐你們，讓你們認識到本性，我圓寂後，按照這首偈頌修行，就像我仍活在世上一樣；如果違背我的教誨，即使我還活在世上，也沒有什麼好處。」

這時，慧能大師又說偈頌道：

兀兀不修善，騰騰不造惡。
寂寂斷見聞，蕩蕩心無著。

慧能大師說完偈頌，一直端坐到半夜三更，忽然對徒衆們說：「我走了。」說完溘然而逝。這時滿室盈溢著特殊的香味，一道白虹從天落地，山上林木變成白色，禽獸全都哀哀而鳴。

十一月，廣州、韶州、新州三郡官員，以及門徒僧衆百姓，都爭著迎請慧能大師眞身，決定不了到底送往哪裡，於是衆人燃香祈禱說：「香煙指向何方，就是大師的回歸之地。」當時香煙直飛曹溪山方向。到了十一月十三日，衆人們遷徙慧能神龕和所傳衣鉢返歸曹溪山。

第二年七月十五日，徒衆們把慧能肉身請出神龕，弟子方辯用香泥塗在慧能身上，加以保護。這時，徒衆們記起慧能生前所說有人將竊取他腦袋的預言，就先用鐵片和漆布牢牢護住大師的頭頸，然後放進塔裡。入塔之時，忽然從塔裡出現一道白光，直衝雲霄，三天後方才消散。

韶州官員將慧能大師入塔之事上奏朝廷，接著地方官奉敕立碑刻石，記載慧能大師的佛道和德行。

慧能大師活了七十六歲，二十四歲繼承衣鉢，三十九歲落髮，宣講佛法普度衆生三十七年。獲得大師宗旨繼承佛法的，總共四十三人；契悟佛道超脫世俗的，不計其數。達摩大師所傳的袈裟，唐中宗欽賜的磨衲衣水晶鉢，以及方辯所塑大師眞像，加上大師修道用的法物等，都由主管寶塔的侍者放進塔裡，永遠鎭守寶林寺道場。後來社會上流傳《壇經》，用以顯揚頓教法門的宗旨，這些都是興隆佛、法、僧三寶，普遍利益衆生的事。

（洪丕謨）

附二 《壇經》宗寶本原文

唐　慧能述

門人法海記集

時大師至寶林，韶州韋刺史與官僚入山，請師出，於城中大梵寺講堂，爲衆開緣說法。

師升座次，刺史官僚三十餘人，儒宗學士三十餘人，僧尼道俗一千餘人，同時作禮，願聞法要。

大師告衆曰：善知識，菩提自性，本來清淨，但用此心，直了成佛。善知識，且聽慧能行由得法事意：

慧能嚴父，本貫范陽，左降流於嶺南，作新州百姓。此身不幸，父又早亡，老母孤遺，移來南海，艱辛貧乏，於市賣柴。

時有一客買柴，使令送至客店。客收去，慧能得錢，卻出門外，見一客誦經。慧能一聞經語，心即開悟。遂問：「客誦何經？」

客曰：「《金剛經》。」

復問：「從何所來，持此經典？」

客云：「我從蘄州黃梅縣東禪寺來，其寺是五祖忍大師在彼主化，門人一千有餘。我到彼中禮拜，聽受此經。大師常勸僧俗，但持《金剛經》，即自見性，直了成佛。」

慧能聞說，宿昔有緣，乃蒙一客，取銀十兩，與慧能，令充老母衣糧，教便往黃梅參禮五祖。

慧能安置母畢，即便辭違。不經三十餘日，便至黃梅，禮拜五祖。

祖問曰：「汝何方人？欲求何物？」

慧能對曰：「弟子是嶺南新州百姓，遠來禮師，惟求作佛，不求餘物。」

祖言：「汝是嶺南人，又是獦獠，若為堪作佛！」

慧能曰：「人雖有南北，佛性本無南北；獦獠身與和尚不同，佛性有何差別？」

五祖更欲與語，且見徒眾，總在左右，乃令隨眾作務。慧能曰：「慧能啓和尚，弟子自心常生智慧，不離自性，即是福田，未審和尚教作何務？」

祖云：「這獦獠根性大利。汝更勿言，著槽廠去。」

慧能退至後院，有一行者，差慧能破柴踏碓，經八月餘。

祖一日忽見慧能，曰：「吾思汝之見可用，恐有惡人害汝，遂不與汝言，汝知之否？」

慧能曰：「弟子亦知師意，不敢行至堂前，令人不覺。」

祖一日喚諸門人總來：「吾向汝說，世人生死事大。汝等終日只求福田，不求出離生死苦海。自性若迷，福何可救、汝等各去自看智慧，取自本心般若之性，各作一偈，來呈吾看。若悟大意，付汝衣法，爲第六代祖。火急速去，不得遲滯。思量即不中用，見性之人，言下須見。若如此者，輪刀上陣，亦得見之。」

衆得處分，退而遞相謂曰：「我等衆人，不須澄心用意作偈，將呈和尙，有何所益？神秀上座現爲教授師，必是他得；我輩謾作偈頌，枉用心力。」

諸人聞語，總皆息心，咸言：「我等以後依止秀師，何煩作偈？」

神秀思惟：諸人不呈偈者，爲我與他爲教授師，我須作偈將呈和尙，若不呈偈，和尙如何知我心中見解深淺？我呈偈意，求法即善，覓祖即惡，卻同凡心奪其聖位奚別？若不呈偈，終不得法。大難，大難。

五祖堂前，有步廊三間，擬請供奉盧珍畫《楞伽經》變相，及五祖血脈圖，流傳供養。

神秀作偈成已，數度欲呈，行至堂前，心中恍惚，遍身汗流，擬呈不得。前後經四日，一十三度呈偈不得。

秀乃思惟：不如向廊下書著，從他和尙看見。忽若道好，即出禮拜，雲是秀作；若道不堪，枉向山中數年，受人禮拜，更修何道！

是夜三更，不使人知，身執燈，書偈於南廊壁間，呈心所見。偈曰：

身是菩提樹，心如明鏡台。

時時勤拂拭，勿使惹塵埃。

秀書偈了，便卻歸房，人總不知。

秀復思維，本祖明日，見偈歡喜，即我與法有緣；若言不堪，自是我迷，宿業障重，不合得法。聖意難測。房中思想，坐卧不安，直至五更。

祖已知神秀入門未得，不見自性。天明，祖喚盧供奉來，向南壁廊間繪畫圖相，忽見其偈。報言：「供奉卻不用畫，勞爾遠來。經云：『凡所有相，皆是虛妄。』但留此偈，與人誦持。依此偈修，免墮惡道；依此偈修，有大利益。」令門人炷香禮敬，盡誦此偈，即得見性。門人誦偈，皆嘆：「善哉！」

祖三更喚秀入堂，問曰：「偈是汝作否？」

秀言：「實是秀作，不敢妄求祖位；望和尚慈悲，看弟子有少智慧否？」

祖曰：「汝作此偈，未見本性，只到門外，未入門內。如此見解，覓無上菩提，了不可得。無上菩提，須得言下識自本心，見自本性。不生不滅，於一切時中，念念自見。萬法無滯，一眞一切眞。萬境自如如，如如之心，即是眞實。若如是見，即是無上菩提之自性也。汝且去，一兩日思惟，更作一偈，將來吾看。汝偈若入得門，付汝衣法。」

神秀作禮而出。又經數日，作偈不成，心中恍惚，神思不安，猶如夢中，行坐不樂。

復兩日，有一童子於碓坊過，唱誦其偈。慧能一聞，便知此偈未見本性。雖未蒙敎授，早識大意。遂問童子曰：「誦者何偈？」

童子曰：「爾這獦獠不知。大師言：世人生死事大，欲得傳付衣法，令門人作偈來看，若悟大意，即付衣法，爲第六祖。神秀上座於南廊壁上，書《無相偈》，大師令人皆誦，依此偈修，免墮惡道；依此偈修，有大利益。」

慧能曰：「我亦要誦此，結來生緣。上人，我此踏碓，八個餘月，未曾行到堂前，望上人引至偈前禮拜。」

童子引至偈前禮拜。慧能曰：「慧能不識字，請上人爲讀。」

時有江州別駕，姓張名日用，便高聲讀。慧能聞已，遂言：「亦有一偈，望別駕爲書。」

別駕言：「汝亦作偈，其事希有。」

慧能向別駕言：「欲學無上菩提，不可輕於初學。下下人有上上智，上上人沒有意智；若輕人，即有無量無邊罪。」

別駕言：「汝但誦偈，吾爲汝書。汝若得法，先須度吾，勿忘此言。」

慧能偈曰：

菩提本無樹，明鏡亦非台；
本來無一物，何處惹塵埃。

書此偈已，徒衆總驚，無不嗟訝，各相謂言：「奇哉！不得以貌取人，何得多時使他肉身菩薩！」

祖見衆人驚怪，恐人損害，遂將鞋擦了偈，曰：「亦未見性。」衆以爲然。

次日，祖潛至碓坊，見能腰石舂米，語曰：「求道之人，爲法忘軀，當如是乎！」乃問曰：「米熟也未？」

慧能曰：「米熟久矣，猶欠篩在。」

祖以杖擊碓三下而去。慧能即會祖意，三鼓入室。

祖以袈裟遮圍，不令人見，爲說《金剛經》。至「應無所住而生其心」，慧能言下大悟：一切萬法不離自性。遂啓祖言：「何期自性本自清淨，何期自性本不生滅，何期自性本自具足，何期自性本無動搖，何期自性能生萬法！」

祖知悟本性，謂慧能曰：「不識本心，學法無益，若識自本心，見自本性，即名丈夫，無人師，佛。」

三更受法，人盡不知，便傳頓教及衣鉢，云：「汝爲第六代祖，善自護念，廣度有情，流布將來，無令斷絕。聽吾偈曰：

有情來下種，因地果還生；

無情亦無種，無性亦無生。

祖復曰：「昔達摩大師，初來此土，人未之信，故傳此衣。以爲信體，代代相承，法則以心傳心，皆令自悟自解，自古佛佛惟傳本體，師師密付本心，衣爲爭端，止汝勿傳，若傳此衣，命如懸絲。汝須速去，恐人害汝。」

慧能啓曰：「向甚處去？」

祖曰：「逢懷則止，遇會則藏。」

慧能三更領得衣鉢，云：「能本是南中人，素不知此山路，如何出得江口？」

五祖言：「汝不須憂，吾自送汝。」

祖相送，直至九江驛，祖令上船，五祖把艣自搖。

慧能言：「請和尚坐，弟子合搖艣。」

祖云：「合是吾度汝。」

慧能曰：「迷時師度，悟了自度，度名雖一，用處不同。慧能生在邊方，語音不正，蒙師傳法，今已得悟，只合自性自度。」

祖云：「如是如是。以後佛法，由汝大行。汝去三年，吾方逝世，汝今好去，努力向南，不宜速說，佛法難起。」

慧能辭違祖已，發足南行，兩月中間，至大庾嶺，逐後數百人來，欲奪衣鉢。一僧俗姓陳，名惠明，先是四品將軍，性行粗糙，極意參尋，為衆人先，趁及慧能。

慧能擲下衣鉢於石上，曰：「此衣表信，可力爭耶？」能隱草莽中。

惠明至，提掇不動，乃喚云：「行者行者！我為法來，不為衣來。」慧能遂出。盤坐石上。

惠明作禮云：「望行者為我說法。」

慧能云：「汝既爲法而來，可屏息諸緣，勿生一念，吾爲汝說。」良久，慧能云：「不思善，不思惡。正與麼時、那個是明上座本來面目？」惠明言下大悟，復問云：「上來密語，密意外，還更有密意否？」慧能云：「與汝說者，即非密也。汝若返照，密在汝邊。」明曰：「惠明雖在黃梅，實未省自己面目，今蒙指示，如人飲水，冷暖自知，今行者即惠明師也。」

慧能曰：「汝若如是，吾與汝同師黃梅，善自護持。」明又問：「惠明今後向甚處去？」慧能曰：「逢袁則止，遇蒙則居。」明禮辭。

慧能後至曹溪，又被惡人尋逐。乃於四會，避難獵人隊中，凡經一十五載，時與獵人隨宜說法。獵人常令守網，每見生命，盡放之。每至飯時，以菜寄煮肉鍋。或問，則對曰：「但吃肉邊菜。」

一日思維：時當弘法，不可終遯。遂出，至廣州法性寺，值印宗法師講《涅槃經》。

時有風吹旛動，一僧曰風動，一僧曰旛動，討論不已。

慧能進曰：「不是風動，不是旛動，仁者心動。」一衆駭然。

印宗延至上席，徵詰奧義。見慧能言簡理當，不由文字，宗云：「行者定非常人。久聞黃梅衣法南來，莫是行者否？」

慧能曰：「不敢。」宗於是作禮，告請傳來衣鉢，出示大衆。

宗復問曰：「黃梅付囑，如何指授？」

慧能曰：「指授即無，惟論見性，不論禪定解脫。」

宗曰：「何不論禪定解脫？」

慧能曰：「爲是二法，不是佛法，佛法是不二之法。」

宗又問：「如何是佛法不二之法？」

慧能曰：「法師講《涅槃經》，明佛性是佛法不二之法，如高貴德王菩薩白佛言：『犯四重禁，作五逆罪，及一闡提等，當斷善根佛性否？』佛言：善根有二：一者常，二者無常，佛性非常非無常，是故不斷，名爲不二；一者善，二者不善，佛性非善非不善，是名不二；蘊之與界，凡夫見二，智者了達，其性無二，無二之性，即是佛性。」

印宗聞說，歡喜合掌，言：「某甲講經，猶如瓦礫；仁者論義，猶如眞金。」於是爲慧能薙髮，願事爲師。慧能遂於菩提樹下，開東山法門。

慧能於東山得法，辛苦受盡，命似懸絲。今日得與使君、官僚、僧尼、道俗同此一會，莫非累劫之緣，亦是過去生中供養諸佛，同種善根，方始得聞如上頓教得法之因，教是先聖所傳，不是慧能自智。願聞先聖教者，各令淨心，聞了，各自除疑，如先代聖人無別。

一衆聞法，歡喜作禮而退。

般若品第二

次日，韋使君請益。師升座，告大衆曰：「總淨心，念摩訶般若波羅蜜多。」復云：「善知識！菩提般若之智，世人本自有之，只緣心迷，不能自悟，須假大善知識示導見性。當知愚人，智人，佛性本無差別，只緣迷悟不同，所以有愚有智。吾今爲說摩訶般若波羅蜜法，使汝等各得智慧。志心諦聽，吾爲汝說。」

善知識，世人終日口念般若，不識自性般若，猶如說食不飽。口但說空，萬劫不得見性，終無有益。

善知識，「摩訶般若波羅蜜」是梵語，此言「大智慧到彼岸」。此須心行，不在口念。口念心不行，如幻如化，如露如電。口念心行，則心口相應，本性是佛，離性無別佛。

何名「摩訶？」「摩訶」是「大」。心量廣大，猶如虛空，無有邊畔，亦無方圓大小，亦非青黃赤白，亦無上下長短，亦無嗔無喜，無是無非，無善無惡，無有頭尾。諸佛剎土，盡同虛空。世人妙性本空。無有一法可得。自性眞空，亦復如是。

善知識，莫聞吾說空，便即著空。第一莫著空，若空心靜坐，即著無記空。

善知識，世界虛空，能含萬物色像，日月星宿，山河大地，泉源溪澗，草木叢林，惡人善人、惡法善法，天堂地獄，一切大海，須彌諸山，總在空中；世人性空，亦復如是。

善知識，自性能含萬法是大，萬法在諸人性中。若見一切人，惡之與善，盡皆不取不捨，亦不染著。心如虛空，各之爲「大」，故曰「摩訶」。

善知識，迷人口說，智者心行，又有迷人，空心靜坐，百無所思，自稱爲大、此一輩人，不可與語，爲邪見故。

善知識，心量廣大，遍周法界。用即了了分明，應用便知一切，一切即一，一即一切。去來自由，心體無滯，即是般若。

善知識，一切般若智，皆從自性而生，不從外入、莫錯用意，各爲眞性自用。一眞一切眞。心量大事，不行小道。口莫終日說空。心中不修此行。恰似凡人，自稱國王，終不可得，非吾弟子。

「善知識，何名「般若」？「般若」者，唐言「智慧」也。一切處所，一切時中，念念不愚，常行智慧，即是般若行。一念愚即般若絕，一念智即般若生。世人愚迷，不見般若，口說般若，心中常愚，常自言「我修般若，念念說空，不識眞空。般若無形相，智慧心即是。若作如是解，即名般若智。」

「何名波羅蜜？」此是西國語，唐言「到彼岸」，解義「離生滅」。著境生滅起，如水有波浪，即名爲此岸；離境無生滅，如水常通流，即名爲彼岸，故號波羅蜜。

「善知識，迷人口念，當念之時，有妄有非；念念若行，是名眞性。悟此法者，是般若法；修此行者，是般若行。不修即凡，一念修行，自身等佛。

「善知識，凡夫即佛，煩惱即菩提。前念迷即凡夫，後念悟即佛；前念著境即煩惱，後念離境即菩提。

「善知識，摩訶般若波羅蜜最尊最上最第一，無住無往亦無來，三世諸佛從中出，當用大智慧打破五蘊煩惱塵勞。如此修行，定成佛道，變三毒爲戒定慧。

「善知識，我此法門，從一般若生八萬四千智慧。何以故？爲世人有八萬四千塵勞，若無塵勞，智慧常現，不離自性。悟此法者，即是無念，無憶、無著、不起狂妄，用自眞如性，以智慧觀照，於一切法，不取不捨，即是見性成佛道。

「善知識，若欲入甚深法界，及般若三昧者，須修般若行，持誦《金剛般若經》，即得見性。當知此經功德，無量無邊，經中分明讚嘆，莫能具說。此法門是最上乘，爲大智人說，爲上根人說；小根小智人聞，心生不信。何以故？譬如天龍下雨於閻浮提，城邑聚落，悉皆漂流，如漂草葉；若雨大海，不增不減。若大乘人，若最上乘人，聞說《金剛經》，心開悟解。故知本性自有般若之智，自用智慧，常觀照故，不假文字。譬如雨水，不從無有，元是龍能興致，令一切衆生，一切草木有情無情，悉皆蒙潤。百川衆流，卻入大海，合爲一體；衆生本性般若之智，亦復如是。

「善知識，小根之人，聞此頓敎，猶如草木根性小者，若被大雨，悉皆自倒，不能增長；小根之人，亦復如是。元有般若之智，與大智人更無差別，因何聞法不自開悟？緣邪見障重，煩惱根深，猶如大雲覆蓋於日，不得風吹，日光不現。般若之智亦無大小，爲一切衆生自心迷悟不同，迷心外見，修行覓佛，未悟自性，即是小根。若開悟頓敎，不執外修，但於自心常起正見，煩惱塵勞，常不能染，即是見性。

「善知識，內外不住，去來自由。能除執心，通達無礙。能修此行，與《般若經》本無差別。

「善知識，一切修多羅及諸文字，大小二乘十二部經，皆因人置，因智慧性，方能建立。若無世人，一切萬法本自不有。故知萬法，本自人興，一切經書因人說有，緣其人中有愚有智，愚爲小人，智爲大人。愚者問於智人，智者與愚人說法，愚人忽然悟解心開，即與智人無別。

「善知識，不悟即佛是衆生，一念悟時，衆生是佛。故知萬法盡在自心，何不從自心中，頓見眞如本性？《菩薩戒經》云：我本元自性清淨，若識自心見性，皆成佛道。《淨名經》云：「即時豁然，還得本心。」

「善知識，我於忍和尚處，一聞言下便悟，頓見眞如本性。是以將此教法流行，令學道者頓悟菩提，各自觀心，自見本性。若自不悟，須覓大善知識、解最上乘法者，直示正路。是善知識有大因緣，所謂化導，令得見性。一切善法，因善知識能發起故。三世諸佛，十二部經，在人性中本自具有，不能自悟，須求善知識指示方見；若自悟者，不假外求。若一向執謂須他善知識，望得解脫者，無有是處。何以故？自心內有知識自悟。若起邪迷，妄念顚倒，外善知識雖有教授，救不可得。若起正眞般若觀照，一剎那間、妄念俱滅。若識自性，一悟即至佛地。

「善知識，智慧觀照，內外明徹，識自本心；若識本心，即本解脫。若得解脫，即是般若三昧；般若三昧，即是無念。

「何名無念？知見一切法，心不染著，是爲無念。用即遍一切處，亦不著一切處，但淨本心，使六識出六門，於六塵中無染無染，來去自由，通用無滯，即是般若三昧，自在解脫，名無念行。若百物不思，當令念絕，即是法縛，即名邊見。

「善知識，悟無念法者，萬法盡通；悟無念法者，見諸佛境界；悟無念法者，至佛地位。

「善知識，後代得吾法者，將此頓教法門，於同見同行，發願受持，如事佛故，終身而不退者，定入聖位；然須傳授從上以來默傳分付，不得匿其正法。若不同見同行，在別法中，不得傳付，損彼前人，究竟無益。恐愚人不解，謗此法門，百劫千生，斷佛種性。

「善知識，吾有一《無相頌》，各須誦取，在家出家，但依此修；若不自修，惟記吾言，亦無有益。聽吾頌曰：

說通及心通，如日處虛空，
惟傳見性法，出世破邪宗。
法即無頓漸，迷悟有遲疾，
只此見性門，愚人不可悉。

說即雖萬般，合理還歸一，
煩惱暗宅中，常須生慧日。
邪來煩惱至，正來煩惱除，
邪正俱不用，清淨至無餘。
菩提本自性，起心即是妄，
淨心在妄中，但正無三障。
世人若修道，一切盡不妨，
當自見已過，與道即相當。
色類自有道，各不相妨惱，
離道別覓道，終身不見道。

波波度一生，到頭還自懊，
欲得見真道，行正即是道。
自若無道心，暗行不見道，
若真修道人，不見世間過。
若見他人非，自非却是左，
他非我不非，我非自有過。
但自却非心，打除煩惱破，
憎愛不關心，長伸兩脚卧。
欲擬化他人，自須有方便，
勿令彼有疑，即是自性現。

佛法在世間，不離世間覺，
離世覓菩提，恰如求兔角。
正見名出世，邪見名世間，
邪正盡打却，菩提性宛然。
此頌是頓教，亦名大法船，
迷聞經累劫，悟則刹那間。

師復曰：「今於大梵寺說此頓教，普願法界衆生，言下見性成佛。」

時韋使君與官僚道俗，聞師所說，無不省悟，一時作禮，皆嘆：「善哉，何期嶺南有佛出世！」

疑問品第三

一日，韋刺史為師設大會齋。齋吃，刺史請師升座，同官僚士庶肅容再拜。問曰：「弟子聞和尚說法，實不可思議，今有少疑，願大慈悲特為解說。」

師曰：「有疑即問，吾當為說。」

韋公曰：「和尚所說，可不是達摩大師宗旨乎？」

師曰：「是」。

公曰：「弟子聞達摩初化梁武帝，帝問云：『朕一生造寺度僧，布施設齋，有何功德？』達摩言：『實無功德』，弟子未達此理，願和尚為說。」

師曰：「實無功德，勿疑先聖之言。武帝心邪，不知正法。造寺度僧，布施設齋，各為求福。不可將福便為功德，功德在法身中，不在修福。」

師又曰：「見性是功，平等是德。念念無滯，常見本性，眞實妙用，名為功德。內心謙下是功，外行於禮是德；自性建立萬法是功，心體離念是德；不離自性是功，應用無染是德。若覓功德法身，但依此作，是眞功德。若修功德之人，心即不輕，常行普敬。心常輕人，吾我不斷，即自無功；自性虛妄不實，即自無德，為吾我自大，常輕一切故。善知識，念念無間是功，心行平直是德，自修性是功，自修身是德。善知識，功德須自性內見，不是布施供養之所求也。是以福德與功德別。武帝不識眞理，非我祖師有過。」

刺史又問曰：「弟子常見僧俗念阿彌陀佛，願生西方。請和尙說，徥生彼否？願爲破疑。」

師言：「使君善聽，慧能與說。世尊在舍衛城中，說西方引化，經文分明，去此不遠。若論相說里數，有十萬八千，即身中十惡八邪，便是說遠。說遠爲其下根，說近爲其上智。人有兩種，法無兩般。迷悟有殊，見有遲疾，迷人念佛求生於彼，悟人自淨其心。所以佛言：『隨其心淨，即佛土淨。』

「使君，東方人但心淨即無罪，雖西方人，心不淨亦有愆。東方人造罪，念佛求生西方，西方人造罪，念佛求生何國？凡愚不了自性，不識身中淨土，願東願西；悟人在處一般。所以佛言：『隨所住處恆安樂。』

「使君，心地但無不善，西方去此不遙；若懷不善之心，念佛往生難到。今勸善知識，先除十惡，即行十萬；後除八邪，乃過八千、念念見性，常行平直，到如彈指，便睹彌陀。

「使君，但行十善，何須更願往生？不斷十惡之心，何佛即來迎請？若悟無生頓法，見西方只在剎那；不悟，念佛求生，路遙如何得達？」

「慧能與諸人移西方於剎那間，目前便見，各願見否？」

衆皆頂禮云：「若此處見，何須更願往生？願和尚慈悲，便現西方，普令得見。」

師言：「大衆，世人自色身是城，眼、耳、鼻、舌是門。外有五門，內有意門。心是地，性是王，王居心地上，性在王在，性去王無。性在，身心存；性去，身心壞。佛向性中作，莫向身外求。自性迷即是衆生，自性覺即是佛。慈悲即是觀音，喜捨名爲勢至，能淨即釋迦，平直即彌陀。人我是須彌，邪心是海水，煩惱是波浪，毒害是惡龍，虛妄是鬼神，塵勞是魚鱉，貪嗔是地獄，愚痴是畜生。

「善知識，常行十善，天堂便至；除人我，須彌倒；去邪心，海水竭；煩惱無，波浪滅；毒害忘，魚龍絕。自心地上覺性如來，放大光明，外照六門清淨，能破六欲諸天。自性內照，三毒即除，地獄等罪，一時消滅，內外明徹，不異西方。不作此修，如何到彼？」

大衆聞說，了然見性，悉皆禮拜，俱嘆：「善哉！」唱言：「普願法界衆生，聞言一時悟解。」

師言：「善知識，若欲修行，在家亦得，不由在寺。在家能行，如東方人心善；在寺不修，如西方人心惡。但心清淨，即是自性西方。」

韋公又問：「在家如何修行，願爲教授。」

師言：「吾與大衆說《無相頌》，但依此修，常與吾同處無別；若不作此修，剃髮出家，於道何益？頌曰：

心平何勞持戒，行直何用修禪，
恩則孝養父母，義則上下相憐。
讓則尊卑和睦，忍則衆惡無喧，
若能鑽木取火，淤泥定生紅蓮。
苦口的是良藥，逆耳必是忠言，
改過必生智慧，護短心內非賢。
日用常行饒益，成道非由施錢。
菩提只向心覓，何勞向外求玄！
聽說依此修行，天堂只在目前。

師復曰：「善知識，總須依偈修行，見取自性，直成佛道。法不相待，眾人且散，吾歸曹溪。眾若有疑，卻來相問。」

時刺史、官僚，在會善男信女，各得開悟，信受奉行。

定慧品第四

師示眾云：「善知識，我此法門。以定慧為本。大眾勿迷，言定慧別。定慧一體，不是二。定是慧體，慧是定用。即慧之時定在慧，即定之時慧在定。若識此義，即是定慧等學。諸學道人，莫言先決發慧，先慧發定，各別。作此見者，法有二相，只說善語，心中不善，空有定慧，定慧不等；若心口俱善，內外一如，定慧即等。自悟修行，不在於諍，若諍先後，即同迷人。不斷勝負，卻增我法，不離四相。

「善知識，定慧猶如何等？猶如燈光。有燈即光，無燈即暗。燈是光之體，光是燈之用。名雖有二，體本同一。此定慧法，亦復如是。」

師示眾云：「善知識，一行三昧者，於一切處行、住、坐、臥，常行一直心是也。《淨名經》云：『直心是道場』，『直心是淨土』。莫心行諂曲，口但說直；口說一行三昧，不行直心。但行直心，於一切法，勿有執著。迷人著相，執一行三昧，直言常坐不動，妄不起心，即是一行三昧。作此解者，即同無情，卻是障道因緣。

「善知識，道須通流，何以卻滯？心不住法，道即通流；心若住法，名為自縛。若言常坐不動是，只如舍利弗宴坐林中，卻被維摩詰訶。

「善知識，又有人教坐，看心觀靜，不動不起，從此置功。迷人不會，便執成顛。如此者衆，如是相教，故知大錯。」

師示衆云：「善知識，本來正教，無有頓漸，人性自有利鈍。迷人漸修，悟人頓契。自識本心，自見本性，即無差別，所以立頓漸之假名。

「善知識，我此法門，從上以來，先立無念為宗，無相為體，無住為本。無相者，於相而離相；無念者，於念而無念；無住者，人之本性，於世間善惡好醜，乃至冤之與親，言語觸刺欺爭之時，並將為空，不思酬害。念念之中，不思前境。若前念、今念、後念，念念相續不斷，名為繫縛。於諸法上，念念不住，即無縛也。此是以無住為本。

「善知識，外離一切相，名為無相。能離於相，則法體清淨。此是以無相為體。

「善知識，於諸境上心不染，曰無念。於自念上，常離諸境，不於境上生心。若只百物不思，念盡除卻，一念絕即死，別處受生，是為大錯。學道者思之，若不識法意，自錯猶可，更勸他人，自迷不見，又謗佛經。所以立無念為宗。

「善知識，云何立無念為宗？只緣口說見性迷人，於境上有念，念上起邪見，一切塵勞妄想，從此而生。自性本無一法可得，若有所得，妄說禍福，即是塵勞邪見。故此法門，立無念爲宗。

「善知識，無者無何事？念者念何物？無者無二相，無諸塵勞之心。念者念眞如本性。眞如即是念之體，念即是眞如之用。眞如自性起念，非眼、耳、鼻、舌能念。眞如有性，所以起念。眞如若無，眼耳色聲，當時即壞。

「善知識，眞如自性起念，六根雖有見聞覺知，不染萬境，而眞性常自在。故經云：『能善分別諸法相，於第一義而不動。』」

坐禪品第五

師示衆云：「此門坐禪，元不看心，亦不看淨，亦不是不動。若言看心，心原是妄；知心如幻，故無所看也。若言看淨，人性本淨，由妄念故，蓋覆眞如；但無妄想，性自淸淨。起心看淨，卻生淨妄。妄無處所，看者是妄。淨無形相，卻主淨相，言是工夫，作此見者，障自本性，卻被淨縛。

「善知識，若修不動者，但見一切人時，不見人之非、善惡、過患，即是自性不動。

「善知識，迷人身雖不動，開口便說他人是非、長短、好惡，與道違背。若看心看淨，即障道也。」

師示衆云：「善知識，何名坐禪？此法門中，無障無礙，外於一切善惡境界心念不起，名爲坐；內見自性不動，名爲禪。

「善知識，何名禪定？外離相爲禪，內不亂爲定。外若著相，內心即亂；外若離相，心即不亂。本性自淨自定，只爲見境思境即亂。若見諸境心不亂者，是眞定也。

「善知識，外離相即禪，內不亂即定。外禪內定。《菩薩戒經》云：『我本性元自清淨。』

「善知識，於念念中，自見本性清淨，自修、自行，自成佛道。」

懺悔品第六

時大師見廣，韶洎四方士庶，駢集山中聽法，於是升座告衆曰：「來，諸善知識，此事須從自性中起，於一切時，念念自淨其心，自修其行，見自己法身，見自心佛，自度自戒，始得不假到此。既從遠來，一會於此，皆共有緣。今可各各胡跪，先爲傳自性五分法身香，次授無相懺悔。」衆胡跪。

師曰：「一、戒香，即自心中，無非、無惡、無嫉妒、無貪嗔、無劫害，名戒香。二、定香，即睹諸善惡境相，自心不亂，名定香。三、慧香，自心無礙，常以智慧觀照自性，不造諸惡，雖修衆善，心不執著，敬上念下，矜恤孤貧，名慧香。四、解脫香，即自心無所攀緣，不思善，不思惡，自在無礙，名解脫香。五、解脫知見香，自心旣無所攀緣善惡，不可沈空守寂，即須廣學多聞，識自本心，達諸佛理，和光接物，無我無人，直至菩提，眞性不易，名解脫知見香。

「善知識，此香各自內薰，莫向外覓。

「今與汝等授無相懺悔，滅三世罪，令得三世清淨。善知識，各隨我語。」一時道：「弟子等，從前念、今念及後念，念念不被愚迷染，從前所有惡業愚迷等罪，悉皆懺悔，願一時消滅，永不復起。弟子等，從前念，今念及後念，念念不被憍誑染，從前所有惡業憍誑等罪，悉皆懺悔，願一時消滅，永不復起。弟子等，從前念、今念及後念，念念不起嫉妒染，從前所有惡業嫉妒等罪，悉皆懺悔，願一時消滅，永不復起。」

「善知識，以上是爲無相懺悔，云何名懺？云何名悔？懺者，懺其前愆。從前所有惡業，愚迷、憍誑、嫉妒等罪，悉皆盡懺，永不復起，是名爲懺。悔者，悔其後過。從今以後，所有惡業、愚迷、憍誑、嫉妒等罪，今已覺悟，悉皆永斷，更不復作，是名爲悔，故稱懺悔。只夫愚迷，凡知懺其前愆，不知悔其後過。以不悔故，前罪不滅，後過又生。前罪既不滅，後過復又生，何名懺悔？

「善知識，既懺悔已，與善知識發四弘誓願，各須用心正聽：自心衆生無邊誓願度，自心煩惱無邊誓願斷，自性法門無盡誓願學，自性無上佛道誓願成。

「善知識，大家豈不道『衆生無邊誓願度』？憑麼道，且不是慧能度。

「善知識，心中衆生，所謂邪迷心、誑妄心、不善心、嫉妒心、惡毒心，如是等心，盡是衆生，各須自性自度，是名眞度。

「何名自性自度？即自心中邪見、煩惱、愚痴衆生，將正見度，既有正見，使般若智打破愚痴、迷妄衆生，各各自度。邪來正度，迷來悟度，愚來智度，惡來善度。如是度者，各爲眞度。

「又『煩惱無邊誓願斷』，將自性般若智，除卻虛妄思想心是也。又『法門無盡誓願學』，須自見性，常行正法，是名眞學。又『無上佛道誓願成』，即常能下心，行於眞正，離迷離覺，常生般若，除眞除妄，即見佛性，即言下佛道成。常念修行，是願力法。

「善知識，今發四弘願了，更與善知識授無相三皈依戒。善知識，皈依覺，兩足尊；皈依正，離欲尊；皈依淨，衆中尊。從今日去，稱覺爲師，更不皈依邪魔外道，以自性三寶常自證明。

「助善知識，皈依自性三寶。佛者，覺也；法者，正也；僧者，淨也。自心皈依覺，邪迷一生，少欲知足，能離財色，各兩足尊。自心皈依正，念念無邪見，以無邪見故，即無人我、貢高、貪愛、執著，各離欲尊。自心皈依淨，一切塵勞、愛欲境界，自性皆不染著、各衆中尊。若修此行，是自皈依。

「凡夫不會，從日至夜，受三皈戒。若言皈依佛，佛在何處？若不見佛，憑何所皈？言卻成妄。

「善知識，各自觀察，莫錯用心。經文分明言自皈依佛，不言皈依他佛；自佛不皈，無所依處。今既自悟，各須皈依自心三寶，內調心性，外敬他人，是自皈依也。

「善知識，既皈依自三寶竟，各各志心，吾與說一體三身自性佛，令汝等見三身，了然自悟自性。總隨我道：『於自色身皈依清淨法身佛，於自色身皈依圓滿報身佛，於自色身皈依千百億化身佛。』

「善知識，色身是舍宅，不可言皈，向者三身佛，在自性中，世人總有，為自心迷，不見內性，外覓三身如來，不見自身中有三身佛。汝等聽說，令汝等於自身中見自性有三身佛。此三身佛，從自性生，不從外得。

「何名清淨法身佛？世人性本清淨，萬法從自性生。思量一切惡事，即生惡行；思量一切善事，即生善行。如是諸法在自性中，如天常清，日月常明，爲浮雲蓋覆，上明下暗；忽遇風吹雲散，上下俱明，萬象皆現。世人性常浮游，如彼天雲。

「善知識，智如日，慧如月，智慧常明。於外著境，被自念浮雲蓋覆，自性不得明朗。若遇善知識，聞眞正法，自除迷妄，內外明徹，於自性中萬法皆現、見性之人，亦復如是。此名清淨法身佛。

「善知識，自心皈依自性，是皈依眞佛。自皈依者，除卻自性中不善心、嫉妒心、諂曲心、吾我心，誑妄心、輕人心、慢他心、邪見心、貢高心，及一切時中不善之行。常自見己過，不說他人好惡，是自皈依，常須下心，普行恭敬，即是見性通達，更無滯礙，是自皈依。

「何名圓滿報身？譬如一燈能除千年暗，一智能滅萬年愚。莫思向前，已過不可得；常思於後，念念圓明，自見本性。善惡雖殊，本性無二。無二之性，名爲實性。於實性中，不染善惡，此名圓滿報身佛。自性起一念惡，滅萬劫善因；自性起一念善，得恆沙惡盡，直至天上菩提。念念自見，不失本念，名爲報身。

「何名千百億化身？若不思萬法，性本如空；一念思量，名爲變化。思量惡事，化爲地獄；思量善事，化爲天堂。毒害化爲龍蛇，慈悲化爲菩薩。智慧化爲上界，愚痴化爲下方。自性變化甚多，迷人不能省覺，念念起惡，常行惡道。回一念善，智慧即生，此名自性化身佛。

「善知識，法身本具。念念自性身見，即是報身佛。從報身思量，即是化身佛。自悟、自修自性功德，是真皈依。皮肉是色身，色身是宅舍，不言皈依也。但悟自性三身，即識自性佛。

吾有一《無相頌》，若能誦詩，言下令汝積劫迷罪，一時消滅。頌曰：

迷人修福不修道，只言修福便是道，
布施供養福無邊，心中三惡元來造。
擬將修福欲滅罪，後世得福罪還在，
但向心中除罪緣，各自性中真懺悔。
忽悟大乘真懺悔，除邪行正即無罪，
學道常於自性觀，即與諸佛同一類。
吾祖唯傳此頓法，普願見性同一體，
若欲當來覓法身，離諸法相心中洗。

努力自見莫悠悠，後念忽絕一世休，
若悟大乘得見性，虔恭合掌至心求。

師言：「善知識，總須誦取，依此修行，言下見性，雖去吾千里，如常在吾邊。於此言下不悟，即對面千里，何勤遠來，珍重好去。」

一衆聞法，靡不開悟，歡喜奉行。

機緣品第七

師自黃梅得法，回至韶州曹候侯，人無知者。時有儒士劉志略。禮遇甚厚。志略有姑爲尼，名無盡藏，常誦《大涅槃經》，師暫聽即知妙義，遂爲解說。尼乃執卷問字。

師曰：「字即不識，義即請問。」

尼曰：「字尙不識，焉能會義？」

師曰：「諸佛妙理，非關文字。」

尼驚異之，遍告里中耆德云：「此是有道之士，宜請供養。」

有魏武侯玄孫曹叔良及居民，竟來瞻禮。時寶林古寺，自隋末兵火已廢，遂於故基重建梵宇，延師居之，俄成寶坊。

師住九月餘日，又爲惡黨尋逐，師乃遁於前山；被其縱火焚草木，師隱身挨入石中得免。石今有師趺坐膝痕，及衣布之紋，因名避難石。師憶五祖「懷會止藏」之囑，遂行隱於二邑焉。

僧法海，韶州曲江人也。初參祖師，問曰：「即心即佛，願垂指諭。」

師曰：「前念不生即心，後念不滅即佛；成一切相即心，離一切相即佛，吾若具說，窮劫不盡，聽吾偈曰：

即心名慧，即佛乃定，
定慧等持，意中清淨。
悟此法門，由汝習性，
用本無生，雙修是正。

法海言下大悟，以偈讚曰：

即心元是佛，不悟而自屈，
我知定慧因，雙修離諸物。

僧法達，洪州人。七歲出家，常誦《法華經》。來禮祖師，頭不至地。祖訶曰：「禮不投地，何如不禮！汝心中必有一物，蘊習何事邪？」曰：「念《法華經》已及三千部。」祖曰：「汝若念及萬部，得其經意，不以為勝，則與吾偕行；汝今負此事業，都不知過。聽吾偈曰：

禮本折慢幢，頭奚不至地？
有我罪即生，亡功福無比。

師又曰：「汝名什麼？」
曰：「法達。」
師曰：「汝名法達，何曾達法？」復說偈曰：

汝今名法達，勤誦未休歇，
空誦但循聲，明心號菩薩。
汝今有緣故，吾今為汝說，
但信佛無言，蓮花從口發。

達聞偈，悔謝曰：「而今而後，當謙恭一切。弟子誦《法華經》，未解經義，心常有疑。和尚智慧廣大，願略說經中義理。」

師曰：「法達！法即甚達，汝心不達；經本無疑，汝心自疑，汝念此經，以何為宗？」

達曰：「學人根性暗鈍，從來但依文誦念，豈知宗趣？」

師曰：「吾不識文字，汝試取經誦一遍，吾當為汝解說。」

法達即高聲念經，至《譬喻品》，師曰：「止，此經元來以因緣出世為宗，縱說多種譬喻，亦無越於此、何者因緣？經云：『諸佛世尊，唯以一大事因緣故，出現於世。』一大事者，佛之知見也。世人外迷著相，內迷著空，若能於相離相，於空離空，即是內外不迷。若悟此法，一念心開，是爲開佛知見。

「佛猶覺也，分爲四門：開覺知見，示覺知見，悟覺知見，入覺知見。若聞開示，便能悟入，即覺知見，本來眞性而得出現。汝愼勿錯解經意，見他道開示悟入，自是佛之知見，我輩無分。若作此解，乃是謗經毀佛也。

彼即是佛，已具知見，何用更開？汝今當信佛知見者，只汝自心，更無別佛。蓋爲一切衆生，自蔽光明，貪愛塵境，外緣內擾，甘受驅馳，便勞他世尊，從三昧起，種種苦口，勸令寢息，莫向外求，與佛無二，故云開佛知見。

「吾亦勸一切人，於自心中，常開佛之知見。世人心邪，愚迷造罪，口善心惡，貪嗔嫉妒，諂佞我慢，侵人害物，自開衆生知見；若能正心，常生智慧，觀照自心，止惡行善，是自開佛之知見。

「汝須念念開佛知見，勿開衆生知見。開佛智見，即是出世；開衆生知見，即是世間。汝若但勞勞執念，以爲功課者，何異牦牛愛尾？」

達曰：「若然者，但得解義，不勞誦經耶？」

師曰：「經有何過，豈障汝念？只爲迷悟在人，損益由己。口誦心行，即是轉經；口誦心不行，即是被經轉。聽吾偈曰：

心迷《法華》轉，心悟轉《法華》。
誦經久不明，與義作仇家。
無念念即正，有念念成邪，
有無俱不計，長御白牛車。

達聞偈，不覺悲泣，言下大悟，而告師曰：「法達從昔已來，實未曾轉《法華》，乃被《法華》轉。」再啓曰：「經云，諸大聲聞乃至菩薩，皆盡思其度量，不能測佛智。今令凡夫但悟自心，便名佛之知見，自非上根，未免疑謗。又經說三車，羊、鹿、牛車，與白牛之車，如何區別？願和尚再垂開示。」

師曰：「經意分明，汝自迷背。諸三乘人，不能測佛智者，患在度量也。饒伊盡思共推，轉加懸遠。佛本爲凡夫說，不爲佛說。此理若不肯信者，從他退席，殊不知坐卻白牛車，更於門外覓三車。況經文明向汝道，唯一佛乘，無有餘乘。若二若三，乃至無數方便，種種因緣，譬喻言詞，是法皆爲一佛乘故。汝何不省，三車是假，爲昔時故，一乘是實，爲今時故，只教汝去假歸實。歸實之後，實亦無名。應知所有珍財，盡屬於汝，由汝受用，更不作父想，亦不作子想，亦無用想，是名持《法華經》。從劫至劫，手不釋卷，從晝至夜，無不念時也。」

達蒙啓發，踴躍歡喜，以偈讚曰：

經誦三千部，曹溪一句亡。
未明出世旨，寧歇累生狂。
羊鹿牛權設，初中後善揚。
誰知火宅內，元是法中王。

師曰：「汝今後方可名念經僧也。」

達從此領玄旨，亦不輟誦經。

僧智通，壽州安豐人，初看《楞伽經》約千餘遍，而不會三身四智，禮師求解其義。

師曰：「三身者，清淨法身，汝之性也；圓滿報身，汝之智也；千百億化身，汝之行也。若離本性，別說三身，即名有身無智；若悟三身無有自性，即名四智菩提。聽吾偈曰：

自性具三身，發明成四智。
不離見聞緣，超然登佛地。
吾今為汝說，諦信永無迷，
莫學馳求者，終日說菩提。

通再啓曰：「四智之義，可得聞乎？」

師曰：「既會三身，便明四智，何更問耶？若離三身，別談四智，此名有智無身，即此有智，還成無智。」復說偈曰：

大圓鏡智性清淨，平等性智心無病
妙觀察智見非功，成所作智同圓鏡。
五八六七果因轉，但用名言無實性。
若於轉處不留情，繁興永處那伽定。

通頓悟性智，遂呈偈曰：

三身元我體，四智本心明。
身智融無礙，應物任隨形。
起修皆妄動，守住匪真精。
妙旨因師曉，終亡染污名。

僧智常，信州貴溪人，髫年出家，志求見性。一日參禮，師問曰：「汝從何來？欲求何事？」

曰：「學人近往洪州白峰山禮大通和尚，蒙示見性成佛之義，未決孤疑，遠來投禮，伏望和尚慈悲指示。」

師曰：「彼有何言句，汝試舉看。」

曰：「智常到彼，凡經三月，未蒙示海。爲法切故，一夕獨入丈室，請問如何是某甲本心本性。大通乃曰：『汝見虛空否？』對曰：『見。』彼曰：『汝見虛空有相貌否？』對曰：『虛空無形，有何相貌？』彼曰：『汝之本性，猶如虛空，了無一物可見，是名正見；無一物可知，是名眞知；無有青黃長短，但見本源淸淨，覺體圓明，即名見性成佛，亦名如來知見。』學人雖聞此說，猶未決了，乞和尚開示。」

師曰：「彼師所說，猶存見知，故今汝未了。吾今示汝一偈：

不見一法存無見，大似浮雲遮日面；
不知一法守空知，還如太虛生閃電。
此之知見瞥然興，錯誤何曾解方便，
汝當一念自知非，自己靈光常顯現。

常聞偈已，心意豁然，乃述偈曰：

無端起知見，著相求菩提。
情存一念悟，寧越昔時迷。
自性覺源體，隨照枉遷流。

不入祖師室，茫然趣兩頭。

智常一日問師曰：「佛說三乘法，又言最上乘，弟子未解，願為教授。」

師曰：「汝觀自本心，莫著外法相。法無四乘，人心自有等差：見聞轉誦是小乘，悟法解義是中乘，依法修行是大乘；萬法盡通，萬法具備，一切不染，離諸法相，一無所得，名最上乘。乘是行義，不在口爭。汝須自修，莫問吾也。一切時中，自性自如。」

常禮謝執侍，終師之世。

僧志道，廣州南海人也，請益曰：「學人自出家，覽《涅槃經》十載有餘，未明大意，願和尚垂誨。」

師曰：「汝何處未明？」

曰：「『諸行無常，是生滅法；生滅滅已，寂滅為樂。』於此疑惑。」

師曰：「汝作麼生疑？」

曰：「一切衆生皆有二身，謂色身、法身也。色身無常，有生有滅，法身有常，無知無覺。經云『生滅滅已，寂滅為樂』者，不審何身寂滅，何身受樂？若色身者，色身滅時，四大分散，全然是苦，苦不可言樂；若法身寂滅，即同草木瓦石，誰當受樂？又法性是生滅之體，五蘊是生滅之用。一體五用，生滅是常。生則從體起用，滅則攝用歸體。若聽更生，即有情之類，不斷不滅；若不聽更生，則永歸寂滅，同於無情之物。如是，則一切諸法被涅槃之所禁伏，尚不得生，何樂之有？」

師曰：「汝是釋子，何習外道斷常邪見，而議最上乘法？據汝所說，即色身外別有法身，離生滅求於寂滅，又推涅槃常樂，言有身受用，斯乃執吝生死，耽著世樂。汝今當知佛一切迷人，認五蘊和合爲自體相，分別一切法爲外塵相，好生惡死，念念遷流，不知夢幻虛假，枉受輪回，以常樂涅槃，翻爲苦相，終日馳求。佛愍此故，乃示涅槃眞樂，剎那無有生相，剎那無有滅相，更無生滅可滅，是則寂滅現前。當現前時，亦無現前之量，乃謂常樂。此樂無有受者，亦無不受者，豈有一體五用之名？何況更言涅槃禁伏諸法，令永不生，斯乃謗佛毀法。聽吾偈曰：

無上大涅槃，圓明常寂照。
凡愚謂之死，外道執為斷。
諸求二乘人，目以為無作。

屬盡情所計，六十二見本。
安立虛假名，何為真實義？
惟有過量人，通達無取捨。
以知五蘊法，及以蘊中我。
外現衆色像，一一音聲相，
平等如夢幻。
不起凡聖見，不作涅槃解。
二邊三際斷，常應諸根用，
而不起用想。
分別一切法，不起分別想。
劫火燒海底，風鼓山相擊。
真常寂滅樂，涅槃相如是。
吾今強言說，令汝捨邪見。
汝勿隨言解，許汝知少分。

志道聞偈大悟，踴躍作禮而退。

行思禪師，生吉州安城劉氏，聞曹溪法席盛化，徑來參禮。

遂問曰：「當何所務，即不落階級？」

師曰：「汝曾作什麼來？」

曰：「聖諦不爲。」

師曰：「落何階級？」

曰：「聖諦尚不爲，何階級之有！」

師深器之，今思首衆。

一日師謂曰：「汝當分化一方，無令斷絕。」

思既得法，遂回吉州青原山，弘法紹化。諡「弘濟禪師」。

懷讓禪師，金州杜氏子也，初謁嵩山安國師，安發之曹溪參叩。

讓至禮拜，師曰：「甚處來？」

曰：「嵩山。」

師曰：「什麼物，憑麼來？」

曰：「說似一物即不中。」

師曰：「還可修證否？」

曰：「修證即不無，污染即不得。」

師曰：「只此不污染，諸佛之所護念，汝旣如是，吾亦如是。西天般若多羅讖：汝足下出一馬駒，踏殺天下人，應在汝心，不須速說。」

讓豁然契會，遂執侍左右一十五載，日臻玄奧。

後往南嶽，大闡禪宗。敕謚「大慧禪師」。

永嘉玄覺禪師，溫州戴氏子，少習經論，精天台止觀法門，因看《維摩經》，發明心地。偶師弟子玄策相訪，與其劇談，出言暗合諸祖，策云：「仁者得法師誰？」

曰：「我聽方等經論，各有師承，後於《維摩經》，悟佛心宗，未有證明者。」

策云：「威音王已前即得，威音王已後，無師自悟，盡是天然外道。」

曰：「願仁者爲我證據。」

策云：「我言輕，曹溪有六祖大師，四方雲集，並是受法者，若去，則與偕行。」

覺遂同策來參，繞師三匝，振錫而立。

師曰：「夫沙門者，具三千威儀，八萬細行，大德自何方而來，生大我慢？」

覺曰：「生死事大，無常迅速。」

師曰：「何不體取無生，了無速乎？」

曰：「體即無生，了本無速。」

師曰：「如是、如是。」

玄覺方具威儀禮拜，須臾告辭。

師曰：「返太速乎？」

曰：「本自非動，豈有速耶？」

師曰：「誰知非動？」

曰：「仁者自生分別。」

師曰：「汝甚得無生之意。」

曰：「無生豈有意耶？」

師曰：「無意誰當分別？」

曰：「分別亦非意。」

師曰：「善哉！」

少留一宿，時謂一宿覺。

後著《證道歌》，盛行於世，謚曰：「無相大師」，時稱爲「眞覺」焉。

禪者智隍，初參五祖，自謂已得正受，庵居長坐，積二十年。師弟子玄策，遊方至河朔，聞隍之名，造庵問云：「汝在此作什麼？」

隍曰：「入定。」

策云：「汝云入定，爲有心入耶？無心入耶？若無心入者，一切無情草木瓦石，應合得定；若有心入者，一切有情含識之流，亦應得定。」

隍曰：「我正入定時，不見有有無之心。」

策云：「不見有有無之心，即是常定，何有出入？若有出入，即非大定。」

隍無對。良久，問曰：「師嗣誰耶？」

策云：「我師曹溪六祖。」

隍云：「六祖以何爲禪定？」

策云：「我師所說，妙湛圓寂，體用如如，五陰本空，六塵非有，不出不入，不定不亂。禪性無住，離住禪寂；禪性無生，離生禪想。心如虛空，亦無虛空之量。」

隍聞是說，徑來謁師。

師問云：「仁者何來？」

隍具述前緣。

師云：「誠如所言，汝但心如虛空，不著空見，應用無礙，動靜無心，凡聖情忘，能所俱泯，性相如如，無不定時也。」

隍於是大悟，二十年所得，心都無影響，其夜，河北士庶聞空中有聲云：「隍禪師今日得道。」

隍後禮辭，復歸河北，開化四衆。

一僧問師云：「黃梅意旨，甚麼人得？」

師云：「會佛法人得。」

僧云：「和尚還得否？」

師云：「我不會佛法。」

師一日欲濯所授之衣，而無美泉，因至寺後五裡許。見山林鬱茂，瑞氣盤旋，師振錫卓地，泉應手而出，積以爲池。乃膝跪浣衣石上。忽有一僧來禮拜，云：「方辯，是西蜀人。昨於眼藏及僧伽梨，見傳六代，於韶州曹溪。汝去瞻禮。方辯遠來，願見我師傳來衣鉢。」

師乃出示，次問：「上人攻何事業？」

曰：「善塑。」

師正色曰：「汝試塑看。」

辯罔措。

過數日，塑就眞相，可高七寸，曲盡其妙。

師笑曰：「汝只解塑性，不解佛性。」

師舒手摩方辯頂，曰：「永爲人天福田。」

師仍以衣酬之，辯取衣分爲三，一披塑像，一自留，一用棕裹瘞地中。誓曰：「後得此衣，乃吾出世，住持於此，重建殿宇。」

有僧舉臥輪禪師偈云：

臥輪有伎倆，能斷百思想，
對境心不起，菩提日日長。

師聞之曰：「此偈未明心地，若依而行之，是加繫縛。」因示一偈云：

慧能沒伎倆，不斷百思想，
對境心數起，菩提作麼長？

頓漸品第八

時祖師居曹溪寶林，神秀大師在荊南玉泉寺。於時兩宗盛化，人皆稱「南能北秀」，故有南北二宗，頓漸之分，而學者莫知宗趣。師謂衆曰：「法本一宗，人有南北；法即一種，見有遲疾，何名頓漸？法無頓漸，人有利鈍，故名頓漸。」

然秀之徒衆，往往譏南宗祖師，不識一字，有何所長？秀曰：「他得無師之智，深悟上乘，吾不如也。且吾師五祖，親傳衣法，豈徒然哉？吾恨不能遠去親近，虛受國恩。汝等諸人毋滯於此，可往曹溪參決。」

一日，命門人志誠曰：「汝聰明多智，可爲吾到曹溪聽法，若有所聞，盡心記取。還爲吾說。」

志誠稟命至曹溪，隨衆參請，不言來處。

時祖師告衆曰：「今有盜法之人，潛在此會。」

志誠即出禮拜，具陳其事。師曰：「汝從玉泉來，應是細作。」

對曰：「不是。」

師曰：「何得不是？」

對曰：「未說即是，說了不是。」

師說：「汝師若為示衆？」

對曰：「常指誨大衆，住心觀淨，長坐不臥。」

師曰：「住心觀淨，是病非禪，常坐拘身，於理何益？聽吾偈曰：

生來坐不臥，死去臥不坐；一具臭骨頭，何為立功課？

志誠再拜曰：「弟子在秀大師處學道九年，不得契悟，今最和尚一說，便契本心。弟子生死事大，和尚大慈，更為教示。」

師曰：「吾聞汝師教示學人戒定慧法，未審汝師說戒定慧行南天竺國，見達摩大師。囑方辯：『速往唐土，吾傳大迦葉正法相如何，與吾說看。』」

誠曰：「秀大師說：『諸惡莫作名為戒，諸善奉行名為慧，自淨其意名為定。』彼說如此，未審和尚以何法誨人？」

師曰：「吾若言有法與人，即為誑汝，但且隨方解縛，假名三昧。如汝師所說戒定慧，實不可思議也。吾所見戒定慧又別。」

志誠曰：「戒定慧只合一種，如何更別？」

師曰：「汝師戒定慧接大乘人，吾戒定慧接最上乘人，悟解不同，見有遲疾。汝聽吾說，與彼同否。吾所說法，不離自性，離體說法，名為相說，自性常迷。須知一切萬法，皆從自性起用，是眞戒定慧法。聽吾偈曰：

心地無非自性戒，心地無痴自性慧。

心地無亂自性定，不增不減自金剛，

身去身來本三昧。

誠聞偈，悔謝，乃呈一偈曰：

五蘊幻身，幻何究竟，

回趣真如，法還不淨。

師然之，復語誠曰：「汝師戒定慧，勸小根智人；吾戒定慧，勸大根智人。若悟自性，亦不立菩提涅槃，亦不立解脫知見。無一法可得，方能建立萬法。若解此意，亦名佛身，亦名菩提涅槃，亦名解脫知見。見性之人，立亦得，不立亦得，去來自由，無滯無礙，應用隨作，應語隨答，普見化身，不離自性，即得自在神通，遊戲三昧，是名見性。」

志誠再啓師曰：「如何是不立義？」

師曰：「自性無非、無痴、無亂，念念般若觀照，常離法相，自由自在，縱橫盡得，有何可立？自性自悟，頓悟頓修，亦無漸次，所以不立一切法，諸法寂滅，有何次第？」

志誠禮拜，願爲執侍，朝夕不懈。

僧志徹，江西人，本姓張，名行昌。少任俠。自南北分化，二宗主雖亡彼我，而徒侶競起愛憎。時北宗門人自立秀師爲第六組，而忌祖師傳衣爲天下聞，乃囑行昌來刺師。師心通，預知其事，即置金十兩於座間。

時夜暮，行昌入祖室，將欲加害，師舒頸就之，行昌揮刃者三，悉無所損。

師曰：「正劍不邪，邪劍不正，只負汝金，不負汝命。」

行昌驚僕，久而方蘇，求哀悔過，即願出家。

師遂與金，言：「汝且去，恐徒衆翻害於汝。汝可他日易形而來，吾當攝受。」行昌稟旨宵遁，後投僧出家，具戒精進。

一日，憶師之言，遠來禮覲。師曰：「吾久念汝，汝來何晚？」

曰：「晚蒙和尚捨罪，今雖出家苦行，終難報德，其惟傳法度生乎？弟子常覽《涅槃經》，未曉常無常義，乞和尚慈悲，略爲解說。」

師曰：「無常者，即佛性也；有常者，即一切善惡諸法分別心也。」

曰：「和尚所說，大違經文。」

師曰：「吾傳佛心印，安敢違於佛經？」

曰：「經說佛性是常，和尚卻言無常；善惡諸法，乃至菩提心皆是無常，和尚卻言是常。此即相違，令學人轉加疑惑。」

師曰：「《涅槃經》，吾昔聽尼無盡藏讀誦一遍，便爲講說，無一字一義不合經文，乃至爲汝，終無二說。」

曰：「學人識量淺昧，願和尚委曲開示。」

師曰：「汝知否，佛性若常，更說什麼善惡諸法，乃至窮劫，無有一人發菩提心者？若吾說無常，正是佛說眞常之道也。又，一切諸法若無常者，即物物皆有自性，容受生死，而眞常性有不遍之處。故吾說常者，是佛說眞無常義。佛比爲凡夫、外道執於邪常，諸二乘人於常計無常，共成八倒，故於涅槃了義教中，破彼偏見，而顯說眞常、眞樂、眞我、眞淨。汝今依言背義，以斷滅無常，及確定死常，而錯解佛之圓妙最後微言，縱覽千遍，有何所益。」

行昌忽然大悟，說偈曰：

因守無常心，佛說有常性。
不知方便者，猶春池拾礫。
我今不施功，佛性而現前。
非師相授與，我亦無所得。

師曰：「汝今徹也，宜名志徹。」徹禮謝而退。

有一童子，名神會，襄陽高氏子。年十三，自玉泉來參禮。

師曰：「知識遠來艱辛，還將得本來否？若有本則會識主，試說看。」

會曰：「以無住爲本，見即是主。」

師曰：「這沙彌爭合取次語。」

會乃問曰：「和尚坐禪，還見不見？」

師以拄杖打三下，云：「吾打汝是痛不痛？」

對曰：「亦痛亦不痛。」

師曰：「吾亦見亦不見。」

神會問：「如何是亦見亦不見？」

師云：「吾之所見，常見自心過愆，不見他人是非好惡，是以亦見亦不見。汝言亦痛亦不痛如何？汝若不痛，同其木石；若痛，則同凡夫，即起恚恨。汝向前！見不見是二邊，痛不痛是生滅。汝自性且不見，敢爾弄人！」神會禮拜悔謝。

師又曰：「汝若心迷不見，問善知識覓路；汝若心悟，即自見性，依法修行。汝自迷不見自心，卻來問吾見與不見。吾見自知，豈代汝迷？汝若自見，亦不代吾迷。何不自知自見，乃問吾見與不見？」

神會再禮百餘拜，求謝過愆，服勤給侍，不離左右。

一日，師告衆曰：「吾有一物，無頭無尾，無名無字，無背無面，諸人還識否？」

神會出曰：「是諸佛之本源，神會之佛性。」

師曰：「向汝道無名無字，汝便喚作本源佛性。汝向去有把茅蓋頭，也只成個知解宗徒。」

祖師滅後，會入京洛，大宏曹溪頓敎，著《顯宗記》，盛行於世，是爲荷澤禪師。

師見諸宗難問，咸起惡心，多集座下，愍而謂曰：「學道之人，一切善念惡念，應當盡除，無名可名，名於自性。無二之性，是名實性。於實性上建立一切教門，言下便須自見。」

諸人聞說，總皆作禮。請事爲師。

護法品第九

神龍元年上元日，則天中宗詔云：「朕請安、秀二師宮中供養，萬機之暇，每究一乘。二師推讓云：『南方有能禪師，密授忍大師衣法，傳佛心印，可請彼問。』今遣內侍薛簡，馳詔請迎，願師慈念，速赴上京。」

師上表辭疾，願終林麓。

薛簡曰：「京師禪德皆云：『欲得會道，必須坐禪習定，若不因禪定而得解脫者，未之有也。』未審師所說法如何。」

師曰：「道由心悟，豈在坐也？經云：『若言如來若坐若臥，是行邪道。』何故？無所從來，亦無所去，無生無滅，是如來清淨禪；諸法空寂，是如來清淨坐。究竟無證，豈況坐耶？」

簡曰：「弟子回京，主上必問，願師慈悲，指示心要，傳奏兩宮，及京城學道者。譬如一燈燃百千燈，冥者皆明，明明無盡。」

師云：「道無明暗，明暗是代謝之義，明明無盡，亦是有盡，相待立名，故《淨名經》云：『法無有比。』無相待故。」

簡曰：「明喻智慧，暗喻煩惱。修道之人，倘不以智慧照破煩惱，無始生死，憑何出離？」

師曰：「煩惱即是菩提，無二無別。若以智慧照破煩惱者，此是二乘見解，羊鹿等機。上智大根，悉不如是。」

簡曰：「如何是大乘見解？」

師曰：「明與無明，凡夫見二；智者了達，其性無二，無二之性，即是實性。實性者，處凡愚而不減，在賢聖而不增，住煩惱而不亂，居禪定而不寂。不斷不常，不來不去，不在中間及其內外，不生不滅，性相如如，常住不遷，名之曰道。」

簡曰：「師說不生不滅，何異外道？」

師曰：「外道所說不生不滅者，將滅止生，以生顯滅，滅猶不滅，生說不生。我說不生不滅者，本自無生，今亦不滅，所以不同外道。汝若欲知心要，但一切善惡都莫思量，自然得入清淨心體，湛然常寂，妙用恆沙。」

簡蒙指教，豁然大悟，禮辭歸闕，表奏師語。

其年九月三日，有詔獎諭師曰：「師辭老疾，爲朕修道，國之福田，師若淨名，托疾毗耶，闡揚大乘，傳諸佛心，談不二法。薛簡傳師指授如來知見，朕積善餘慶，宿種善根，值師出世，頓悟上乘，感荷師恩，頂戴無已，並奉磨衲袈裟，及水晶鉢，敕韶州刺史修飾寺宇，賜師舊居爲國恩寺焉。」

付囑品第十

師一日喚門人法海、志誠、法達、神會、智常、智通、志徹、志道、法珍、法如等曰：「汝等不同餘人，吾滅度後，各爲一方師。吾今教汝，說法不失本宗。先須舉三科法門，動用三十六對，出沒即離兩邊，說一切法，莫離自性。忽有人問汝法，出語盡雙，皆取對法，來去相因，究竟二法盡除，更無去處。

「三科法門者，陰、界、入也。陰是五陰、色、受、想、行、識是也。入是十二入，外六塵色、聲、香、味、觸、法、內六門眼、耳、鼻、舌、身、意是也。界是十八界，六塵、六門、六識是也。自性能含萬法，各含藏識；若起思量，即是轉識。生六識，出六門、見六塵，如是一十八界，皆從自性起用。自性若邪，起十八邪；自性若正，起十八正。若惡用即衆生用，善用即佛用。用由何尊?由自性有。

「對法，外境無情五對：天與地對，日與月對，明與暗對，陰與陽對，水與火對。此是五對也。

「法相語言十二對：語與法對，有與無對，有色與無色對，有相與無相對，有漏與無漏對，色與空對，動與靜對，淸與濁對，凡與聖對，僧與俗對，老與少對，大與小對。此是十二對也。

「自性起用十九對：長與短對，邪與正對，痴與慧對，愚與智對，亂與定對，慈與毒對，戒與非對，直與曲對，實與虛對，陰與平對，煩惱與菩提對，常與無常對，悲與害對，喜與嗔對，捨與慳對，進與退對，生與滅對，法身與色身對，化身與報身對。此是十九對也。」

師言：「此法三十六對法，若解用，即道貫一切經法，出入即離兩邊。

「自性動用，共人言語，外於相離相，內於空離空，若全著相，即長邪見；若全執空，即長無明。執空之人有謗經，直言不用文字。既云不用文字，人亦不合語言，只此語言，便是文字之相。又云：『直道不立文字。』即此『不立』兩字，亦是文字，見人所說，便即謗他言著文字。汝等須知自迷猶可，又謗佛經，不要謗經，罪障無數。

「若著相於外，而作法求眞，或廣立道場，說有無之過患，如是之人，累劫不可見性，但聽依法修行。又莫百物不思，而於道性窒礙，若聽說不修，令人反生邪念，但依法修行，無法相法施，莊等若悟，依此說，依此用，依此行，依此作，即不失本宗。

「若有人問汝義，問有將無對。問無將有對，問凡以聖對，問聖以凡對。二道相因，生中道義。如一問一對，餘問一依此作，即不失理也。設有人問：何名爲暗？答云：明是因，暗是緣，明沒則暗。以明顯暗，以暗顯明；來去相因，成中道義。餘問悉皆如此。汝等於後傳法，依次轉相教授，勿失宗旨。」

師於太極元年壬子，延和七月，命門人往新州國恩寺建塔，仍令促工。次年夏末落成。七月一日，集徒衆曰：「吾至八月，欲離世間。汝等有疑，早須相問，爲汝破疑，今汝迷盡。吾若去後，無人敎汝。」

法海等聞，悉皆涕泣，惟有神會，神情不動，亦無涕泣。

師云：「神會小師，卻得善不善等，毀譽不動，哀樂不生。餘者不得，數年山中，竟修何道？汝今悲泣，爲憂阿誰？若憂吾不知去處，吾自知去處；若吾不知去處，終不預報於汝。汝等悲泣，蓋爲不知吾去處，若知吾去處，即不合悲泣，法性本無生滅去來。

「汝等盡坐，吾與汝說一偈，名曰《眞假動靜偈》。汝等誦取此偈，與吾意同；依此修行，不失宗旨。」衆僧作禮，請師作偈。

偈曰：

一切無有真，不以見於真，
若見於真者，是見盡非真。
若能自有真，離假即心真，
自心不離假，無真何處真？
有情即解動，無情即不動，
若修不動行，同無情不動。
若覓真不動，動上有不動，
不動是不動，無情無佛種。
能善分別相，第一義不動，
但作如此見，即是真如用。
報諸學道人，努力須用意，

莫於大乘門，却執生死智。
若言下相應，即共論佛義，
若實不相應，合掌令歡喜。
此宗本無淨，淨即失道意，
執道淨法門，自性入生死。

時徒衆聞說偈已，普皆作禮，並體師意，各各攝心，依法修行，更不敢諍。乃知大師不久住世。法海上座再拜問曰：「和尚入滅之後，衣法當付何人？」師曰：「吾於大梵寺說法，以至於今，鈔錄流行，目曰《法寶壇經》。汝等守護，遞相傳授，度諸群生，但依此說，是名正法。今爲汝等說法，不付其衣，蓋爲汝等信根淳熟，決定無疑，堪任大事。然據先祖達摩大師，付授偈意，衣不合傳。偈曰：

吾本來茲土，傳法救迷情，
一華開五葉，結果自然成。

師復曰：「諸善知識，汝等各各淨心，聽吾說法。若欲成就種智，須達一相三昧、一行三昧。若於一切處而不住相，於彼相中不生憎愛，亦無取捨，不念利益成壞等事，安閒恬靜，虛融淡泊，此名一相三昧。若於一切處，行住坐臥，純一直心，不動道場，眞成淨土，此名一行三昧。若人具二三昧，如地有種，今藏長養，成熟其實。一相一行，亦復如是。

我今說法，猶如時雨，普潤大地。汝等佛性，譬諸種子，遇茲沾洽，悉皆發生。承吾旨者，決獲菩提；依吾行者，定證妙果。聽吾偈曰：

心地含諸種，普雨悉皆萌；
頓悟華情已，菩提果自成。

師說偈已，曰：「其法無二，其心亦然；其道淸淨，亦無諸相。汝等愼勿觀靜，及空其心。此心本淨，無可取捨。各自努力，隨緣好去。」

爾時徒衆，作禮而退。

大師七月八日，忽謂門人曰：「吾欲歸新州，汝等速理舟楫。」

大衆哀留甚堅，師曰：「諸佛出現，猶示涅槃。有來必去，理亦常然。吾此形骸，歸必有所。」

衆曰：「師從此去，早晚可回？」

師曰：「葉落歸根，來時無口。」

又問曰：「正法眼藏，傳付何人？」

師曰：「有道者得，無心者通。」

又問：「後莫有難否？」

師曰：「吾滅後五六年，當有一人來取吾首。聽吾記曰：頭上養親，口裡須餐，遇滿之難，楊柳爲官。」

又云：「吾去七十年，有二菩薩，從東方來，一出家，一在家。同時興化，建立吾宗，締緝伽藍，昌隆法嗣。」

問曰：「未知從上佛祖應現已來，傳授幾代，願垂開示。」

師云：「古佛應世，已無數量。不可計也。今以七佛爲始：過去莊嚴劫毗婆尸佛、尸棄佛、毗舍浮佛；今賢劫拘留孫佛、拘那含牟尼佛、迦葉佛、釋迦文佛，是爲七佛。釋迦文佛首傳摩訶迦葉尊者，第二阿難尊者，第三商那知修尊者，第四優婆毱多尊者，第五提多迦尊者，第六彌遮迦尊者，第七婆須密多尊者，第八佛駄難提尊者，第九伏駄蜜多尊者，第十脅勝者，十一富那夜奢尊者，十二馬鳴大士，十三迦毗摩羅尊者，十四龍樹大士，十五迦那提婆尊者，十六羅睺羅多尊者，十七僧伽難提尊者，十八迦耶舍多尊者，十九鳩摩羅多尊者，二十闍耶多尊者，二十一婆修盤頭尊者，二十二摩拏羅尊者，二十三鶴勒那尊者，二十四師子尊者，二十五婆舍斯多尊者，二十六不如蜜多尊者，二十七般若多羅尊者，二十八菩提達磨尊者，二十九慧可大師，三十僧璨大師，三十一道信大師，三十二弘忍大師，慧能是爲三十三祖。從上諸祖，各有稟承，汝等向後，遞代流轉，毋令乖誤。」

大師先天二年癸丑歲，八月初三日，於國恩寺齋罷，謂諸徒衆曰：「汝等各依位坐，吾與汝別。」

法海白言：「和尙留何教法，令後代迷人得見佛性？」

師言：「汝等諦聽。後代迷人，若識衆生，即是佛性；若不識衆生，萬劫覓佛難逢。吾今教汝識自心衆生，見自心佛性。欲求見佛，但識衆生。只爲衆生迷佛，非是佛迷衆生。自性若悟，衆生是佛；自性若迷，佛是衆生。自性平等，衆生是佛；自性邪險，佛是衆生。汝等心若險曲，即佛在衆生中；一念平直，即是衆生成佛。我心自有佛，自佛是眞佛；自若無佛心，何處求眞佛？汝等自心是佛，更莫孤疑。外無一物而能建立，皆是本心生萬種法。故經云：『心生種種法生，心滅種種法滅。』吾今留一偈，與汝等別，名《自性眞佛偈》。後代之人，識此偈意，自見本心，自成佛道。

偈曰：

真如自性是真佛，邪見三毒是魔王，
邪迷之時魔在舍，正見之時佛在堂。
性中邪見三毒生，即是魔王來住舍，
正見自除三毒心，魔變成佛真無假。
法身報身及化身，三身本來是一身，
若向性中能自見，即是成佛菩提因。
本從化身生淨性，淨性常在化身中，
性使化身行正道，當來圓滿真無窮。
淫性本是淨性因，除淫即是淨性身，
性中各自離五欲，見性剎那即是真。
今生若遇頓教門，忽遇自性見世尊，

若欲修行覓作佛，不知何處擬求真。
若能心中自見真，有真即是成佛因，
不見自性外覓佛，起心總是大痴人。
頓教法門已今留，救度世人須自修，
報汝當來學道者，不作此見大悠悠。

師說偈已，告曰：「汝等好住。吾滅度後，莫作世情悲泣雨淚，受人吊問，身著孝服，非吾弟子，亦非正法。但識自本心，見自本性，無動無靜，無生無滅，無去無來，無是無非，無住無往。恐汝等心迷，不會吾意，今再囑汝，令汝見性。吾滅度後，依此修行，如吾在日；若違吾教，縱吾在世，亦無有益。」

復說偈曰：

兀兀不修善，騰騰不造惡，
寂寂斷見聞，蕩蕩心無著。

師說偈已，端坐至三更，忽謂門人曰：「吾行矣！」奄然遷化。於時異香滿室，白虹屬地、林木變白，禽獸哀鳴。

十一月，廣、韶、新三郡官僚，洎門人僧俗，爭迎眞身，莫決所之，乃焚香禱曰：「香煙指處，師所歸焉。」時香煙直貫曹溪。十一月十三日，遷神龕併所傳衣鉢而回。

次年七月二十五日出龕，弟子方辯以香泥上之。門人憶念取首之記，遂先以鐵葉漆布，固護師頸入塔。忽於塔內白光出現，直上沖天，三日始散。

韶州奏聞，奉敕立碑，紀師道行。

師春秋七十有六，年二十四傳衣，三十九祝髮，說法利生三十七載。得旨嗣法者，四十三人；悟道超凡者，莫知其數。達摩所傳信衣，中宗賜磨衲寶鉢，及方辯塑師眞相，並道具等，主塔侍者尸之，永鎭寶林道場。流傳《壇經》，以顯宗旨，此皆興隆三寶，普利衆生者。

大展出版社有限公司	圖書目錄
地址：台北市北投區(石牌) 致遠一路二段 12 巷 1 號 郵撥：0166955～1	電話：(02)28236031 28236033 傳真：(02)28272069

・法律專欄連載・電腦編號 58

台大法學院 法律學系／策劃
法律服務社／編著

1. 別讓您的權利睡著了 1 200 元
2. 別讓您的權利睡著了 2 200 元

・秘傳占卜系列・電腦編號 14

1.	手相術	淺野八郎著	180 元
2.	人相術	淺野八郎著	150 元
3.	西洋占星術	淺野八郎著	180 元
4.	中國神奇占卜	淺野八郎著	150 元
5.	夢判斷	淺野八郎著	150 元
6.	前世、來世占卜	淺野八郎著	150 元
7.	法國式血型學	淺野八郎著	150 元
8.	靈感、符咒學	淺野八郎著	150 元
9.	紙牌占卜學	淺野八郎著	150 元
10.	ESP 超能力占卜	淺野八郎著	150 元
11.	猶太數的秘術	淺野八郎著	150 元
12.	新心理測驗	淺野八郎著	160 元
13.	塔羅牌預言秘法	淺野八郎著	200 元

・趣味心理講座・電腦編號 15

1.	性格測驗① 探索男與女	淺野八郎著	140 元
2.	性格測驗② 透視人心奧秘	淺野八郎著	140 元
3.	性格測驗③ 發現陌生的自己	淺野八郎著	140 元
4.	性格測驗④ 發現你的真面目	淺野八郎著	140 元
5.	性格測驗⑤ 讓你們吃驚	淺野八郎著	140 元
6.	性格測驗⑥ 洞穿心理盲點	淺野八郎著	140 元
7.	性格測驗⑦ 探索對方心理	淺野八郎著	140 元
8.	性格測驗⑧ 由吃認識自己	淺野八郎著	160 元
9.	性格測驗⑨ 戀愛知多少	淺野八郎著	160 元
10.	性格測驗⑩ 由裝扮瞭解人心	淺野八郎著	160 元

11.	性格測驗⑪ 敲開內心玄機	淺野八郎著	140 元
12.	性格測驗⑫ 透視你的未來	淺野八郎著	160 元
13.	血型與你的一生	淺野八郎著	160 元
14.	趣味推理遊戲	淺野八郎著	160 元
15.	行為語言解析	淺野八郎著	160 元

·婦 幼 天 地· 電腦編號 16

1.	八萬人減肥成果	黃靜香譯	180 元
2.	三分鐘減肥體操	楊鴻儒譯	150 元
3.	窈窕淑女美髮秘訣	柯素娥譯	130 元
4.	使妳更迷人	成 玉譯	130 元
5.	女性的更年期	官舒妍編譯	160 元
6.	胎內育兒法	李玉瓊編譯	150 元
7.	早產兒袋鼠式護理	唐岱蘭譯	200 元
8.	初次懷孕與生產	婦幼天地編譯組	180 元
9.	初次育兒 12 個月	婦幼天地編譯組	180 元
10.	斷乳食與幼兒食	婦幼天地編譯組	180 元
11.	培養幼兒能力與性向	婦幼天地編譯組	180 元
12.	培養幼兒創造力的玩具與遊戲	婦幼天地編譯組	180 元
13.	幼兒的症狀與疾病	婦幼天地編譯組	180 元
14.	腿部苗條健美法	婦幼天地編譯組	180 元
15.	女性腰痛別忽視	婦幼天地編譯組	150 元
16.	舒展身心體操術	李玉瓊編譯	130 元
17.	三分鐘臉部體操	趙薇妮著	160 元
18.	生動的笑容表情術	趙薇妮著	160 元
19.	心曠神怡減肥法	川津祐介著	130 元
20.	內衣使妳更美麗	陳玄茹譯	130 元
21.	瑜伽美姿美容	黃靜香編著	180 元
22.	高雅女性裝扮學	陳珮玲譯	180 元
23.	蠶糞肌膚美顏法	坂梨秀子著	160 元
24.	認識妳的身體	李玉瓊譯	160 元
25.	產後恢復苗條體態	居理安・芙萊喬著	200 元
26.	正確護髮美容法	山崎伊久江著	180 元
27.	安琪拉美姿養生學	安琪拉蘭斯博瑞著	180 元
28.	女體性醫學剖析	增田豐著	220 元
29.	懷孕與生產剖析	岡部綾子著	180 元
30.	斷奶後的健康育兒	東城百合子著	220 元
31.	引出孩子幹勁的責罵藝術	多湖輝著	170 元
32.	培養孩子獨立的藝術	多湖輝著	170 元
33.	子宮肌瘤與卵巢囊腫	陳秀琳編著	180 元
34.	下半身減肥法	納他夏・史達賓著	180 元
35.	女性自然美容法	吳雅菁編著	180 元
36.	再也不發胖	池園悅太郎著	170 元

37. 生男生女控制術	中垣勝裕著	220元
38. 使妳的肌膚更亮麗	楊　皓編著	170元
39. 臉部輪廓變美	芝崎義夫著	180元
40. 斑點、皺紋自己治療	高須克彌著	180元
41. 面皰自己治療	伊藤雄康著	180元
42. 隨心所欲瘦身冥想法	原久子著	180元
43. 胎兒革命	鈴木丈織著	180元
44. NS磁氣平衡法塑造窈窕奇蹟	古屋和江著	180元
45. 享瘦從腳開始	山田陽子著	180元
46. 小改變瘦4公斤	宮本裕子著	180元
47. 軟管減肥瘦身	高橋輝男著	180元
48. 海藻精神秘美容法	劉名揚編著	180元
49. 肌膚保養與脫毛	鈴木真理著	180元
50. 10天減肥3公斤	彤雲編輯組	180元
51. 穿出自己的品味	西村玲子著	280元

・青 春 天 地・電腦編號 17

1. A血型與星座	柯素娥編譯	160元
2. B血型與星座	柯素娥編譯	160元
3. O血型與星座	柯素娥編譯	160元
4. AB血型與星座	柯素娥編譯	120元
5. 青春期性教室	呂貴嵐編譯	130元
6. 事半功倍讀書法	王毅希編譯	150元
7. 難解數學破題	宋釗宜編譯	130元
9. 小論文寫作秘訣	林顯茂編譯	120元
11. 中學生野外遊戲	熊谷康編著	120元
12. 恐怖極短篇	柯素娥編譯	130元
13. 恐怖夜話	小毛驢編譯	130元
14. 恐怖幽默短篇	小毛驢編譯	120元
15. 黑色幽默短篇	小毛驢編譯	120元
16. 靈異怪談	小毛驢編譯	130元
17. 錯覺遊戲	小毛驢編著	130元
18. 整人遊戲	小毛驢編著	150元
19. 有趣的超常識	柯素娥編譯	130元
20. 哦！原來如此	林慶旺編譯	130元
21. 趣味競賽100種	劉名揚編譯	120元
22. 數學謎題入門	宋釗宜編譯	150元
23. 數學謎題解析	宋釗宜編譯	150元
24. 透視男女心理	林慶旺編譯	120元
25. 少女情懷的自白	李桂蘭編譯	120元
26. 由兄弟姊妹看命運	李玉瓊編譯	130元
27. 趣味的科學魔術	林慶旺編譯	150元
28. 趣味的心理實驗室	李燕玲編譯	150元

29. 愛與性心理測驗	小毛驢編譯	130 元
30. 刑案推理解謎	小毛驢編譯	130 元
31. 偵探常識推理	小毛驢編譯	130 元
32. 偵探常識解謎	小毛驢編譯	130 元
33. 偵探推理遊戲	小毛驢編譯	130 元
34. 趣味的超魔術	廖玉山編著	150 元
35. 趣味的珍奇發明	柯素娥編著	150 元
36. 登山用具與技巧	陳瑞菊編著	150 元
37. 性的漫談	蘇燕謀編著	180 元
38. 無的漫談	蘇燕謀編著	180 元
39. 黑色漫談	蘇燕謀編著	180 元
40. 白色漫談	蘇燕謀編著	180 元

・健康天地・電腦編號 18

1. 壓力的預防與治療	柯素娥編譯	130 元
2. 超科學氣的魔力	柯素娥編譯	130 元
3. 尿療法治病的神奇	中尾良一著	130 元
4. 鐵證如山的尿療法奇蹟	廖玉山譯	120 元
5. 一日斷食健康法	葉慈容編譯	150 元
6. 胃部強健法	陳炳崑譯	120 元
7. 癌症早期檢查法	廖松濤譯	160 元
8. 老人痴呆症防止法	柯素娥編譯	130 元
9. 松葉汁健康飲料	陳麗芬編譯	130 元
10. 揉肚臍健康法	永井秋夫著	150 元
11. 過勞死、猝死的預防	卓秀貞編譯	130 元
12. 高血壓治療與飲食	藤山順豐著	150 元
13. 老人看護指南	柯素娥編譯	150 元
14. 美容外科淺談	楊啟宏著	150 元
15. 美容外科新境界	楊啟宏著	150 元
16. 鹽是天然的醫生	西英司郎著	140 元
17. 年輕十歲不是夢	梁瑞麟譯	200 元
18. 茶料理治百病	桑野和民著	180 元
19. 綠茶治病寶典	桑野和民著	150 元
20. 杜仲茶養顏減肥法	西田博著	150 元
21. 蜂膠驚人療效	瀨長良三郎著	180 元
22. 蜂膠治百病	瀨長良三郎著	180 元
23. 醫藥與生活㈠	鄭炳全著	180 元
24. 鈣長生寶典	落合敏著	180 元
25. 大蒜長生寶典	木下繁太郎著	160 元
26. 居家自我健康檢查	石川恭三著	160 元
27. 永恆的健康人生	李秀鈴譯	200 元
28. 大豆卵磷脂長生寶典	劉雪卿譯	150 元
29. 芳香療法	梁艾琳譯	160 元

30. 醋長生寶典	柯素娥譯	180元
31. 從星座透視健康	席拉・吉蒂斯著	180元
32. 愉悅自在保健學	野本二士夫著	160元
33. 裸睡健康法	丸山淳士等著	160元
34. 糖尿病預防與治療	藤田順豐著	180元
35. 維他命長生寶典	菅原明子著	180元
36. 維他命C新效果	鐘文訓編	150元
37. 手、腳病理按摩	堤芳朗著	160元
38. AIDS瞭解與預防	彼得塔歇爾著	180元
39. 甲殼質殼聚糖健康法	沈永嘉譯	160元
40. 神經痛預防與治療	木下真男著	160元
41. 室內身體鍛鍊法	陳炳崑編著	160元
42. 吃出健康藥膳	劉大器編著	180元
43. 自我指壓術	蘇燕謀編著	160元
44. 紅蘿蔔汁斷食療法	李玉瓊編著	150元
45. 洗心術健康秘法	竺翠萍編譯	170元
46. 枇杷葉健康療法	柯素娥編譯	180元
47. 抗衰血癒	楊啟宏著	180元
48. 與癌搏鬥記	逸見政孝著	180元
49. 冬蟲夏草長生寶典	高橋義博著	170元
50. 痔瘡・大腸疾病先端療法	宮島伸宜著	180元
51. 膠布治癒頑固慢性病	加瀨建造著	180元
52. 芝麻神奇健康法	小林貞作著	170元
53. 香煙能防止癡呆?	高田明和著	180元
54. 穀菜食治癌療法	佐藤成志著	180元
55. 貼藥健康法	松原英多著	180元
56. 克服癌症調和道呼吸法	帶津良一著	180元
57. B型肝炎預防與治療	野村喜重郎著	180元
58. 青春永駐養生導引術	早島正雄著	180元
59. 改變呼吸法創造健康	原久子著	180元
60. 荷爾蒙平衡養生秘訣	出村博著	180元
61. 水美肌健康法	井戶勝富著	170元
62. 認識食物掌握健康	廖梅珠編著	170元
63. 痛風劇痛消除法	鈴木吉彥著	180元
64. 酸莖菌驚人療效	上田明彥著	180元
65. 大豆卵磷脂治現代病	神津健一著	200元
66. 時辰療法—危險時刻凌晨4時	呂建強等著	180元
67. 自然治癒力提升法	帶津良一著	180元
68. 巧妙的氣保健法	藤平墨子著	180元
69. 治癒C型肝炎	熊田博光著	180元
70. 肝臟病預防與治療	劉名揚編著	180元
71. 腰痛平衡療法	荒井政信著	180元
72. 根治多汗症、狐臭	稻葉益巳著	220元
73. 40歲以後的骨質疏鬆症	沈永嘉譯	180元

74. 認識中藥	松下一成著	180元
75. 認識氣的科學	佐佐木茂美著	180元
76. 我戰勝了癌症	安田伸著	180元
77. 斑點是身心的危險信號	中野進著	180元
78. 艾波拉病毒大震撼	玉川重德著	180元
79. 重新還我黑髮	桑名隆一郎著	180元
80. 身體節律與健康	林博史著	180元
81. 生薑治萬病	石原結實著	180元
82. 靈芝治百病	陳瑞東著	180元
83. 木炭驚人的威力	大槻彰著	200元
84. 認識活性氧	井土貴司著	180元
85. 深海鮫治百病	廖玉山編著	180元
86. 神奇的蜂王乳	井上丹治著	180元
87. 卡拉OK健腦法	東潔著	180元
88. 卡拉OK健康法	福田伴男著	180元
89. 醫藥與生活(二)	鄭炳全著	200元
90. 洋蔥治百病	宮尾興平著	180元
91. 年輕10歲快步健康法	石塚忠雄著	180元
92. 石榴的驚人神效	岡本順子著	180元
93. 飲料健康法	白鳥早奈英著	180元
94. 健康棒體操	劉名揚編譯	180元
95. 催眠健康法	蕭京凌編著	180元

·實用女性學講座·電腦編號 19

1. 解讀女性內心世界	島田一男著	150元
2. 塑造成熟的女性	島田一男著	150元
3. 女性整體裝扮學	黃靜香編著	180元
4. 女性應對禮儀	黃靜香編著	180元
5. 女性婚前必修	小野十傳著	200元
6. 徹底瞭解女人	田口二州著	180元
7. 拆穿女性謊言88招	島田一男著	200元
8. 解讀女人心	島田一男著	200元
9. 俘獲女性絕招	志賀貢著	200元
10. 愛情的壓力解套	中村理英子著	200元
11. 妳是人見人愛的女孩	廖松濤編著	200元

·校園系列·電腦編號 20

1. 讀書集中術	多湖輝著	150元
2. 應考的訣竅	多湖輝著	150元
3. 輕鬆讀書贏得聯考	多湖輝著	150元
4. 讀書記憶秘訣	多湖輝著	150元

5. 視力恢復！超速讀術　江錦雲譯　180 元
6. 讀書 36 計　黃柏松編著　180 元
7. 驚人的速讀術　鐘文訓編著　170 元
8. 學生課業輔導良方　多湖輝著　180 元
9. 超速讀超記憶法　廖松濤編著　180 元
10. 速算解題技巧　宋釗宜編著　200 元
11. 看圖學英文　陳炳崑編著　200 元
12. 讓孩子最喜歡數學　沈永嘉譯　180 元
13. 催眠記憶術　林碧清譯　180 元

・實用心理學講座・電腦編號 21

1. 拆穿欺騙伎倆　多湖輝著　140 元
2. 創造好構想　多湖輝著　140 元
3. 面對面心理術　多湖輝著　160 元
4. 偽裝心理術　多湖輝著　140 元
5. 透視人性弱點　多湖輝著　140 元
6. 自我表現術　多湖輝著　180 元
7. 不可思議的人性心理　多湖輝著　180 元
8. 催眠術入門　多湖輝著　150 元
9. 責罵部屬的藝術　多湖輝著　150 元
10. 精神力　多湖輝著　150 元
11. 厚黑說服術　多湖輝著　150 元
12. 集中力　多湖輝著　150 元
13. 構想力　多湖輝著　150 元
14. 深層心理術　多湖輝著　160 元
15. 深層語言術　多湖輝著　160 元
16. 深層說服術　多湖輝著　180 元
17. 掌握潛在心理　多湖輝著　160 元
18. 洞悉心理陷阱　多湖輝著　180 元
19. 解讀金錢心理　多湖輝著　180 元
20. 拆穿語言圈套　多湖輝著　180 元
21. 語言的內心玄機　多湖輝著　180 元
22. 積極力　多湖輝著　180 元

・超現實心理講座・電腦編號 22

1. 超意識覺醒法　詹蔚芬編譯　130 元
2. 護摩秘法與人生　劉名揚編譯　130 元
3. 秘法！超級仙術入門　陸明譯　150 元
4. 給地球人的訊息　柯素娥編著　150 元
5. 密教的神通力　劉名揚編著　130 元
6. 神秘奇妙的世界　平川陽一著　200 元

7. 地球文明的超革命　吳秋嬌譯　200元
8. 力量石的秘密　吳秋嬌譯　180元
9. 超能力的靈異世界　馬小莉譯　200元
10. 逃離地球毀滅的命運　吳秋嬌譯　200元
11. 宇宙與地球終結之謎　南山宏著　200元
12. 驚世奇功揭秘　傅起鳳著　200元
13. 啟發身心潛力心象訓練法　栗田昌裕著　180元
14. 仙道術遁甲法　高藤聰一郎著　220元
15. 神通力的秘密　中岡俊哉著　180元
16. 仙人成仙術　高藤聰一郎著　200元
17. 仙道符咒氣功法　高藤聰一郎著　220元
18. 仙道風水術尋龍法　高藤聰一郎著　200元
19. 仙道奇蹟超幻像　高藤聰一郎著　200元
20. 仙道鍊金術房中法　高藤聰一郎著　200元
21. 奇蹟超醫療治癒難病　深野一幸著　220元
22. 揭開月球的神秘力量　超科學研究會　180元
23. 西藏密教奧義　高藤聰一郎著　250元
24. 改變你的夢術入門　高藤聰一郎著　250元

·養 生 保 健· 電腦編號 23

1. 醫療養生氣功　黃孝寬著　250元
2. 中國氣功圖譜　余功保著　230元
3. 少林醫療氣功精粹　井玉蘭著　250元
4. 龍形實用氣功　吳大才等著　220元
5. 魚戲增視強身氣功　宮　嬰著　220元
6. 嚴新氣功　前新培金著　250元
7. 道家玄牝氣功　張　章著　200元
8. 仙家秘傳袪病功　李遠國著　160元
9. 少林十大健身功　秦慶豐著　180元
10. 中國自控氣功　張明武著　250元
11. 醫療防癌氣功　黃孝寬著　250元
12. 醫療強身氣功　黃孝寬著　250元
13. 醫療點穴氣功　黃孝寬著　250元
14. 中國八卦如意功　趙維漢著　180元
15. 正宗馬禮堂養氣功　馬禮堂著　420元
16. 秘傳道家筋經內丹功　王慶餘著　280元
17. 三元開慧功　辛桂林著　250元
18. 防癌治癌新氣功　郭　林著　180元
19. 禪定與佛家氣功修煉　劉天君著　200元
20. 顛倒之術　梅自強著　360元
21. 簡明氣功辭典　吳家駿編　360元
22. 八卦三合功　張全亮著　230元
23. 朱砂掌健身養生功　楊永著　250元

24.	抗老功	陳九鶴著	230 元
25.	意氣按穴排濁自療法	黃啟運編著	250 元
26.	陳式太極拳養生功	陳正雷著	200 元
27.	健身祛病小功法	王培生著	200 元

・社會人智囊・電腦編號 24

1.	糾紛談判術	清水增三著	160 元
2.	創造關鍵術	淺野八郎著	150 元
3.	觀人術	淺野八郎著	180 元
4.	應急詭辯術	廖英迪編著	160 元
5.	天才家學習術	木原武一著	160 元
6.	貓型狗式鑑人術	淺野八郎著	180 元
7.	逆轉運掌握術	淺野八郎著	180 元
8.	人際圓融術	澀谷昌三著	160 元
9.	解讀人心術	淺野八郎著	180 元
10.	與上司水乳交融術	秋元隆司著	180 元
11.	男女心態定律	小田晉著	180 元
12.	幽默說話術	林振輝編著	200 元
13.	人能信賴幾分	淺野八郎著	180 元
14.	我一定能成功	李玉瓊譯	180 元
15.	獻給青年的嘉言	陳蒼杰譯	180 元
16.	知人、知面、知其心	林振輝編著	180 元
17.	塑造堅強的個性	坂上肇著	180 元
18.	為自己而活	佐藤綾子著	180 元
19.	未來十年與愉快生活有約	船井幸雄著	180 元
20.	超級銷售話術	杜秀卿譯	180 元
21.	感性培育術	黃靜香編著	180 元
22.	公司新鮮人的禮儀規範	蔡媛惠譯	180 元
23.	傑出職員鍛鍊術	佐佐木正著	180 元
24.	面談獲勝戰略	李芳黛譯	180 元
25.	金玉良言撼人心	森純大著	180 元
26.	男女幽默趣典	劉華亭編著	180 元
27.	機智說話術	劉華亭編著	180 元
28.	心理諮商室	柯素娥譯	180 元
29.	如何在公司崢嶸頭角	佐佐木正著	180 元
30.	機智應對術	李玉瓊編著	200 元
31.	克服低潮良方	坂野雄二著	180 元
32.	智慧型說話技巧	沈永嘉編著	180 元
33.	記憶力、集中力增進術	廖松濤編著	180 元
34.	女職員培育術	林慶旺編著	180 元
35.	自我介紹與社交禮儀	柯素娥編著	180 元
36.	積極生活創幸福	田中真澄著	180 元
37.	妙點子超構想	多湖輝著	180 元

38. 說 NO 的技巧　廖玉山編著　180 元
39. 一流說服力　李玉瓊編著　180 元
40. 般若心經成功哲學　陳鴻蘭編著　180 元
41. 訪問推銷術　黃靜香編著　180 元
42. 男性成功秘訣　陳蒼杰編著　180 元
43. 笑容、人際智商　宮川澄子著　180 元
44. 多湖輝的構想工作室　多湖輝著　200 元
45. 名人名語啟示錄　喬家楓著　180 元

·精 選 系 列·電腦編號 25

1. 毛澤東與鄧小平　渡邊利夫等著　280 元
2. 中國大崩裂　江戶介雄著　180 元
3. 台灣·亞洲奇蹟　上村幸治著　220 元
4. 7-ELEVEN 高盈收策略　國友隆一著　180 元
5. 台灣獨立（新·中國日本戰爭一）　森詠著　200 元
6. 迷失中國的末路　江戶雄介著　220 元
7. 2000 年 5 月全世界毀滅　紫藤甲子男著　180 元
8. 失去鄧小平的中國　小島朋之著　220 元
9. 世界史爭議性異人傳　桐生操著　200 元
10. 淨化心靈享人生　松濤弘道著　220 元
11. 人生心情診斷　賴藤和寬著　220 元
12. 中美大決戰　檜山良昭著　220 元
13. 黃昏帝國美國　莊雯琳譯　220 元
14. 兩岸衝突（新·中國日本戰爭二）　森詠著　220 元
15. 封鎖台灣（新·中國日本戰爭三）　森詠著　220 元
16. 中國分裂（新·中國日本戰爭四）　森詠著　220 元
17. 由女變男的我　虎井正衛著　200 元
18. 佛學的安心立命　松濤弘道著　220 元
19. 世界喪禮大觀　松濤弘道著　280 元

·運 動 遊 戲·電腦編號 26

1. 雙人運動　李玉瓊譯　160 元
2. 愉快的跳繩運動　廖玉山譯　180 元
3. 運動會項目精選　王佑京譯　150 元
4. 肋木運動　廖玉山譯　150 元
5. 測力運動　王佑宗譯　150 元
6. 游泳入門　唐桂萍編著　200 元

·休 閒 娛 樂·電腦編號 27

1. 海水魚飼養法　田中智浩著　300 元

2. 金魚飼養法	曾雪玫譯	250 元
3. 熱門海水魚	毛利匡明著	480 元
4. 愛犬的教養與訓練	池田好雄著	250 元
5. 狗教養與疾病	杉浦哲著	220 元
6. 小動物養育技巧	三上昇著	300 元
20. 園藝植物管理	船越亮二著	220 元

・銀髮族智慧學・電腦編號 28

1. 銀髮六十樂逍遙	多湖輝著	170 元
2. 人生六十反年輕	多湖輝著	170 元
3. 六十歲的決斷	多湖輝著	170 元
4. 銀髮族健身指南	孫瑞台編著	250 元

・飲 食 保 健・電腦編號 29

1. 自己製作健康茶	大海淳著	220 元
2. 好吃、具藥效茶料理	德永睦子著	220 元
3. 改善慢性病健康藥草茶	吳秋嬌譯	200 元
4. 藥酒與健康果菜汁	成玉編著	250 元
5. 家庭保健養生湯	馬汴梁編著	220 元
6. 降低膽固醇的飲食	早川和志著	200 元
7. 女性癌症的飲食	女子營養大學	280 元
8. 痛風者的飲食	女子營養大學	280 元
9. 貧血者的飲食	女子營養大學	280 元
10. 高脂血症者的飲食	女子營養大學	280 元
11. 男性癌症的飲食	女子營養大學	280 元
12. 過敏者的飲食	女子營養大學	280 元
13. 心臟病的飲食	女子營養大學	280 元
14. 滋陰壯陽的飲食	王增著	220 元

・家庭醫學保健・電腦編號 30

1. 女性醫學大全	雨森良彥著	380 元
2. 初為人父育兒寶典	小瀧周曹著	220 元
3. 性活力強健法	相建華著	220 元
4. 30 歲以上的懷孕與生產	李芳黛編著	220 元
5. 舒適的女性更年期	野末悅子著	200 元
6. 夫妻前戲的技巧	笠井寬司著	200 元
7. 病理足穴按摩	金慧明著	220 元
8. 爸爸的更年期	河野孝旺著	200 元
9. 橡皮帶健康法	山田晶著	180 元
10. 三十三天健美減肥	相建華等著	180 元

11. 男性健美入門	孫玉祿編著	180元
12. 強化肝臟秘訣	主婦の友社編	200元
13. 了解藥物副作用	張果馨譯	200元
14. 女性醫學小百科	松山榮吉著	200元
15. 左轉健康法	龜田修等著	200元
16. 實用天然藥物	鄭炳全編著	260元
17. 神秘無痛平衡療法	林宗駛著	180元
18. 膝蓋健康法	張果馨譯	180元
19. 針灸治百病	葛書翰著	250元
20. 異位性皮膚炎治癒法	吳秋嬌譯	220元
21. 禿髮白髮預防與治療	陳炳崑編著	180元
22. 埃及皇宮菜健康法	飯森薰著	200元
23. 肝臟病安心治療	上野幸久著	220元
24. 耳穴治百病	陳抗美等著	250元
25. 高效果指壓法	五十嵐康彥著	200元
26. 瘦水、胖水	鈴木園子著	200元
27. 手針新療法	朱振華著	200元
28. 香港腳預防與治療	劉小惠譯	200元
29. 智慧飲食吃出健康	柯富陽編著	200元
30. 牙齒保健法	廖玉山編著	200元
31. 恢復元氣養生食	張果馨譯	200元
32. 特效推拿按摩術	李玉田著	200元
33. 一週一次健康法	若狹真著	200元
34. 家常科學膳食	大塚滋著	220元
35. 夫妻們關心的男性不孕	原利夫著	220元
36. 自我瘦身美容	馬野詠子著	200元
37. 魔法姿勢益健康	五十嵐康彥著	200元
38. 眼病錘療法	馬栩周著	200元
39. 預防骨質疏鬆症	藤田拓男著	200元
40. 骨質增生效驗方	李吉茂編著	250元
41. 蕺菜健康法	小林正夫著	200元
42. 赧於啟齒的男性煩惱	增田豐著	220元
43. 簡易自我健康檢查	稻葉允著	250元
44. 實用花草健康法	友田純子著	200元
45. 神奇的手掌療法	日比野喬著	230元
46. 家庭式三大穴道療法	刑部忠和著	200元
47. 子宮癌、卵巢癌	岡島弘幸著	220元
48. 糖尿病機能性食品	劉雪卿編著	220元
49. 奇蹟活現經脈美容法	林振輝編譯	200元
50. Super SEX	秋好憲一著	220元
51. 了解避孕丸	林玉佩譯	200元

・超經營新智慧・電腦編號 31

1.	躍動的國家越南	林雅倩譯	250 元
2.	甦醒的小龍菲律賓	林雅倩譯	220 元
3.	中國的危機與商機	中江要介著	250 元
4.	在印度的成功智慧	山內利男著	220 元
5.	7-ELEVEN 大革命	村上豐道著	200 元
6.	業務員成功秘方	呂育清編著	200 元

・心 靈 雅 集・電腦編號 00

1.	禪言佛語看人生	松濤弘道著	180 元
2.	禪密教的奧秘	葉逯謙譯	120 元
3.	觀音大法力	田口日勝著	120 元
4.	觀音法力的大功德	田口日勝著	120 元
5.	達摩禪 106 智慧	劉華亭編譯	220 元
6.	有趣的佛教研究	葉逯謙編譯	170 元
7.	夢的開運法	蕭京凌譯	130 元
8.	禪學智慧	柯素娥編譯	130 元
9.	女性佛教入門	許俐萍譯	110 元
10.	佛像小百科	心靈雅集編譯組	130 元
11.	佛教小百科趣談	心靈雅集編譯組	120 元
12.	佛教小百科漫談	心靈雅集編譯組	150 元
13.	佛教知識小百科	心靈雅集編譯組	150 元
14.	佛學名言智慧	松濤弘道著	220 元
15.	釋迦名言智慧	松濤弘道著	220 元
16.	活人禪	平田精耕著	120 元
17.	坐禪入門	柯素娥編譯	150 元
18.	現代禪悟	柯素娥編譯	130 元
19.	道元禪師語錄	心靈雅集編譯組	130 元
20.	佛學經典指南	心靈雅集編譯組	130 元
21.	何謂「生」阿含經	心靈雅集編譯組	150 元
22.	一切皆空　般若心經	心靈雅集編譯組	180 元
23.	超越迷惘　法句經	心靈雅集編譯組	130 元
24.	開拓宇宙觀　華嚴經	心靈雅集編譯組	180 元
25.	真實之道　法華經	心靈雅集編譯組	130 元
26.	自由自在　涅槃經	心靈雅集編譯組	130 元
27.	沈默的教示　維摩經	心靈雅集編譯組	150 元
28.	開通心眼　佛語佛戒	心靈雅集編譯組	130 元
29.	揭秘寶庫　密教經典	心靈雅集編譯組	180 元
30.	坐禪與養生	廖松濤譯	110 元
31.	釋尊十戒	柯素娥編譯	120 元
32.	佛法與神通	劉欣如編著	120 元

33. 悟（正法眼藏的世界）	柯素娥編譯	120元
34. 只管打坐	劉欣如編著	120元
35. 喬答摩・佛陀傳	劉欣如編著	120元
36. 唐玄奘留學記	劉欣如編著	120元
37. 佛教的人生觀	劉欣如編譯	110元
38. 無門關(上卷)	心靈雅集編譯組	150元
39. 無門關(下卷)	心靈雅集編譯組	150元
40. 業的思想	劉欣如編著	130元
41. 佛法難學嗎	劉欣如著	140元
42. 佛法實用嗎	劉欣如著	140元
43. 佛法殊勝嗎	劉欣如著	140元
44. 因果報應法則	李常傳編	180元
45. 佛教醫學的奧秘	劉欣如編著	150元
46. 紅塵絕唱	海　若著	130元
47. 佛教生活風情	洪丕謨、姜玉珍著	220元
48. 行住坐臥有佛法	劉欣如著	160元
49. 起心動念是佛法	劉欣如著	160元
50. 四字禪語	曹洞宗青年會	200元
51. 妙法蓮華經	劉欣如編著	160元
52. 根本佛教與大乘佛教	葉作森編	180元
53. 大乘佛經	定方晟著	180元
54. 須彌山與極樂世界	定方晟著	180元
55. 阿闍世的悟道	定方晟著	180元
56. 金剛經的生活智慧	劉欣如著	180元
57. 佛教與儒教	劉欣如編譯	180元
58. 佛教史入門	劉欣如編譯	180元
59. 印度佛教思想史	劉欣如編譯	200元
60. 佛教與女姓	劉欣如編譯	180元
61. 禪與人生	洪丕謨主編	260元

・經 營 管 理・電腦編號 01

◎ 創新經營管理六十六大計(精)	蔡弘文編	780元
1. 如何獲取生意情報	蘇燕謀譯	110元
2. 經濟常識問答	蘇燕謀譯	130元
4. 台灣商戰風雲錄	陳中雄著	120元
5. 推銷大王秘錄	原一平著	180元
6. 新創意・賺大錢	王家成譯	90元
7. 工廠管理新手法	琪　輝著	120元
10. 美國實業24小時	柯順隆譯	80元
11. 撼動人心的推銷法	原一平著	150元
12. 高竿經營法	蔡弘文編	120元
13. 如何掌握顧客	柯順隆譯	150元
17. 一流的管理	蔡弘文編	150元

18. 外國人看中韓經濟	劉華亭譯	150 元
20. 突破商場人際學	林振輝編著	90 元
22. 如何使女人打開錢包	林振輝編著	100 元
24. 小公司經營策略	王嘉誠著	160 元
25. 成功的會議技巧	鐘文訓編譯	100 元
26. 新時代老闆學	黃柏松編著	100 元
27. 如何創造商場智囊團	林振輝編譯	150 元
28. 十分鐘推銷術	林振輝編譯	180 元
29. 五分鐘育才	黃柏松編譯	100 元
33. 自我經濟學	廖松濤編譯	100 元
34. 一流的經營	陶田生編著	120 元
35. 女性職員管理術	王昭國編譯	120 元
36. ＩＢＭ的人事管理	鐘文訓編譯	150 元
37. 現代電腦常識	王昭國編譯	150 元
38. 電腦管理的危機	鐘文訓編譯	120 元
39. 如何發揮廣告效果	王昭國編譯	150 元
40. 最新管理技巧	王昭國編譯	150 元
41. 一流推銷術	廖松濤編譯	150 元
42. 包裝與促銷技巧	王昭國編譯	130 元
43. 企業王國指揮塔	松下幸之助著	120 元
44. 企業精銳兵團	松下幸之助著	120 元
45. 企業人事管理	松下幸之助著	100 元
46. 華僑經商致富術	廖松濤編譯	130 元
47. 豐田式銷售技巧	廖松濤編譯	180 元
48. 如何掌握銷售技巧	王昭國編著	130 元
50. 洞燭機先的經營	鐘文訓編譯	150 元
52. 新世紀的服務業	鐘文訓編譯	100 元
53. 成功的領導者	廖松濤編譯	120 元
54. 女推銷員成功術	李玉瓊編譯	130 元
55. ＩＢＭ人才培育術	鐘文訓編譯	100 元
56. 企業人自我突破法	黃琪輝編著	150 元
58. 財富開發術	蔡弘文編著	130 元
59. 成功的店舖設計	鐘文訓編著	150 元
61. 企管回春法	蔡弘文編著	130 元
62. 小企業經營指南	鐘文訓編譯	100 元
63. 商場致勝名言	鐘文訓編譯	150 元
64. 迎接商業新時代	廖松濤編譯	100 元
66. 新手股票投資入門	何朝乾編著	200 元
67. 上揚股與下跌股	何朝乾編譯	180 元
68. 股票速成學	何朝乾編譯	200 元
69. 理財與股票投資策略	黃俊豪編著	180 元
70. 黃金投資策略	黃俊豪編著	180 元
71. 厚黑管理學	廖松濤編譯	180 元
72. 股市致勝格言	呂梅莎編譯	180 元

73. 透視西武集團	林谷燁編譯	150 元
76. 巡迴行銷術	陳蒼杰譯	150 元
77. 推銷的魔術	王嘉誠譯	120 元
78. 60 秒指導部屬	周蓮芬編譯	150 元
79. 精銳女推銷員特訓	李玉瓊編譯	130 元
80. 企劃、提案、報告圖表的技巧	鄭汶譯	180 元
81. 海外不動產投資	許達守編譯	150 元
82. 八百伴的世界策略	李玉瓊譯	150 元
83. 服務業品質管理	吳宜芬譯	180 元
84. 零庫存銷售	黃東謙編譯	150 元
85. 三分鐘推銷管理	劉名揚編譯	150 元
86. 推銷大王奮鬥史	原一平著	150 元
87. 豐田汽車的生產管理	林谷燁編譯	150 元

・成 功 寶 庫・電腦編號 02

1. 上班族交際術	江森滋著	100 元
2. 拍馬屁訣竅	廖玉山編譯	110 元
4. 聽話的藝術	歐陽輝編譯	110 元
9. 求職轉業成功術	陳義編著	110 元
10. 上班族禮儀	廖玉山編著	120 元
11. 接近心理學	李玉瓊編著	100 元
12. 創造自信的新人生	廖松濤編著	120 元
15. 神奇瞬間瞑想法	廖松濤編譯	100 元
16. 人生成功之鑰	楊意苓編著	150 元
19. 給企業人的諍言	鐘文訓編著	120 元
20. 企業家自律訓練法	陳義編譯	100 元
21. 上班族妖怪學	廖松濤編著	100 元
22. 猶太人縱橫世界的奇蹟	孟佑政編著	110 元
25. 你是上班族中強者	嚴思圖編著	100 元
30. 成功頓悟 100 則	蕭京凌編譯	130 元
32. 知性幽默	李玉瓊編譯	130 元
33. 熟記對方絕招	黃靜香編譯	100 元
37. 察言觀色的技巧	劉華亭編著	180 元
38. 一流領導力	施義彥編譯	120 元
40. 30 秒鐘推銷術	廖松濤編譯	150 元
41. 猶太成功商法	周蓮芬編譯	120 元
42. 尖端時代行銷策略	陳蒼杰編著	100 元
43. 顧客管理學	廖松濤編著	100 元
44. 如何使對方說 Yes	程羲編著	150 元
47. 上班族口才學	楊鴻儒譯	120 元
48. 上班族新鮮人須知	程羲編著	120 元
49. 如何左右逢源	程羲編著	130 元
50. 語言的心理戰	多湖輝著	130 元

55. 性惡企業管理學	陳蒼杰譯	130元
56. 自我啟發 200 招	楊鴻儒編著	150元
57. 做個傑出女職員	劉名揚編著	130元
58. 靈活的集團營運術	楊鴻儒編著	120元
60. 個案研究活用法	楊鴻儒編著	130元
61. 企業教育訓練遊戲	楊鴻儒編著	120元
62. 管理者的智慧	程義編譯	130元
63. 做個佼佼管理者	馬筱莉編譯	130元
67. 活用禪學於企業	柯素娥編譯	130元
69. 幽默詭辯術	廖玉山編譯	150元
70. 拿破崙智慧箴言	柯素娥編譯	130元
71. 自我培育・超越	蕭京凌編譯	150元
74. 時間即一切	沈永嘉編譯	130元
75. 自我脫胎換骨	柯素娥譯	150元
76. 贏在起跑點　人才培育鐵則	楊鴻儒編譯	150元
77. 做一枚活棋	李玉瓊編譯	130元
78. 面試成功戰略	柯素娥編譯	130元
81. 瞬間攻破心防法	廖玉山編譯	120元
82. 改變一生的名言	李玉瓊編譯	130元
83. 性格性向創前程	楊鴻儒編譯	130元
84. 訪問行銷新竅門	廖玉山編譯	150元
85. 無所不達的推銷話術	李玉瓊編譯	150元

・處　世　智　慧・電腦編號 03

1. 如何改變你自己	陸明編譯	120元
6. 靈感成功術	譚繼山編譯	80元
8. 扭轉一生的五分鐘	黃柏松編譯	100元
10. 現代人的詭計	林振輝譯	100元
13. 口才必勝術	黃柏松編譯	120元
14. 女性的智慧	譚繼山編譯	90元
16. 人生的體驗	陸明編譯	80元
18. 幽默吹牛術	金子登著	90元
19. 攻心說服術	多湖輝著	100元
24. 慧心良言	亦奇著	80元
25. 名家慧語	蔡逸鴻主編	90元
28. 如何發揮你的潛能	陸明編譯	90元
29. 女人身態語言學	李常傳譯	130元
30. 摸透女人心	張文志譯	90元
32. 給女人的悄悄話	妮倩編譯	90元
34. 如何開拓快樂人生	陸明編譯	90元
36. 成功的捷徑	鐘文訓譯	70元
37. 幽默逗笑術	林振輝著	120元
38. 活用血型讀書法	陳炳崑譯	80元

39. 心　燈	葉于模著	100 元
40. 當心受騙	林顯茂譯	90 元
41. 心・體・命運	蘇燕謀譯	70 元
43. 宮本武藏五輪書金言錄	宮本武藏著	100 元
47. 成熟的愛	林振輝譯	120 元
48. 現代女性駕馭術	蔡德華著	90 元
49. 禁忌遊戲	酒井潔著	90 元
52. 摸透男人心	劉華亭編譯	80 元
53. 如何達成願望	謝世輝著	90 元
54. 創造奇蹟的「想念法」	謝世輝著	90 元
55. 創造成功奇蹟	謝世輝著	90 元
57. 幻想與成功	廖松濤譯	80 元
58. 反派角色的啟示	廖松濤編譯	70 元
59. 現代女性須知	劉華亭編著	75 元
62. 如何突破內向	姜倩怡編譯	110 元
64. 讀心術入門	王家成編譯	100 元
65. 如何解除內心壓力	林美羽編著	110 元
66. 取信於人的技巧	多湖輝著	110 元
68. 自我能力的開拓	卓一凡編著	110 元
70. 縱橫交涉術	嚴思圖編著	90 元
71. 如何培養妳的魅力	劉文珊編著	90 元
75. 個性膽怯者的成功術	廖松濤編譯	100 元
76. 人性的光輝	文可式編著	90 元
79. 培養靈敏頭腦秘訣	廖玉山編著	90 元
80. 夜晚心理術	鄭秀美編譯	80 元
81. 如何做個成熟的女性	李玉瓊編著	80 元
82. 現代女性成功術	劉文珊編著	90 元
83. 成功說話技巧	梁惠珠編譯	100 元
84. 人生的真諦	鐘文訓編譯	100 元
85. 妳是人見人愛的女孩	廖松濤編著	120 元
87. 指尖・頭腦體操	蕭京凌編譯	90 元
88. 電話應對禮儀	蕭京凌編著	120 元
89. 自我表現的威力	廖松濤編譯	100 元
90. 名人名語啟示錄	喬家楓編著	100 元
91. 男與女的哲思	程鐘梅編譯	110 元
92. 靈思慧語	牧風著	110 元
93. 心靈夜語	牧風著	100 元
94. 激盪腦力訓練	廖松濤編譯	100 元
95. 三分鐘頭腦活性法	廖玉山編譯	110 元
96. 星期一的智慧	廖玉山編譯	100 元
97. 溝通說服術	賴文琇編譯	100 元

・健康與美容・電腦編號 04

3. 媚酒傳(中國王朝秘酒)	陸明主編	120 元
5. 中國回春健康術	蔡一藩著	100 元
6. 奇蹟的斷食療法	蘇燕謀譯	130 元
8. 健美食物法	陳炳崑譯	120 元
9. 驚異的漢方療法	唐龍編著	90 元
10. 不老強精食	唐龍編著	100 元
12. 五分鐘跳繩健身法	蘇明達譯	100 元
13. 睡眠健康法	王家成譯	80 元
14. 你就是名醫	張芳明譯	90 元
19. 釋迦長壽健康法	譚繼山譯	90 元
20. 腳部按摩健康法	譚繼山譯	120 元
21. 自律健康法	蘇明達譯	90 元
23. 身心保健座右銘	張仁福著	160 元
24. 腦中風家庭看護與運動治療	林振輝譯	100 元
25. 秘傳醫學人相術	成玉主編	120 元
26. 導引術入門(1)治療慢性病	成玉主編	110 元
27. 導引術入門(2)健康・美容	成玉主編	110 元
28. 導引術入門(3)身心健康法	成玉主編	110 元
29. 妙用靈藥・蘆薈	李常傳譯	150 元
30. 萬病回春百科	吳通華著	150 元
31. 初次懷孕的 10 個月	成玉編譯	130 元
32. 中國秘傳氣功治百病	陳炳崑編譯	130 元
35. 仙人長生不老學	陸明編譯	100 元
36. 釋迦秘傳米粒刺激法	鐘文訓譯	120 元
37. 痔・治療與預防	陸明編譯	130 元
38. 自我防身絕技	陳炳崑編譯	120 元
39. 運動不足時疲勞消除法	廖松濤譯	110 元
40. 三溫暖健康法	鐘文訓編譯	90 元
43. 維他命與健康	鐘文訓譯	150 元
45. 森林浴－綠的健康法	劉華亭編譯	80 元
47. 導引術入門(4)酒浴健康法	成玉主編	90 元
48. 導引術入門(5)不老回春法	成玉主編	90 元
49. 山白竹(劍竹)健康法	鐘文訓譯	90 元
50. 解救你的心臟	鐘文訓編譯	100 元
52. 超人氣功法	陸明編譯	110 元
54. 借力的奇蹟(1)	力拔山著	100 元
55. 借力的奇蹟(2)	力拔山著	100 元
56. 五分鐘小睡健康法	呂添發撰	120 元
59. 艾草健康法	張汝明編譯	90 元
60. 一分鐘健康診斷	蕭京凌編譯	90 元
61. 念術入門	黃靜香編譯	90 元

62. 念術健康法	黃靜香編譯	90元
63. 健身回春法	梁惠珠編譯	100元
64. 姿勢養生法	黃秀娟編譯	90元
65. 仙人瞑想法	鐘文訓譯	120元
66. 人蔘的神效	林慶旺譯	100元
67. 奇穴治百病	吳通華著	120元
68. 中國傳統健康法	靳海東著	100元
71. 酵素健康法	楊皓編譯	120元
73. 腰痛預防與治療	五味雅吉著	130元
74. 如何預防心臟病・腦中風	譚定長等著	100元
75. 少女的生理秘密	蕭京凌譯	120元
76. 頭部按摩與針灸	楊鴻儒譯	100元
77. 雙極療術入門	林聖道著	100元
78. 氣功自療法	梁景蓮著	120元
79. 大蒜健康法	李玉瓊編譯	120元
81. 健胸美容秘訣	黃靜香譯	120元
82. 鍺奇蹟療效	林宏儒譯	120元
83. 三分鐘健身運動	廖玉山譯	120元
84. 尿療法的奇蹟	廖玉山譯	120元
85. 神奇的聚積療法	廖玉山譯	120元
86. 預防運動傷害伸展體操	楊鴻儒編譯	120元
88. 五日就能改變你	柯素娥譯	110元
89. 三分鐘氣功健康法	陳美華譯	120元
91. 道家氣功術	早島正雄著	130元
92. 氣功減肥術	早島正雄著	120元
93. 超能力氣功法	柯素娥譯	130元
94. 氣的瞑想法	早島正雄著	120元

・家　庭／生　活・電腦編號 05

1. 單身女郎生活經驗談	廖玉山編著	100元
2. 血型・人際關係	黃靜編著	120元
3. 血型・妻子	黃靜編著	110元
4. 血型・丈夫	廖玉山編譯	130元
5. 血型・升學考試	沈永嘉編譯	120元
6. 血型・臉型・愛情	鐘文訓編譯	120元
7. 現代社交須知	廖松濤編譯	100元
8. 簡易家庭按摩	鐘文訓編譯	150元
9. 圖解家庭看護	廖玉山編譯	120元
10. 生男育女隨心所欲	岡正基編著	160元
11. 家庭急救治療法	鐘文訓編著	100元
12. 新孕婦體操	林曉鐘譯	120元
13. 從食物改變個性	廖玉山編譯	100元
14. 藥草的自然療法	東城百合子著	200元

15. 糙米菜食與健康料理	東城百合子著	180元
16. 現代人的婚姻危機	黃靜編著	90元
17. 親子遊戲　0歲	林慶旺編譯	100元
18. 親子遊戲　1～2歲	林慶旺編譯	110元
19. 親子遊戲　3歲	林慶旺編譯	100元
20. 女性醫學新知	林曉鐘編譯	180元
21. 媽媽與嬰兒	張汝明編譯	180元
22. 生活智慧百科	黃靜編譯	100元
23. 手相・健康・你	林曉鐘編譯	120元
24. 菜食與健康	張汝明編譯	110元
25. 家庭素食料理	陳東達著	140元
26. 性能力活用秘法	米開・尼里著	150元
27. 兩性之間	林慶旺編譯	120元
28. 性感經穴健康法	蕭京凌編譯	150元
29. 幼兒推拿健康法	蕭京凌編譯	100元
30. 談中國料理	丁秀山編著	100元
31. 舌技入門	增田豐著	160元
32. 預防癌症的飲食法	黃靜香編譯	150元
33. 性與健康寶典	黃靜香編譯	180元
34. 正確避孕法	蕭京凌編譯	180元
35. 吃的更漂亮美容食譜	楊萬里著	120元
36. 圖解交際舞速成	鐘文訓編譯	150元
37. 觀相導引術	沈永嘉譯	130元
38. 初為人母12個月	陳義譯	180元
39. 圖解麻將入門	顧安行編譯	180元
40. 麻將必勝秘訣	石利夫編譯	180元
41. 女性一生與漢方	蕭京凌編譯	100元
42. 家電的使用與修護	鐘文訓編譯	160元
43. 錯誤的家庭醫療法	鐘文訓編譯	100元
44. 簡易防身術	陳慧珍編譯	150元
45. 茶健康法	鐘文訓編譯	130元
46. 雞尾酒大全	劉雪卿譯	180元
47. 生活的藝術	沈永嘉編著	120元
48. 雜草雜果健康法	沈永嘉編著	120元
49. 如何選擇理想妻子	荒谷慈著	110元
50. 如何選擇理想丈夫	荒谷慈著	110元
51. 中國食與性的智慧	根本光人著	150元
52. 開運法話	陳宏男譯	100元
53. 禪語經典＜上＞	平田精耕著	150元
54. 禪語經典＜下＞	平田精耕著	150元
55. 手掌按摩健康法	鐘文訓譯	180元
56. 腳底按摩健康法	鐘文訓譯	180元
57. 仙道運氣健身法	李玉瓊譯	150元
58. 健心、健體呼吸法	蕭京凌譯	120元

59. 自彊術入門	蕭京凌譯	120元
60. 指技入門	增田豐著	160元
61. 下半身鍛鍊法	增田豐著	180元
62. 表象式學舞法	黃靜香編譯	180元
63. 圖解家庭瑜伽	鐘文訓譯	130元
64. 食物治療寶典	黃靜香編譯	130元
65. 智障兒保育入門	楊鴻儒譯	130元
66. 自閉兒童指導入門	楊鴻儒譯	180元
67. 乳癌發現與治療	黃靜香譯	130元
68. 盆栽培養與欣賞	廖啟新編譯	180元
69. 世界手語入門	蕭京凌編譯	180元
70. 賽馬必勝法	李錦雀編譯	200元
71. 中藥健康粥	蕭京凌編譯	120元
72. 健康食品指南	劉文珊編譯	130元
73. 健康長壽飲食法	鐘文訓編譯	150元
74. 夜生活規則	增田豐著	160元
75. 自製家庭食品	鐘文訓編譯	200元
76. 仙道帝王招財術	廖玉山譯	130元
77. 「氣」的蓄財術	劉名揚譯	130元
78. 佛教健康法入門	劉名揚譯	130元
79. 男女健康醫學	郭汝蘭譯	150元
80. 成功的果樹培育法	張煌編譯	130元
81. 實用家庭菜園	孔翔儀編譯	130元
82. 氣與中國飲食法	柯素娥編譯	130元
83. 世界生活趣譚	林其英著	160元
84. 胎教二八〇天	鄭淑美譯	220元
85. 酒自己動手釀	柯素娥編著	160元
86. 自己動「手」健康法	劉雪卿譯	160元
87. 香味活用法	森田洋子著	160元
88. 寰宇趣聞搜奇	林其英著	200元
89. 手指回旋健康法	栗田昌裕著	200元
90. 家庭巧妙收藏	蘇秀玉譯	200元
91. 餐桌禮儀入門	風間璋子著	200元
92. 住宅設計要訣	吉田春美著	200元

·命理與預言· 電腦編號 06

1. 12星座算命術	訪星珠著	200元
2. 中國式面相學入門	蕭京凌編著	180元
3. 圖解命運學	陸明編著	200元
4. 中國秘傳面相術	陳炳崑編著	180元
5. 13星座占星術	馬克·矢崎著	200元
6. 命名彙典	水雲居士編著	180元
7. 簡明紫微斗術命運學	唐龍編著	220元

8. 住宅風水吉凶判斷法	琪輝編譯	180 元
9. 鬼谷算命秘術	鬼谷子著	200 元
10. 密教開運咒法	中岡俊哉著	250 元
11. 女性星魂術	岩滿羅門著	200 元
12. 簡明四柱推命學	李常傳編譯	150 元
13. 手相鑑定奧秘	高山東明著	200 元
14. 簡易精確手相	高山東明著	200 元
15. 13 星座戀愛占卜	彤雲編譯組	200 元
16. 女巫的咒法	柯素娥譯	230 元
17. 六星命運占卜學	馬文莉編著	230 元
18. 樸克牌占卜入門	王家成譯	100 元
19. A血型與十二生肖	鄒雲英編譯	90 元
20. B血型與十二生肖	鄒雲英編譯	90 元
21. O血型與十二生肖	鄒雲英編譯	100 元
22. AB血型與十二生肖	鄒雲英編譯	90 元
23. 筆跡占卜學	周子敬著	220 元
24. 神秘消失的人類	林達中譯	80 元
25. 世界之謎與怪談	陳炳崑譯	80 元
26. 符咒術入門	柳玉山人編	150 元
27. 神奇的白符咒	柳玉山人編	160 元
28. 神奇的紫等咒	柳玉山人編	200 元
29. 秘咒魔法開運術	吳慧鈴編譯	180 元
30. 諾米空秘咒法	馬克・矢崎編著	220 元
31. 改變命運的手相術	鐘文訓著	120 元
32. 黃帝手相占術	鮑黎明著	230 元
33. 惡魔的咒法	杜美芳譯	230 元
34. 腳相開運術	王瑞禎譯	130 元
35. 面相開運術	許麗玲譯	150 元
36. 房屋風水與運勢	邱震睿編譯	200 元
37. 商店風水與運勢	邱震睿編譯	200 元
38. 諸葛流天文遁甲	巫立華譯	150 元
39. 聖帝五龍占術	廖玉山譯	180 元
40. 萬能神算	張助馨編著	120 元
41. 神祕的前世占卜	劉名揚譯	150 元
42. 諸葛流奇門遁甲	巫立華譯	150 元
43. 諸葛流四柱推命	巫立華譯	180 元
44. 室內擺設創好運	小林祥晃著	200 元
45. 室內裝潢開運法	小林祥晃著	230 元
46. 新・大開運吉方位	小林祥晃著	200 元
47. 風水的奧義	小林祥晃著	200 元
48. 開運風水收藏術	小林祥晃著	200 元
49. 商場開運風水術	小林祥晃著	200 元
50. 骰子開運易占	立野清隆著	250 元
51. 四柱推命愛情運	李芳黛譯	220 元

國家圖書館出版品預行編目資料

禪與人生/洪丕謨主編
——初版，——臺北市，大展，民87
面；21公分，——（心靈雅集；61）
ISBN 957-557-857-0（平裝）
1.禪宗－論文，講詞等

226.607　　87010808

行政院新聞局局版臺陸字第100919號核准
北京中國國際廣播出版社授權中文繁體字版

禪與人生

ISBN 957-557-857-0

主 編 者/ 洪　丕　謨
發 行 人/ 蔡　森　明
出 版 者/ 大展出版社有限公司
社　　址/ 台北市北投區（石牌）致遠一路2段12巷1號
電　　話/ （02）28236031・28236033
傳　　真/ （02）28272069
郵政劃撥/ 0166955-1
登 記 證/ 局版臺業字第2171號
承 印 者/ 高星企業有限公司
裝　　訂/ 日新裝訂所
排 版 者/ 弘益電腦排版有限公司
電　　話/ （02）27403609・27112792
初版　　/ 1998年（民87年） 8月
初版 1 刷/ 1999年（民88年） 2月

定　價/ 260元